天合光能股份有限公司董事长兼 CEO 高纪凡

唐敖庆（1915—2008），中国现代理论化学开拓者和奠基人，被誉为"中国量子化学之父"，影响高纪凡一生的恩师

创业早期的天合光能公司厂区大门

◀ 天合光能建造的中国首个
太阳能样板房

▶

天合光能承建的西藏"光明
工程"光伏电站落成后，高
纪凡（右二）与当地同胞合
影留念

◀ 天合光能在西藏昌都地区
举办电站售后服务人员培
训班

2006 年 12 月 19 日，天合光能在纽交所上市

天合光能组建了国际化的专家人才队伍。图为国家级人才计划专家 Pierre Verlinden（皮埃尔·沃林登）博士（左）与天合光能光伏科学与技术国家重点实验室主任冯志强博士

2012 年 5 月 18 日，光伏科学与技术国家重点实验室在常州天合光能总部落成

🔺 2012 年 5 月 24 日，高纪凡出席应对美国太阳能电池产品"双反"调查（上海）新闻发布会

🔺 2017 年天合光能启动"百万光伏屋顶计划"，发布中国首个原装户用光伏品牌"天合富家"。图为高纪凡前往农户家中交流、访谈

🔺 2018 年 12 月 9 日，天合光能荣获中国工业大奖企业奖，成为首个获此殊荣的光伏企业

🔺 2020 年 6 月 10 日，天合光能成功在上交所科创板挂牌上市

🔺 2021 年 11 月 3 日，天合光能"高效低成本晶硅太阳能电池表界面制造关键技
术及应用"项目获国家技术发明奖二等奖

🔺 天合光能推出的"Vertex 至尊"系列高效高功率光伏组件

⚪ 天合光能专利墙。截至 2022 年 12 月 31 日，天合光能累计申请专利量超过 2700 件

⚪ 2023 年 3 月两会，全国人大代表、天合光能董事长高纪凡提出了促进农村分布式光伏发展，助力乡村振兴等多份建议建言

🔶 2023 年 3 月，高纪凡连续第十年受邀参加博鳌亚洲论坛，为全球清洁能源发展贡献天合智慧

🔶 天合光能江苏常州全球总部

天合纪

中国光伏的
进化哲学与领先之道

王康鹏 著

电子工业出版社

Publishing House of Electronics Industry

北京·BEIJING

内 容 简 介

本书独家记录了天合光能创业、进化并领先世界的历程，并以能源革命和零碳世界的宏大视角，揭示了中国光伏逆势崛起、弯道超车的底层逻辑。

从 1997 年进入光伏行业，到 2014 年组件出货登顶全球第一，再到从美股退市回归 A 股成为"科创板光伏第一股"……天合光能的发展史，是中国光伏韧性成长的缩影。中国光伏的崛起史，是零碳时代新商业文明构建的前奏。

读懂天合，读懂中国光伏，读懂碳中和大时代。

图书在版编目（CIP）数据

天合纪：中国光伏的进化哲学与领先之道 / 王康鹏著 . —北京：电子工业出版社，2023.5

ISBN 978-7-121-45374-8

Ⅰ . ①天… Ⅱ . ①王… Ⅲ . ①太阳能发电—电力工业—工业企业管理—经验—中国 Ⅳ . ① F426.61

中国国家版本馆 CIP 数据核字（2023）第 060852 号

责任编辑：王天一
文字编辑：雷洪勤
印　　刷：北京盛通印刷股份有限公司
装　　订：北京盛通印刷股份有限公司
出版发行：电子工业出版社
　　　　　北京市海淀区万寿路 173 信箱　　邮编：100036
开　　本：720×1000　1/16　印张：19　字数：300 千字　彩插：4
版　　次：2023 年 5 月第 1 版
印　　次：2024 年 4 月第 4 次印刷
定　　价：79.80 元

构建人类命运共同体，用绿色能源讲好中国故事

"建设一个什么样的世界，如何建设这个世界。"是人类永恒的共同课题。

2013 年 3 月，习近平主席在俄罗斯莫斯科国际关系学院发表演讲时指出，各国相互联系、相互依存的程度空前加深，人类生活在同一个地球村里，生活在历史和现实交汇的同一时空里，越来越成为你中有我、我中有你的命运共同体。

在这次演讲中，习主席面向世界提出了构建人类命运共同体的理念。十年来，这一理念的内涵得到不断丰富。构建人类命运共同体，是习主席对"世界向何处去、人类应怎么办"做出的深刻回答，为人类社会实现共同发展、持续繁荣指明了方向，绘制了蓝图。

当今世界面临着百年未有之大变局，人类社会面临诸多共同挑战，加快构建人类命运共同体的重要性和紧迫性更加凸显。其中，资源短缺、环境污染、气候变暖等全球性问题是绕不开的话题，不论人们身处何国、信仰如何、是否愿意，都需要来共同寻找美好世界、美丽地球的最大公约数。

在构建人类命运共同体的过程中，中国的新能源产业是解决能源和环境问题的解题答案。中国新能源产业的快速发展壮大，实实在在地推动着各国能源利用方式的转变，影响着全球能源结构的调整，成为人类应对气候变化、保护地球家园的中坚力量。

20年前，中国光伏产业是典型的"三头在外"，原材料、技术、市场都严重依赖海外市场，受制于人、处处受气；15年前，中国光伏产业遭受国际金融危机冲击，硅料价格骤降，大批光伏企业破产；10年前，美国、欧盟相继发起"双反"调查，贸易摩擦、高额关税让中国光伏企业处境艰难，海外出口市场对中国光伏产业大门紧闭……

面对这些艰难曲折，中国光伏产业不仅没有被打趴下，反而绝地逢生，一步步走到全球领先位置，成为一支"绿色生力军"。自2013年起，我国光伏新增装机容量连续10年保持全球第一，累计装机规模连续8年位居全球第一。截至2022年年底，中国光伏累计装机容量达392.6吉瓦，成为国内第三大电源。

可以说，中国光伏是推动全球走向绿色发展、可持续发展的重要力量，安装在世界各地的光伏板，源源不断地产生着绿色能源，就像种下了一片片绿色森林，减少温室气体排放，减少粉尘污染，让地球家园更加宜居，让子孙后代可以呼吸到新鲜空气。

从这个意义上讲，中国光伏是文明、绿色、开放的产业，是保护环境、造福世界的使者，是服务世界各国人民、化解环境气候难题的善意力量。为中国光伏、为中国光伏人感到由衷的高兴，为中国光伏对构建人类命运共同体做出的巨大贡献感到自豪！

说起来，我与中国光伏还颇有渊源。本世纪初，我在青海工作时，就提出利用分布式光伏发电解决牧民用电问题；到北京工作后，又多次走进光伏企业考察调研。早在2013年5月，我在江苏省有关负责同志的陪同下，走进光伏企业考察调研。我深刻认识到发展光伏等清洁能源是大势所趋，是中国经济转型升级和改善自然环境的重要途径。2014年6月，中国光伏行业协会成立，我受邀出席并为协会揭牌。如今，中国光伏行业协会已经有几百家会员，成为沟通企业与政府的重要桥梁。

高纪凡董事长本是理论化学泰斗唐敖庆先生的弟子，一介书生胸怀报国之情，毅然弃学从商投身于实业。他创立天合光能，最初就是受《京都议定书》和美国"百万太阳能屋顶计划"启发，这也是顺应了构建人类命运共同体的历史大潮流，取得了让人瞩目的成就。

今天我们正处在一个新的时代，一个非常伟大的时代，中国已经从快速发展阶段转换到经济环境相协调的高质量发展阶段，坚持创新发展、协调发展、绿色发展、开放发展、共享发展，正给我国发展全局带来一场深刻变革。大力发展光伏新能源，是新时代新征程下中国经济高质量发展的突破口。中国光伏使命光荣，责任重大。

在这样一个历史节点上，出版一本讲述中国光伏产业发展的书籍意义重大。本书以天合光能为案例蓝本，回顾、记叙了中国光伏人开拓进取、求新求变的历程，展示出中国光伏人崇高的使命感与责任感，展现了中国光伏对美好"零碳世界"建设的巨大贡献。本书资料翔实、文笔优美、思想深邃，是难得一见的"讲好中国光伏故事、传递中国绿色声音"的力作。

站在新的起点上，祝愿天合光能行稳致远、更上层楼！也祝愿中国光伏长风破浪、未来可期，为全球能源转型、生态发展，为构建人类命运共同体做出更大贡献！

马培华

第十二届全国政协副主席

塑造零碳时代的新商业文明

18世纪,法国著名启蒙思想家、法学家孟德斯鸠说:"有商业的地方就有民主、自由和法治。"

商业的价值是巨大的。商业的诞生,推动了人类文明进步。商业刺激了创新,带来了物质财富的快速增长,带动了城市和国家的发展,改善了居民生活水平。商业还加固了精神文明发展的基础,推动了艺术、教育和科学的繁荣。

从历史发展进程来看,人类社会的每一次飞跃,都源于一种新的商业文明和经济形式的兴起。农业经济带来了农耕文明,人类走出原始蒙昧和野蛮状态;工业文明开创了现代化进程,人类财富创造取得了空前的进步;信息文明使知识的传播、应用史无前例地快速化、规模化、智能化、廉价化,人类改造自然、创造财富的能力呈"几何式"增长。

当前,人类社会正在走向一个新的文明时代——零碳文明时代。之前的文明,皆是以人类征服自然、向自然索取、资源获得方面零和博弈竞争为主要特征,零碳文明则是站在人类命运共同体的高度,以人与自然、人与人、人与社会和谐共生、良性发展为基本特征的社会形态。这带来的不仅仅是减排降碳这么简单，而是对人类生产、生活方式的一次重构，是对商业基础和社会体系的一次重建。

在零碳时代，新商业文明需要向以下几个方向演进：

第一，人类与自然的关系，不再是过度的资源消耗和单方面索取，而是在开发中保护，在保护中开发。商业组织不再是单纯地追求眼前经济利益，社会利益、人类共同利益更为重要。商业组织更加追求可持续发展、永续经营，而不是竭泽而渔、杀鸡取卵，前者本身就是一种获益更多、更持久的商业模式。

第二，企业与企业之间，不再是此消彼长、有你没我的零和竞争和存量博弈，而是互生共荣、共创价值。上下游产业链之间、同行之间，共同努力构建起健康、良性的行业生态，大家在利他中利己，在互利中共赢，携手走向更高发展阶段，而不是在低级阶段毫无意义地内卷和干耗。

第三，优秀企业和优秀企业家，不再以经营规模和利润水平增长为唯一发展目标。对于社会责任的担当、对于环境和未来的关注，更能体现企业家的情怀与格局。企业家精神不仅是对产权、创新和利益的追求，更重要的是对天人合一境界的追求，是对全人类福祉和人类命运共同体的奉献。

零碳时代的新商业文明，既能带来社会财富增长，又能推动社会进步，还能增进人类健康福祉，正是整个"地球村"迫切需要建立的，是对此前不可持续发展模式的更高级替代。在零碳新商业文明的塑造中，新能源行业的企业和企业家们理应一马当先，担当重任，他们一直在更加深刻地理解绿色发展、可持续发展的意义，对构建人类命运共同体更有情怀梦想、更有使命担当，是塑造新商业文明的先锋力量。

我们可喜地看到，在全球涌现出了很多这样的优秀企业家，天合光能董事长高纪凡先生就是其中之一。他于 1988 年研究生毕业后开始人生价值的探索，1997 年创立天合光能。在公司创立之初，高纪凡就立下了"用太阳能造福全人类"的使命愿景，他二十多年来锐意进取、艰苦奋斗，一路将公司带到全球领先位置，擦亮了中国光伏这张递给世界的靓丽名片。在公司经营发展过程中，他始终坚持利他精神，为建立健康可持续发展的行业生态而努力。

高纪凡先生还是清华大学经济管理学院"中国碳索家"项目一期班班长。为了落实清华大学践行"双碳"目标要求，为经济社会发展贡献清华智慧，推动塑造零碳时代的新商业文明，清华经管学院 2021 年 8 月发布了"中国碳索家"计划，50 位来自"双碳"领域的企业掌舵者加入首期班学习。从高纪凡和"中国碳索家"学员身上，我们看到了让人敬佩的社会责任意识、创新精神和远大格局，他们是零碳时代新商业文明的开拓者和践行者。

作为对天合光能二十多年创新进取历程的翔实记录，对中国光伏由弱到强、弯道超车历史的全面回顾，对天合光能管理理念和经营之道的提炼升华，本书的出版有重大价值。更重要的是，本书也是对中国企业探索零碳时代新商业文明的阶段性总结，从中可以看到很多有历史意义的沉淀。

期待本书给读者朋友们带来有价值的启发。希望大家能从中读懂天合，读懂中国光伏，更读懂碳中和大时代。也希望大家以此为始，对零碳时代新商业文明的塑造做更多思考和践行。

清华大学经济管理学院院长

全国工商联第十三届执行委员会副主席

目录
Contents

PART 3　**03**

第三部
2.0 时代　荣辱沉浮（2007—2016）

PART 4 　04

第四部

3.0 时代　合创未来（2017—）

第五部

探寻基业长青之道

第一部

前传　英雄年代

（1988—1996）

改革开放胆子要大一些，敢于试验，不能像小脚女人一样。看准了的，就大胆地试，大胆地闯。

——邓小平

1. 风雷激荡 1988

1988 年，风烟俱烈，任意西东。各路消息纷繁复杂，新的希望激流飘荡。在中国改革开放发展史上，这是一个重要的年份。此时的中国已不再徘徊，市场经济大潮在神州大地涌动，各种思潮激烈碰撞，催动着中国社会焕发出新生机……

这一场改变中国历史走向的大变革，始于十年前。

1978 年 11 月的一天寒夜，安徽省滁州市凤阳县小溪河镇小岗村，18 位村民聚到一起，在一份承包责任制文书上按下鲜红的手印。从此，中国农村开始了由"人民公社"到"家庭联产承包责任制"的历史性转变。

这一发自社会基层的改革尝试，出发点只是为了多产点粮食吃饱饭。虽有强烈争议，但因为其反映了当时的民心，最终得到中央高层领导的首肯，从而掀起了中国历史巨变的一角。

在大约一个月后，中共中央十一届三中全会召开。在这次历史性会议上，邓小平同志发表了《解放思想，实事求是，团结一致向前看》的讲话，由此确立了"改革开放"的国家方略，开辟了"集中力量进行社会主义现代化建设"的新时期。

1988 年，中国改革开放进入第十个年头。

元旦当日，北京天安门城楼正式对中外游客开放，普通人也可以登上城楼，站在开国领袖向世界庄严宣告"中国人民从此站起来了"的砖石上，极目远眺、一览山河。

天安门城楼的对外开放，是当时中国加大改革开放力度的标志性事件之一。在 1988 年这个重要时间节点上，求变、求富、求强的诉求在中国社会各个层面形成了和谐共振，嗅觉敏锐且敢想敢干的少部分人，看到了一个气象万千的完全不一样的中国，以及社会变革孕育出的巨大机遇。

1988 年 4 月 12 日，第七届全国人民代表大会第一次会议通过宪法修正案，增加了一段文字："国家允许私营经济在法律规定的范围内存在和发展。私营经济是社会主义公有制经济的补充。国家保护私营经济的合法权利和利益，对私营经济实行引导、监督和管理。"这意味着，民间商业以国家根本大法的形式确立下来并明言保护。

全国各地的私营企业主们八仙过海、各显神通。在素来被认为安贫乐道的知识分子群体中，将技术创新转化为商业成果的行动也不断涌现。

51 岁的北京大学博导、北大方正集团主要开创者王选教授，提出了"顶天立地"的高新技术企业发展模式，倡导技术与市场相结合，产学研一体化发展；24 岁的求伯君加入香港金山公司，开始从事 WPS 办公软件的开发；21 岁的王志东刚从北京大学无线电电子学系毕业，成为"中国硅谷"的自由软件工程师，日后创办了新浪网；更年轻的雷军刚刚升入武汉大学计算机系二年级，正被《硅谷之火》点燃，立志要像乔布斯一样创办一家世界级的公司……

在第七届全国人民代表大会上，还通过了关于设立海南省的决定和关于建立海南经济特区的决议。1988 年 4 月，海南正式建省，成为继深圳、珠海、厦门、汕头之后的第五大经济特区。

经济特区成为那一个历史时期改革开放的最前沿，也成为培育众多商界英雄的沃土。许多日后在商界鼎鼎有名的人物，那时候都怀着强烈的好奇与美好的憧憬，被一股神奇的魔力吸引到了祖国的最南方。

复旦大学大三学生郭广昌和他的同学从上海一路骑行，终于抵达海南，在海南仅仅逗留了 6 天，就已点燃雄心，很快创办了复星公司。

冯仑调到海南创办海南体制改革研究所，此后结识了王功权、潘石屹、易小迪等人，开办了万通公司。

有成功的人自然也有失败的。李书福就在海南损兵折将，从此再没动过房地产的念头，却在日后成就了吉利汽车帝国……

这些人今天依旧活跃在中国的商业舞台上，他们在 1988 年的沸腾声浪中，敢想敢干，一路前行。那个风雷激荡的火热岁月，也随着他们日后的巨大商业成功成为一个英雄辈出的黄金年代。

在当时，他们其实都是普通人，他们也只是想要改变一下现状，拥有不愁吃穿的体面生活。但历史就是这么神奇，时代洪流中的各种机缘巧合，不仅成就了一大批商业领袖，更淬炼出一些影响深远的精神元素。

知识分子与商业英雄，在 1988 年这个特殊的年份，以前所未有的方式合二为一。成功者既有领先于常人的不俗见地，也有赶上时代浪潮的风云际会，他们亲历了那个时代，更塑造了那个时代。他们以当时看似无足轻重而实际上顺应历史潮流的创业梦想，在此后三十年改变了自己的命运，也深深地影响了这个国家。

1988 年夏天，在吉林大学理论化学研究所读研究生的高纪凡完成了学业，这一年他刚满 23 岁。此时的他与很多高学历毕业生一样面临着两难选择，是留学深造还是下海经商？最终他选择了后者。

在历史的潮流中，你不得不惊叹，有一部分人的选择是那么惊人的相似，这或许就是英雄对时势的敏锐把握。而这一选择，日后造就了一个领先世界的优秀光伏企业，也影响了一个中国真正引领全球的新兴产业。

这一切的梦想源头，在高纪凡的少年时期和大学时期，其实早已埋下了种子。

2. 师从"中国量子化学之父"

江苏常州，江南福地，长三角中心地带。这是一座拥有 3200 多年历史的文化名城，古称延陵、毗陵、晋陵、南兰陵、武进等，隋文帝开皇九年（公元 589 年）改称常州，1949 年新中国成立后设市。常州是长江文明和吴文化的发源地之一，也是南朝齐梁故里，被称为"中吴要辅"。

常州境内风景名胜、历史古迹较多，中国大运河常州段入选世界遗产名录。常州人属江浙民系，使用吴语。常州有季札、展昭、唐荆川、陈济、吴稚晖、瞿秋白、张太雷、恽代英、赵元任、盛宣怀等历史名人。

1964 年腊月隆冬时节，家住常州市武进区小新桥镇的高家人生下一个男孩。按照家族辈分排行"纪"字辈，父母为其取名"凡"字，这便是高纪凡。

取名为"凡"，代表着父母对孩子将来拥有简单平凡生活的朴素希望，不求大富大贵，只求平平安安。实际上，有些汉字用在姓名学中的字面意思和它在姓名学中的汉字能量是相反的。"凡"字更多地还寄托着父母对孩子能够一生不平凡、成就大事业的希冀。

在日后的岁月里，他们的孩子也确实成就了一份不凡的事业，只是在当时他们无论如何也想不到的是，他们的孩子所取得的成就会那么大。

在高纪凡的童年时期，他身边大多数的孩子都喜欢拿着泥巴做的"枪"打打闹闹，乐此不疲。

　　高纪凡反而显示出比一般农村孩子更"不凡"的一面。小时候的高纪凡性格沉静，不爱与人打交道，但特别喜欢看报读书，了解学习各种新东西。有一次他在村委会看报纸时，村上一些大人看着觉得有些"可笑"，嘲笑他"大人看报，娃也看报？"意思是他小小年纪看得懂什么？小孩子装模作样瞎胡闹！

　　小学和初中时期，高纪凡一直是"学霸"，家里的"三好学生"奖状贴满了墙面，据高纪凡的弟弟高纪庆回忆，到了寒暑假放假前，经常有学校的老师敲锣打鼓把奖状送到家里，每逢此刻，父母的心里都乐开了花，感觉比过年还高兴。

　　在那个年代，国家还没有恢复高考，读书不像现在这样是孩子的必然选择，但是高纪凡的父母对于孩子读书却非常支持，经常把省吃俭用下来的钱给孩子们买课本和课外书籍，据说高纪凡的父亲高志兴还因此得了一个"孔老二"的绰号。高纪凡的母亲是知书达理的大户人家出身，总是把家里的杂活揽下来，让孩子们可以安心看书学习。

　　在高中期间，高纪凡勤学好问，各门成绩都是班内标杆，尤其是化学、物理两科成绩最好。在某次化学考试中，同学们惊呼题目难度过大，很多人都是三四十分，考到60分过及格线的就没几个，可高纪凡居然考了90多分。

　　爱读书、爱学习的特点，让高纪凡脱颖而出。1981年高考，高纪凡以比招生基准线整整高出25分的优异成绩，考上了南京大学化学系高分子物理专业。在当时，能够考上大学是极少的，高纪凡在小新桥镇引起了轰动，村上那些曾经嘲笑过他的人从此对他刮目相看。

　　这时候的高纪凡，给自己立下的梦想是，要成为大科学家。

　　怀着这样的梦想，高纪凡求知若渴，终日苦读却乐在其中。在大学四年间，高纪凡最喜欢的事情就是钻进图书馆醉心学问。从嘈杂喧闹到四周静寂，周遭世界已如不复存在，只剩下这个年轻人在书山学海中独自劈风斩浪，做科学的追梦者。

对知识的渴求，让高纪凡养成了勤学好问的习惯。不懂的就向同学提问，向老师提问，特别是在学习物理化学原理时，那些早已超出课本之外的问题，有时甚至连老师都无法给出满意的答案，这让高纪凡很不"解渴"，也让他的问题反而更多。在高纪凡的不断提问下，有位老师不经意间说出一句：你去问唐先生吧！

这本是老师的一句无心之言，却让高纪凡眼前一亮：对啊，我为什么不去问唐先生呢？他肯定能给我满意的回答。

高纪凡老师所说的唐先生，就是大名鼎鼎的唐敖庆教授。

唐敖庆是江苏宜兴人，我国知名的物理化学家，中国现代理论化学的开拓者和奠基人，被誉为"中国量子化学之父"。1940 年，唐敖庆先生毕业于西南联合大学化学系，1949 年获美国哥伦比亚大学博士学位，1955 年被选聘为中国科学院学部委员（院士）。

唐敖庆先生专长物理化学和高分子物理化学，特别是量子化学。他有关分子内旋转、高分子化学反应统计理论、配位场理论、分子轨道图形理论及分子轨道对称守恒原理等的研究成果，受到了国家奖励。1978 年至 1986 年，唐敖庆先生就任吉林大学校长，主持和领导学校的全面工作。

于是，在大学本科毕业时，高纪凡毫不犹豫地报考了吉林大学的硕士研究生，并在 1985 年 9 月成功被吉林大学理论化学研究所录取。

如愿拜到唐敖庆先生门下，高纪凡兴奋至极，他终于可以继续向着科学高峰前行，科学家的梦想不再是作文纸上的应景之语，而是发自内心的激荡音符。

研究生的生活是美好的。在当时那个年代，大学校园是真正适合醉心学术的象牙塔。而当走出校园开眼看世界时，看到的又是另外一番图景。

1986年夏天暑假，高纪凡与老师们一起前往南方调研。在乡镇企业聚集的长江三角洲，高纪凡惊奇地发现，小作坊式的乡镇企业，竟然在从事各种与化学化工有关的"实验"。与学校里的化学实验不同的是，这些小企业的实验都是有直接转化途径的，它们不是为了证明某个化学原理，而是为了生产各种日用化工品。这些乡镇企业做的化工用品、合成涂料等，市场紧俏，非常赚钱，一些小企业一年就有几百万元的销售收入。

在这次行程中，高纪凡一行几人受到了热烈欢迎。这既源于企业主们和他这个南方人之间的同乡情谊，更是因为他们代表了企业主们急需的科技知识与人才资源。

在改革之风渐次吹来的南方，"科学技术是第一生产力"的思想启蒙已经萌芽，这些企业主们眼里充满了对技术的渴望。他们很想往高端产品转，但是大部分企业的员工学历都很低，高学历的人都去政府、国企，可不愿到这些"小作坊"来。

大开眼界、大受震撼之余，高纪凡动心了。他跟老师商量：能否帮这些企业搞些新技术、新产品，帮企业提升科技含量？这是一个把书本上的知识和这些企业主们的需求结合起来的好机会！

老师们很认可这个年轻人的想法，但却告诉他：干不了。

在当时，囿于体制局限，想要做一点科学转换并不容易。条条框框的藩篱，阻隔了供需双方的交流与交易，科研与产业的结合极为不易。转化无门，高纪凡只好回学校继续做他的科学家之梦。

但是，市场激荡下的商业大潮，已经在高纪凡心里冲开了一道细缝。潮水漏下的地方，是商业与科学的交织回荡。

3. 一单生意赚了 3 万元

回到吉林后，高纪凡与江南乡镇企业的厂长、经理们并没有断了联系。厂长们不时寄来书信，除了讨教技术问题，也在化工原料方面向他求援，希望他能以身处中国重化工业腹地之便利，为家乡企业采购一批急需的化工原料，如聚乙烯、聚丙烯等。

今天，中国已是更加充分的市场经济，原材料采购早没有不可逾越的非市场门槛。然而在 20 世纪 80 年代的价格双轨制时期，原料供应对于私营企业而言，是难解之题。聚乙烯、聚丙烯等原材料，计划价 2500 元一吨，市场价则要贵一倍以上，但只有国有企业才能按照计划价购买，乡镇企业只能去市场上以 5000 元一吨的高价来购买。即使是这样，也不一定能买到。

在当时，谁要有关系能搞到计划指标，立刻就能赚取大笔利润。但是，对于高纪凡这样一个年轻的在校学生，又怎么能有这样的神通呢？

灵活的头脑，让这个 22 岁的年轻人很快想到了办法。高纪凡买来红纸，在吉林大学理化楼大楼前贴了一大张海报，说明家乡企业需要原材料，如果有谁能搞到请支持，每吨将给予 300 元钱的奖励。这在当时，是一个非常大胆的做法，从来没有人干过这样的事。

结果，第二天系里的辅导员老师就来找高纪凡了："你怎么能在大楼前贴海报？这不合规，你是研究生，将来要搞科研的，在学校里贴广告做生意可不行，赶快撕下来。"

没有办法，高纪凡只好去把海报撕了。

海报是撕了，但消息却像长了翅膀一样飞了出去。在当时，一吨几百元的奖励绝对算是"重赏"。一个可以参照的标准是，作为研究生的高纪凡拿到的生活补贴是一个月 62 元钱，和普通工人一个月的工资差不多。

重赏之下，必有勇夫！第三天，就有人找到高纪凡寝室来说可以搞到货。

原来，吉林大学化学系的很多委培生都来自化工行业里的大企业，只要有合理的用途，就可以获得原材料。经过多方的努力，这桩生意出乎意料地顺利谈成了，高纪凡获得了 30 吨的原料批条，采购价格是每吨2500～3000 元的计划价，与市场价相比每吨能省下数千元，这让高纪凡和家乡的厂长们都兴奋不已。

然而，当高纪凡拿着批条去提货时，新的难题又出现了。工厂只负责供货，不负责发货。高纪凡需要自己找车皮把这 30 吨原料运回南方。在当时，找车皮甚至比找货还难，从夏天奔波到秋天再到冬天，高纪凡始终没有找到门路弄到车皮，事情陷入了困境。

转眼间，寒假到了，没办法，高纪凡只好先买了火车票回老家过年。长春到南方老家的列车，需行驶 36 个小时，在这枯燥无聊的行程中，闲聊成为同行之人打发时间的必然选择。在高纪凡对面，坐着一位三十几岁的大哥，两人你一言我一语地闲聊起来。这一聊，高纪凡乐开了花。

原来，这位大哥正好是原济南军区后勤部某地工厂管物资采购的主任，因为没弄到原材料指标导致今年职工的奖金都没拿到。高纪凡说我弄到了指标，但没有车皮运出来。巧的是，这位大哥管理的部门有专业车皮！两人一谈，立刻一拍即合，他的车皮和高纪凡得到的指标一结合，不就达成共同的心愿了吗？！

就这样，在机缘巧合中一笔"大生意"就做成了，30 吨原料顺利运到南方，高纪凡将获得的大部分收入分给合作伙伴后，依然赚到大约 3 万元。这在当时可以说是一笔"巨款"了，大学生瞬间成了"万元户"。

这个消息传开，吉林大学化学系炸开了锅，同学们在羡慕的同时，也为高纪凡的商业能力所折服。高纪凡则很豪气地买来好酒、好烟"犒赏"

同学们，7毛6一包的"大人参"牌香烟随便抽，这是当时很多有钱人都抽不起的贵烟。

这个寒假，承载了高纪凡读研期间印象最深刻的记忆，那时他初试商海收获了第一桶金，是日后走上创业之路的原始起点。商业成功的满足感，兜里有钱的富足感，给一个20来岁的年轻人带来的内心激荡是可想而知的，这甚至比日后将企业带往美国纽交所上市敲钟的那一刻都让人兴奋，这也让高纪凡开始默默地修订自己的人生目标。

有了钱的高纪凡，在心里谋划着一件更大的事情："我们能不能自己办个研究所，把科研的成果转化出来？"这个想法实在有些大胆，以至于同学们都不敢接茬。实际上，高纪凡心里也没谱，于是就提议去南方考察考察看，赚来的3万块钱也有了更有价值的用途——考察经费。

于是，高纪凡和两个同学从长春、四平、大连一路往南走。其中有个同班同学叫吴兵，日后成了高纪凡一同创业的合作伙伴，再后来事业也非常成功，2011年任德国汉高集团副总裁，成为汉高公司全球职位最高的中国人。

第一站到了四平，一行三人经熟人介绍去考察当地一家化工厂。厂长一见面，就对这三个名牌大学的研究生很感兴趣，连忙说："你们到这儿来，我的厂长不当了，你们来当。"他甚至还要给四平市委打报告，支持高纪凡他们来做厂长办研究所。不过高纪凡三人并没有打算接受这家有200人规模的国有企业的邀请，他们的目标和梦想在更远处。

高纪凡一行三人每到一个城市，都能看到很多新东西，当地的县长、书记、市长也都很欢迎他们，希望他们去搞研究、做产业化经营。一路向南，他们越考察越兴奋，一个多月后他们终于抵达了最后目的地——深圳，这里是20世纪80年代中国改革开放的最前沿。

在深圳，高纪凡惊奇地发现，这里和东北完完全全是两个模样。改革创新的春风已经将这里变成了另外一个世界。

这一路穿州过府，三个年轻人对他们生活了二十余年的这个国家进行了深入的考察，从象牙塔走向社会大舞台，以往深藏心中的虚幻理想开始变得清晰可辨。

时代的洪流正在改变中国，这是历史的巨变，更是时代给予当时年轻人的馈赠。这让他们有机会在时代的洪流中顺势而下，去往更广阔的天地，去成就一番大事业。这样的大机遇，不是什么时候都有的，也不是谁都能碰到的。幸运的是，高纪凡碰到了，并且还伸手抓住了它。

南方考察行结束回到东北，高纪凡要做科学家的梦想有了变化！

4. 放弃加州伯克利大学深造

1988 年夏天，高纪凡研究生毕业。在这个充满希冀与追求的年份，这位年轻人，也即将和前文提到的诸多未来商业精英们一道，展翅腾飞！

这一年，教育部成立了中国留学服务中心，政策层面释放出积极鼓励高水平人才出国深造的信号。在大多数人看来，这是当时顶尖人才最稳妥光明的选择，与高纪凡同为江苏人的施正荣，就在这年被公派到澳大利亚新南威尔士大学留学。冥冥之中，岁月也许是有着宿命一般的安排，多年后，施正荣和高纪凡都先后成为光伏领军人物，而在故事的起点，他们的选择却截然不同。

高纪凡成绩优秀，他自然有资格出国留学。对这个得意门生钟爱有加的唐敖庆先生，更为他争取到了去美国加州伯克利大学读博的机会，这对很多年轻人来说，是艳羡不已的绝好机会。

加州伯克利大学（以下简称"伯克利"）(University of California, Berkeley)，位于美国加州湾区伯克利市，是世界著名的研究型大学，在学术界享有盛誉。伯克利是世界上最重要的研究及教学中心之一，工程及计算机、人文社科等专业长期位居世界前列，与旧金山南湾的斯坦福大学共同构成了美国西部的学术中心。

数学大师陈省身在伯克利建立了美国国家数学科学研究所；"原子弹之父"奥本海默（Julius Robert Oppenheimer）等人在此领导曼哈顿计划，制造出了人类第一枚原子弹、氢弹；诺贝尔物理学奖得主欧内斯特·劳伦斯（Ernest Orlando Lawrence）在此发明了回旋加速器，并建立了美国顶级国家实验室劳伦斯伯克利国家实验室；诺贝尔化学奖得主西博格（Glenn Theodore Seaborg）等人在此发现了十六种化学元素，在世界上遥遥领先，其中第 97 号元素"锫（Berkelium）"即是以"伯克利（Berkeley）"命名。

此外，伯克利为南湾的硅谷培养了大量人才，包括英特尔创始人戈登·摩尔（Gordon Moore），与史蒂夫·乔布斯（Steve Jobs）合伙创立苹果公司的斯蒂夫·沃兹尼亚克（Stephen Gary Wozniak），特斯拉（Tesla）创始人之一马克·塔彭宁（Marc Tarpenning），等等。大文豪杰克·伦敦（Jack London）、张爱玲、国学大师赵元任均曾在此求学或工作。

这样的知名学府，对年轻的读书人有着巨大的吸引力。但是，在每一个时代，总会有大多数人随波逐流，少数人独辟蹊径。明眼人都知道，后者比前者多了一种东西，那就是对未来的判断。站在 1988 年时光之岸上的高纪凡，看到的是另外一种可能。

"我不想去伯克利留学，我要去创业做企业。"当直面导师嗫嚅着说出这句话时，高纪凡已经做好了迎接唐教授失望的眼神和劈头盖脸一顿批评的心理准备！

或许是"得意门生"的这个选择太过于出乎意料，唐教授听完后没有吭气。沉默了几分钟后，唐教授缓缓地问道："这段时间你去哪里了？"

高纪凡说："这段时间写论文，空闲时间我和两个同学去南方走了一通。"

听完这话，唐教授明白了，学生是被北渐的南风吹到了。

"你要想清楚啊，你一旦离开学校这个体系，是不可能再回来了。"，唐教授顿了顿，语重心长地说道："这样吧，你回去想 3 天，思考清楚，3 天后再来找我。"

很显然，唐教授不希望自己的学生是头脑发热做出了决定。毕竟，创业做企业和搞量子化学差别太大了，一个是在象牙塔搞理论研究，一个是到社会大潮中去冒险，相差何止十万八千里？

高纪凡回去想了 3 天，和周围的同学做了交流，最后还是觉得搞企业带劲，南方之行让他对做企业的向往异常强烈。面对时代风潮，高纪凡强烈地感觉到，这个时代不缺一个科学家，更缺一个创新型的企业家，正牌名校、研究生毕业去创业的太少了，去做企业家能够创造更多的社会价值，更符合时代的潮流！

"想了以后，还是想干！"当再次推开导师家门的时候，高纪凡的内心已经很坚定了。

唐教授没有责备他，只讲了三句话：

"你想清楚了，这条路没人带你的，你在学校里面我可以带你。"

"一旦决定，就没有回头路可走了，将来不管遇到什么困难、什么挑战，一定要坚持不懈走下去。"

"你和你的家人有没有说？你回去要跟他们讲一讲。"

在高纪凡眼中，唐教授是泰山北斗般受人景仰的大师，这三句话让他备受感动。话语中既有导师对爱徒的呵护，又有长辈对晚辈的关怀，更有犹如父爱般的鼓励和期许。尤其是那句"将来不管遇到什么困难、什么挑战，一定要坚持不懈走下去"让高纪凡记忆深刻，这是导师自己的人生铭语，是经过大风大浪之后对生命的感悟。在往后的商海浮沉中，每当遇到难以克服的大风大浪想要放弃时，高纪凡想到的总是导师这句话。

"他对我的影响很大，对我很好，就像父亲。"多年之后，在讲起这段往事时，高纪凡依然对唐教授心怀感念。

高纪凡和同班的 22 位同学，成了唐教授的关门弟子。在教完这届学生之后，唐教授就受命前往北京，担任国家自然科学基金委员会首任主任，再后来任第七届全国政治协商会议常务委员。1990 年 11 月，唐教授当选为中国化学学会第二十三届理事会理事长。2008 年 7 月 15 日 11 时 15 分，唐教授在北京逝世，享年 93 岁。

无论是为师育人，还是学术研究，唐敖庆先生都堪称一代大师。唐敖庆先生曾先后 5 次获得国家自然科学奖，其中一等奖 2 次、二等奖 2 次、三等奖 1 次；还获得了陈嘉庚化学奖、何梁何利科学与技术成就奖等殊荣。唐敖庆先生的开创性研究，奠基了中国理论化学的基础框架，成为中国理论化学走向世界的重要基石。

受唐敖庆先生指点的学生，也大多成名成家、成就斐然。其中不仅有高纪凡这样的成功企业家，更有多人成为学术界名人。其中，最为人津津乐道的是唐敖庆先生的八大弟子。

1963 年，教育部委托唐敖庆在长春办一个结构化学领域的物质结构讨论班，找了全国比较有前途的一些青年教师参加，共 8 个人。这 8 人中，出了五个院士、两个大学校长：1991 年当选科学院院士的江元生，1991 年当选科学院院士的张乾二，1991 年当选科学院院士的孙家钟，1999 年当选科学院院士的刘若庄，山东大学校长邓从豪（1993 年当选中国科学院院士），四川大学校长鄢国森。

2009 年 7 月 13 日，在唐敖庆先生逝世一周年之际，为了缅怀其辉煌业绩，纪念大师德厚流光的一生，吉林大学将中心校区一栋楼命名为"唐敖庆楼",并在楼前铸造起一座先生塑像。2020 年 11 月 18 日,在"中国量子化学之父"唐敖庆先生诞辰 105 周年之际,由何梁何利基金会、国家自然科学基金委员会、中国科学院紫金山天文台和吉林大学联合主办的"唐敖庆星"命名仪式在北京举行……

5. 广东热土上的华南往事

1988 年秋天,做完硕士毕业论文后,高纪凡就和吴兵以及另外一个同学赵秋刚到了深圳。虽然唐教授嘱咐他要跟家人讲一讲,但高纪凡并没有遵从师命。因为他知道,父母一定会反对。

在留学与从商之间,高纪凡凭着难得的商业直觉,做出了日后看来是非常正确的选择。在 20 世纪 80 年代改革开放、强国富民的宏大背景下,众多科学追梦者发现了一条更加激荡人心的道路——将科学与实业相结合,将技术与人们的日常生活、商业消费相结合,让它们开出更加美丽的花朵。这是比远赴美国继续钻象牙塔,更令高纪凡着迷的事情。转身成为庞大时代的追梦人后,高纪凡此后的人生,就在这激荡岁月中写下了第一撇。

刚到深圳时,高纪凡口袋里只剩下不到 20 元钱,于是他找到此前已经到深圳的同学住在人家宿舍里。后来,他找到一位在深圳搞科研平台的老师,这位老师有很多技术合作项目,还有很广的人际关系。他将高纪凡他们三人介绍给了一位想找项目投资的老板。

投资人看这三个研究生讲起来一套一套的,似乎很有水平的样子,就答应试一试。当时的中国,还处于物质极度短缺的年代,许多产品都靠从香港一带进口,加工贸易非常吃香。投资人拿了些样品过来,让高纪凡他们三人模仿研发新产品。

在此后 6 个月，高纪凡和吴兵、赵秋刚一起，边分析、查资料，边实验、做测试，最终做出了 6 个产品。投资人拿到香港去测试，效果出奇地好。其中一个产品是对手表表壳进行电镀处理的化学试剂，手表表壳放进去后被处理得特别漂亮，光亮如新。投资人很惊喜，即刻决定出资投资。

至此，高纪凡创业做企业的梦想落了地。在深圳这座充满了理想主义却也竞争残酷的城市，三个年轻人前途未卜的一场商业冒险正式开始！

高纪凡善于整体规划和远景思考，担任总经理；吴兵帅气豪爽，酒量很大，善于社交，负责市场销售；赵秋刚喜欢研究、喜欢思考，负责搞研发生产。三人各司其职，虽有吵吵闹闹但也配合默契，成为那个年代典型的"中国合伙人"。

通过熟人关系，高纪凡找到了一个建在污水处理厂旁边的铁皮钢结构仓库里的小房间。这里安静，离深圳图书馆还很近，方便去查资料做实验，三人就把吃、住、实验都安排在了这里。房间六七平方米，摆下两张双层床后，中间只剩下一个小过道，人在床上睡，下面就放实验设备。

创业初期，生活自然是极其清苦的。当时的深圳，物价奇贵，一盘红烧鱼块 15 元，差不多是一块鱼一元，当时研究生在深圳可以拿到的工资也就 200 多元一个月。在外面吃不起，三个人就煮方便面吃，4 毛多一袋的方便面，3 个大小伙子一顿要煮上 10 袋，用电饭锅煮好之后加上两包榨菜、一个午餐肉罐头，吃得还挺美。

生活上另外要克服的一大困难，是语言关。高纪凡三人不会说也听不懂广东话，跟当地人打交道就很困难。去小商店买东西要连说带比画好半天，经常是你说东他说西，风马牛不相及，令人啼笑皆非，连交流都成问题，更别说是谈成生意了。没办法，三个人只得跟着电视学起了广东话。

就这么深一脚浅一脚地，时光不掉头，一路向前走。高纪凡算是确实理解了恩师唐敖庆先生所说的"相差十万八千里"了，但他同时也记得唐先生的另一句话："坚持不懈，一直走下去。"

就这样，干了三四个月，三个年轻人研发出了一种用于处理家电表面的化学制剂。

凭借这小小的化学制剂，第一笔生意如约而至。一位香港人拿着经过表面处理的样品去测试，效果比英国产品都好，于是就非常满意地下了订单。有了这第一笔生意，三个人艰难的创业生活立刻有了改善，更重要的是，三人的自信心一下子起来了，下一步就考虑如何建厂做大了。

四处打听之后，三人托熟人在顺德找到了一块合适的地段。他们决定要转战顺德，因为他们判断：顺德是中国家用电器之乡，各种电器都需要进行表面处理，那里一定不缺生意！

顺德位于广东省南部，珠江三角洲平原中部，是佛山市五个行政辖区之一。顺德东连广州市番禺区，北接佛山市禅城区和南海区，西邻江门市新会区，南接中山市，邻近深圳市、香港特别行政区、澳门特别行政区等多个城市。这里自古经济发达，商业繁盛，与东莞、中山、南海并称"广东四小虎"。

在 20 世纪 80 年代末，顺德的小家电制造已远近闻名。一方面是政策大力鼓励，另一方面也得益于顺德人的思想活络、经商有道。当地很多人在香港、澳门有亲戚，回乡探亲流行带家电，小企业主们拿这些小家电拆开研究一下，很快就开始模仿制造，电饭锅、油烟机、微波炉、空调等琳琅满目，不一而足。如今，顺德号称"中国家电之都"，这里的很多家电企业都已发展成为蜚声海内外的大品牌，如格兰仕空调、美的电器、海信科龙、万和燃气灶、万家乐热水器等。

当时名气最大的，还不是这些企业，而是华宝。1988 年，华宝生产出全国第一台分体式空调，取名"雪莲"，一个颇为女性化的名字，却以柔克刚以摧枯拉朽之势冲击了当时市面上流行的窗式机，引领中国进入分体式空调时代。1989 年，华宝的年产值还只有 1000 万元，到 1992 年就突破 10 亿元，站在了全国家电行业单一牌号产品年销量第一的位置上。

很多配套企业都想跟华宝做生意。一家名叫冠雄塑胶厂的工厂，很幸运地拿到了华宝委托开发一整套分体空调塑料模具和注塑件的生意。这一套产品纯利就有 100 元，一年几十万套能净赚几千万元，这让冠雄塑胶厂的厂长做梦都笑出声来。

这名厂长叫朱江洪，1992 年，冠雄塑胶厂与另一家小厂海利空调合并成立了一家新公司，这家公司后来大家都知道，它的名字叫格力空调。朱江洪一手提拔重用的一名女将，大家也都很熟悉，她叫董明珠。

高纪凡也想跟华宝做生意，但是这事不那么容易。华宝使用的原材料是从国外进口的，纵使有心免费给他们更换原材料，对方也不敢轻易冒险。更换原材料的风险是极大的，除非这个产品确实有令人难以抗拒的优势。

该如何说服华宝合作呢？高纪凡就向客户说，可以先试用再付钱。高纪凡对自己的产品很有信心：既然是实打实的好产品，那就用实打实的实验来证明。

于是，高纪凡他们三人找来一个巨大的液体槽，把他们的化学制剂放进去，再取来厂商的半成品进行表面处理，当场看效果。这样做是有风险的，因为他没做过这种规模的实验，但没办法，这是他在技术产业化之路上摸索出来的最有效的"笨办法"：要取得合作方的信任，不能空口无凭。

顶着压力，高纪凡战战兢兢地完成了实验，当厂商的产品从液体槽里取出来时，高纪凡悬着的心落了地。结果如他所料，这事成了，华宝的灯具表面处理业务给了他们。

此后，另一家当地企业也采用了高纪凡的产品，那家企业生产的电风扇卖得非常好，这家公司叫美的。在与华宝和美的合作之后的一年里，高纪凡乘胜追击，这一年公司的销售额有了非常大的增长，其他类似企业也开始与他们合作。

除了产品本身质量要过硬、性价比要高，高纪凡还总结出了另一个商业法宝：服务要好。当时顺德的电器商基本都采用国外生产线，虽然产品没问题，但服务跟不上，产品一旦有了技术问题，大多得不到及时处理。这成了三个年轻人最大的机遇，他们扎根在顺德，几乎全天24小时随时待命。

华宝一位梁姓主任对高纪凡说的一句话，让高纪凡多年之后依然觉得很受用。梁主任说："什么是管理和服务？今天的15件事情今天办完，明天还有另外15件事情。事情总有新的，问题总是会不断产生，关键是在有效的期限内高效地处理完，这就是管理，就是服务。"

就这样，高纪凡他们三人用"随时处理冒出来的问题"的管理和服务理念，拿下了顺德市场，年销售额突破一千万元，员工也扩展到几十人，公司业务蒸蒸日上。

在不断的摸爬滚打中，三个年轻人用知识和汗水，证明了自己的能力，在共同奋斗中，结下了深厚的友谊。用高纪凡的话说，三个人不是兄弟胜似兄弟。在那段时间里他们相处融洽，即使是赚的钱越来越多也从没有发生过矛盾。

"这是一段难得的美好时光，非常让人怀念。"高纪凡说。多年后，再回忆起那些岁月，斑驳的时光之墙上依然投影着一缕缕清晰、温暖的青春时光。

如果在华南一直做下去，也许不会有今天的天合光能这家市值超千亿元的光伏公司，高纪凡往后的人生之路也可能截然不同。

但历史不能假设，时光永不回头。高纪凡在广东的商业之旅很快也将告一段落，那是一场告别，等待他的，是另一个新的开始和难以想象的绮丽新世界。

6. 回到常州：一切开始了

1992 年 3 月，高纪凡、吴兵、赵秋刚三人决定卖掉共同创立的企业。事情的起因，是吴兵实在拗不过父母，最终决定要去美国修读博士学位，三个合伙人也就只好各奔前程。聊以慰藉的是，接手公司的是公司的几个技术人员，将公司交给他们也能放心公司会继续向前发展。在交代好公司的事情后，高纪凡离开了创业的第一站。

正如美国作家塞林格（Jerome David Salinger）在《麦田里的守望者》所写的那样："我不在乎是悲伤的离别还是不痛快的离别，只要是离开一个地方，我总希望离开的时候自己心中有数。"

离开广东滚烫的商业热土，高纪凡是心中有数的。

身居华南四年，高纪凡碰壁很多，也收获了很多。抛开足以让他衣锦还乡的物质财富，更重要的是他以知识分子的眼光触摸到了真实的商业世界，纵有起起落落、艰难不易，也只是让他更坚定地热爱这个充满激情与冒险的世界，并在这充满希望的大路上一路狂奔。

1992 年，在中国的发展历程中有着特殊意义。它既是此前十余年改革开放的总结，也是引发其后数十年更大规模商业浪潮的起点。这一年，88 岁高龄的邓小平南下深圳，一路发表了一系列重要讲话。邓小平明确表态："要敢闯，没有一点敢闯的精神，没有一点勇气，没有一点干劲，干不出新事业。"

那个巨变的时代，是如此快速地变化着，普通老百姓身处其中只感受到云淡风轻。多年后再回首，才会发现亲身经历的事情是那么意义重大：沿用多年的粮票取消，银行提高存贷利率和国债利率，股份制公司挂牌上市，重新审查开发区，停止用"白条"支付农民的粮款……

在全国深化改革的大潮下，江苏常州的各项改革也涌动起来。在高纪凡看来，这里不像广州那样竞争激烈，更像是一片未开垦的处女地，这里蕴含的商业机会一样巨大。这里有熟悉的乡情乡音，更有常州市当地领导的盛情邀请："小高，你回来吧，我们支持你创业！"离开广东的高纪凡，最终决定将新的创业起点定在家乡常州。

此时，高纪凡离家求学创业已十年有余，当初 16 岁离家的少年已 27 岁，正是干一番事业的大好年纪。

也是在这一年，高纪凡结婚成家，娶了时年 23 岁的吴春艳为妻。两人本是同一个生产大队的老乡，两家前后村相隔一条河。吴春艳比高纪凡小四岁，小时候，高纪凡是方圆百里有名的"学霸"，吴春艳总是听到老师表扬他，但是并不相识。

长大之后，高纪凡倒是跟吴春艳的父亲很聊得来，两人都喜欢哲学和中国传统文化，寒暑假高纪凡经常去吴家坐坐，吴春艳父亲对这个年轻人的眼光见识和敏锐思维很是赏识。见面的次数多了，吴春艳和高纪凡两个年轻人慢慢也成了朋友。吴春艳毕业之后本在武进师范学校（后并入常州师范）做老师，后来高纪凡在广东创业忙不过来就前去帮忙管理财务，一来二去，两人结为夫妻成立家庭也就水到渠成。

在回常州的时候，高纪凡与广东的企业接手人立下君子之约，他在常州的同类业务将不会发展至广东。事实上，高纪凡回到常州之后的业务，也与此前大不相同，他选择了做铝板幕墙表面的喷涂处理，公司名称为常州武进协和精细化工厂（1997 年年底更名为天合铝板幕墙制造有限公司）。

此时正值全国基建勃兴之际，一栋栋高楼大厦如雨后春笋般拔地而起，一家英国独资公司的高档铝板幕墙大受欢迎，销售火爆。这家公司正是高纪凡的一个客户，高纪凡的工厂为他们的幕墙材料做表面喷涂处理。

高纪凡留心查看，发现生产这种材料的技术对他而言并非高不可攀。做喷涂业务，虽然与他的专业长处直接相关，但实际是铝板幕墙的下游业务，利润并不高。于是，高纪凡在 1995 年果断将公司业务向上游延伸，开始建厂生产铝板幕墙。

在那个英雄辈出的年代，中国本土企业家的创新之路大致如此，和高纪凡有相似经历的企业家不在少数。比如福耀玻璃创始人曹德旺，偶然得知进口汽车玻璃单价数千元之后痛下决心创业，凭借技术创新与高性价比，迅速占领汽车玻璃市场；新希望集团创始人刘永好，投入 400 万元研发猪饲料，又在农村转了三个月，凭借产品质量和性价比为产品打开销路……

高纪凡的铝板幕墙业务也是如此。从日本购买最先进的生产设备，再配合自己的技术，生产出来的成品不会比英国公司差，而且依旧如他在广东的开局之路，性价比和贴身服务有较大机会赢得市场。再加上高纪凡本就是常州本地人，亲戚朋友和人脉资源全部派上了用场，工厂生产线很快就转起来，先从小项目干起，逐步发展。

在行业里慢慢有了名气以后，高纪凡的公司也承接了很多知名建筑工程，其中最知名的是中央军委大楼（现八一大楼）。

八一大楼于 1997 年 3 月 2 日动工兴建，总投资 7.79 亿元，总建筑面积 90255 平方米，主体建筑地下 2 层，地上 12 层。

八一大楼基座幕墙是石材，高层是仿花岗岩金属檐口板设计，为了保持整体建筑风格的协调、庄重，需要将高层檐口板做到与石材颜色纹理相同，还要确保几十年不变色，这对幕墙生产企业是极大的考验。

由于结构复杂，又是军队项目，在项目招标中很多同类企业都知难而退。高纪凡却迎难而上，向项目负责人自荐要做这个项目。对方负责人问了他一句军队中常说的话："有没有信心？"

高纪凡有决心做好，但实际上并没有把握一定能做好。但是，决心给了他信心，高纪凡雄赳赳、气昂昂地回答："我们有信心！"这样的自信，让项目负责人甚是满意。

据当时负责销售业务的吴伟忠回忆，高纪凡在向公司内部做动员时说道："我们只有背水一战，成败在此一举。"于是经历了几乎无眠的七天之后，高纪凡终于带领工人按时把样品做了出来，原总后勤部一名负责该工程的项目负责人带着工程师来查验样品。远远看去，样品与石材并无二致，近前观看，纹理也丝毫不差，更令人吃惊的是，触摸的手感也像极了石材。项目负责人放心了，当场要求尽快做更多样品送往北京验收。最终，天合幕墙顺利拿下了这个标志性工程。

在做八一大楼项目时，高纪凡将日常管理中要求的"质量第一"理念发挥到了极致，甚至是不惜抡起大锤来砸掉质量不过关的产品。

多年之后，亲历此事的天合光能资深员工、时任品质管理部经理的刘承磊仍然记忆深刻。

仿花岗岩檐口板其中一道工序，是要把好几块几米长的铝板正面、反面焊接起来做成檐口形状，焊接时的高温很容易让铝板变形。员工在生产时会有侥幸心理，认为这批板子变形很细微，反正装到几十上百米高的建筑上也根本看不出来。

但是，高纪凡并不这么认为，在知道此事后拿起一把锤子冲进车间，把这批板子砸了个稀巴烂。这让全车间员工个个面面相觑，被震得瞠目结舌。在当时，大家一个月的工资才300元左右，一块板子要卖2000多元，高纪凡一锤子砸下去就是工人好几个月的工资。

但是，高纪凡的锤子砸出了整个团队的质量意识，所有员工对质量问题再也不敢有半点松懈。凭着过硬的产品质量，天合幕墙在八一大楼建设中顺利做成了 800 多万元的项目，这在当时是一个足够大的生意。天合幕墙的这次出色表现，使其在行业内名声大噪。

高纪凡这一次的砸板子，与中国商业史上闻名遐迩的另外一"砸"有着异曲同工之妙。

1984 年，张瑞敏在青岛接手青岛电冰箱总厂（海尔集团前身）。1985 年，一位用户反映厂里生产的电冰箱有质量问题。于是张瑞敏突击检查了仓库，发现仓库中有 76 台冰箱确实有缺陷。张瑞敏招来全体员工现场开会，把 76 台冰箱当众全部砸掉，而且由生产这些冰箱的员工亲自来砸！

在那个物资严重紧缺的年代，别说正品冰箱，就是次品冰箱，都要凭票购买！结果，就是那一柄大锤，砸醒了海尔人的质量意识。从此，海尔以质量立身，从一家资不抵债、濒临倒闭的集体小厂发展成为全球家电第一品牌。张瑞敏那把著名的大锤，后来还被收入国家历史博物馆永久收藏。

PART 2
第二部

1.0 时代　天生使命
（1997—2006）

企业家与只想赚钱的普通商人或投机者不同，个人致富充其量仅是他部分目的，而最突出的动机来自"个人实现"的心理，即"企业家精神"。

——著名政治经济学家约瑟夫·熊彼特
（Joseph Alois Schumpeter,1883—1950）

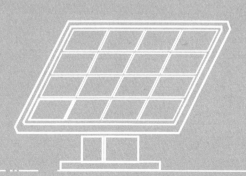

01

第一章
1997，天合诞生

1. 当阳光照进梦想

铝板幕墙生意稳步向前，公司年销售额做到了几千万元级别。但是，建筑行业的工程款拖欠问题太严重了，甚至有时候无法回款，导致工资发放都很困难，这让高纪凡很头疼。他一边经营着公司，一边谋划着新的业务方向。

这中间有个小插曲，是和著名经济学家、社会活动家、中国民主建国会原中央委员会主席成思危有关的。在高纪凡眼中，这是跟恩师唐敖庆先生一样让他景仰、感恩的大人物。

作为知识分子企业家，高纪凡在当时的"新阶层"划分中很受重视，被吸收进江苏民主建国会，成为一名民主党派人士。1998 年年底，高纪凡被派往北京学习、培训。在学习期间，成思危对这个思维活跃的年轻人颇有好感。关心年轻人成长的成思危主席，找到高纪凡聊天谈话。

成思危与高纪凡坐在窗前，高纪凡简单介绍了公司业务后，指着窗外马路对面的一幢大楼说："这个项目的幕墙就是用的我们公司的产品。"成思危饶有兴致地接话："挺好挺漂亮，这个东西老百姓能不能用？"高纪凡实话实说："主要是银行、保险公司等金融机构的办公大楼在用，因为造价高，一平方米四五千元的售价普通老百姓用不起。"成思危点点头，思索了几秒钟，问道："能不能做一些让老百姓用得起的东西？"高纪凡顿了顿说："好，我回去研究这个课题。"

看似一次简单的谈话，却打开了高纪凡的思路。多年之后，高纪凡在回忆这段往事时，依然非常感慨成思危主席对他的点拨。

"一个是他说做老百姓能用得起的东西，为社会做贡献，让千家万户受益，这是好事，符合我做企业的初心。我当初并不是因为钱才干企业的，当时就想着通过创新为社会做点事，给老百姓做事情就有意义。第二个是因为市场大，银行大楼才多少栋呀？老百姓能用得起的东西，市场才足够大。这两个问题，一个是基于社会的思考，一个是基于商业的思考。说回去研究研究，并不是应承和敷衍，从北京回去之后我就开始认真查资料做研究了。"

太阳能恰巧在这个时候，进入高纪凡的视野。有时候你真的不得不感叹机缘的巧妙，机会总在恰当的时候给到最用心的那个人。

太阳能（Solar Energy），是指太阳的光热辐射能，主要表现就是常说的太阳光。自地球上诞生生命以来，生物就主要靠太阳提供的热辐射能来生存，远古时期的人类就懂得以阳光取暖、晒干物件，并将其作为制作、保存食物的重要方法，如晒盐和晒咸鱼等。

1839 年，法国物理学家 A.E. 贝克勒尔（Alexandre Edmond Becquerel）意外发现，用两片金属浸入溶液构成的伏打电池，受到阳光照射时会产生额外的伏打电势，他在论文中把这种现象称为"光生伏打效应"。不均匀半导体或半导体与金属的混合材料在光照作用下，其内部可以传导电流的载流子的分布状态和浓度发生变化，因而在不同部位之间产生电位差，这就是光伏发电的基本原理。

100 多年后，随着人们对半导体的逐渐了解，以及加工技术的进步，光伏研究取得了重大突破。美国科学家恰宾（Darryl Chapin）和皮尔松（Gerald Pearson）在贝尔实验室用半导体做实验时发现，在硅中掺入一定量的杂质会使其对光更加敏感。1954 年，贝尔实验室首次制成了单晶硅太阳能电池，诞生了将太阳光能转换为电能的实用光伏发电技术，太阳能时代的第一缕曙光来临！

1973 年 10 月，第四次中东战争爆发引发石油危机，石油输出国组织欧佩克（Organization of the Petroleum Exporting Countries，OPEC）对以色列及支持以色列的国家实行石油禁运，国际原油价格从每桶不到 3 美元涨到超过 13 美元。石油危机触发了第二次世界大战后最大规模的全球经济危机。美国经济学家估计，危机使美国国内生产总值增长下降了 4.7%，使欧洲的增长下降了 2.5%，日本则下降了 7%。在 1979—1980 年、1990 年，同样的石油危机又发生了两次。

这让世界各国察觉到对石油过度依赖的弊端，纷纷开发、支持新的能源利用方式。太阳能清洁无污染，并且可以突破资源的限制，只要有阳光的地方就可以开发利用，太阳能受到了世界各国的重视，光伏发电一步步朝着商业化的目标前进。1983 年，美国在加州建立了世界上最大的太阳能电站，规划装机容量高达 160 兆瓦。

由于电池光电转换效率不高、制作技术不成熟，导致太阳能发电成本过高。为了支持新能源发展，世界各国推出了补贴奖励办法。日本在1994 年实施推广每户 3000 瓦的"市电并联型太阳光电能系统"，安装第一年政府补助 49% 的费用，以后的补助逐年递减。到了 1996 年，日本有2600 户安装了太阳能发电系统，装机总容量有 8 兆瓦。

1997 年 6 月，时任美国总统克林顿在对国会所做的关于环境和发展的报告中，雄心勃勃地提出了"百万太阳能屋顶计划"，提出要在 2010 年以前，在美国 100 万个屋顶或建筑物可能的部位上安装太阳能系统。这个计划在当时非常超前和宏大，给世界各国带来了震动，一场光伏太阳能改变全球能源的革命就此拉开序幕。

受到震动和影响的，还有正在思索"做老百姓能用得起的产品"的年轻企业家高纪凡。

在广东与高纪凡一起创业的同学吴兵，去美国后考入马萨诸塞大学（University of Massachusetts）化学系深造，1994 年获得博士学位，后来留在美国发展，1996 年在国民淀粉化学有限公司下属的爱博斯迪科公司（Ablestik）任研发部经理、研发部高级经理等职。虽远隔重洋，两人的联系并未中断，高纪凡想要开拓新的事业和领域，吴兵就经常寄一些资料过来，将他在美国了解见到的一些最前沿的技术、最新潮的商业创新分享给高纪凡。

当收到吴兵寄来的克林顿的"百万太阳能屋顶计划"资料时，高纪凡感觉自己的内心像被击中了一样：这不就是成思危主席说的老百姓都用得起的东西吗？

高纪凡敏锐地察觉到，光伏市场前景将不可限量，这就是未来的趋势和方向，是大有可为的新天地！

将来就干这个了！光伏，从这一刻起，成为高纪凡心中的人生事业。时隔 20 年后，在中国分布式光伏大发展之时，高纪凡启动了天合的"百万太阳能屋顶计划"，计划给中国一百万户家庭安装上天合光能的家用光伏系统，预计 2023 年就会达成这个目标，这算是对克林顿当初宏伟计划的回应。当然这是后话。

1997 年 12 月 26 日，一个阳光灿烂的冬日，天合公司正式成立，在生产制造铝板幕墙的同时开始探索新的技术和产业，一段结缘阳光、结缘光伏的新的创业旅程正式开始。

高纪凡用"天合"作为公司的名字，取的是道家思想中最为核心的哲学概念：天人合一，即要用科技创造天人合一的人居环境。

"天人合一"这一概念最早由庄子提出，后被汉代儒家学派代表人物董仲舒发展为"天人合一"的哲学思想体系，并由此构建了中华传统文化的主体。宇宙自然是大天地，人是一个小天地。人和自然在本质上是相通的，故一切人事均应顺乎自然规律，达到人与自然的和谐。

老子曰："人法地，地法天，天法道，道法自然。""天"代表"道""真理""法则"，万物芸芸，各含道性，"天人合一"就是与先天本性相合，回归大道，归根复命。"天人合一"不仅仅是一种思想，更是一种状态，完美的情境是做到天时、地利与人和的统一。

酷爱中国传统文化的高纪凡，在公司名字中用"天合"两字寄托对顺应趋势、天人合一的期望。在他看来，太阳能正是能够实现人与自然和谐统一的能源利用形式。高纪凡特意将公司口号定为"天势所趋，合创辉煌"，一是要取势，选定太阳能这个符合社会发展大趋势、大方向的路走下去，二是要聚人，把各方面的人才、资源凝聚起来，共同创造一个辉煌的未来。

2. "天方夜谭"写下第一笔

高纪凡是那种看准方向之后，就会竭尽全力、充分调动各方资源去努力实现梦想的人。和那些拥有奇思妙想的创业家们相比，高纪凡的与众不同之处在于，他并不将赚钱盈利当作基本出发点，而是把满足市场需求作为方向，把造福社会作为宗旨，这是完全不同的选择。

天合决定要做太阳能，要做老百姓都用得起的产品。但是，怎么做？从哪里入手？这颇有些"老虎吃天——无从下口"的尴尬。

这在当时，无论是高纪凡，还是那些已经摸爬滚打、潜心研究太阳能大半辈子的老专家，都很难给出清晰答案。原因何在？因为在当时的历史环境下，光伏发电实在是太超前了！

太阳能发电被命名为"光伏"，光伏电站开始走入寻常百姓家是多少年之后的事情了。在此之前，中国并没有大规模从事光伏行业的企业，只有一些半导体行业企业延伸做光伏业务。半导体产业是光伏产业成长起来的土壤和母体，两者使用的基本材料都是硅（Si）。

1956 年，中国提出"向科学进军"，把半导体技术列为国家四大重要支持的发展方向之一。中国科学院应用物理研究所首先举办了半导体器件短期培训班，请黄昆（世界著名物理学家，中国固体和半导体物理学奠基人之一）、吴锡九（中国第一代晶体管、晶体管计算机和微型计算机的奠基人）、黄敞（国际半导体器件学科的先行者，中国集成电路发展的引领者，航天微电子与微计算机技术的奠基人）、林兰英（中国半导体材料之母，中国太空材料之母）、王守武（半导体器件物理学家、微电子学家，中国半导体科学技术的开拓者与奠基人之一）、成众志（著名半导体电子学家）等专家讲授半导体理论、晶体管制造技术和半导体线路，开始培养中国的半导体人才。

1957 年，北京电子管厂通过还原氧化锗，拉出了锗单晶。中国科学院应用物理研究所和第二机械工业部十局第十一所开发锗晶体管。当年，中国相继研制出锗点接触二极管和三极管（即晶体管）。

1958 年初秋，中国的半导体产业取得了重大进步。在林兰英院士领导的科研团队科技攻关下，中国研制出了首块单晶硅。这根长度只有 8 厘米、直径 5.08 厘米乌光锃亮的圆柱体，标志着中国成为继美国和苏联之后世界上又一个可以自己拉制单晶硅的国家。

1960 年 9 月 6 日，中国科学院在物理研究所半导体研究室的基础上成立了中国科学院半导体研究所，正式开始研发太阳能电池，主要目的是服务于航空应用。1968 年至 1969 年年底，半导体研究所承担了为"实践1 号"卫星研制和生产硅太阳能电池板的任务。1971 年，"实践 1 号"卫星发射升空，在 8 年的寿命期内，太阳能电池功率衰减不到 15%，该项目在 1978 年全国科学大会上获得"重大成果奖"。

1975 年，宁波、开封先后成立太阳能电池厂，电池制造工艺模仿早期生产空间电池的工艺，太阳能电池的应用开始从太空降落到地面，"从天上，到地下"，我国太阳能电池开始进入萌芽发展期，研发工作在各地次第展开，但进展缓慢。

1986 年，国家计委（中央人民政府国家计划委员会，1952 年 11 月15 日中央人民政府委员会决定增设的独立于中央人民政府政务院的政府部门，国家发展改革委的前身）在农村能源"1986—1990 年第七个五年计划"中，列出了"太阳电池"专题，全国有 6 所大学和 6 个研究所开始进行晶体硅电池研究。

在当时，中国的年太阳能电池生产能力只有几百千瓦。20 世纪 80 年代末期，中国先后引进了多条太阳能电池生产线，云南半导体厂从加拿大引进了 1 兆瓦生产线，中国的年太阳能电池生产能力提升到 4.5 兆瓦左右。这样的产能水平一直持续到 2002 年，实际每年产量则只有 2 兆瓦左右。

这就是当时的太阳能产业发展状况。

1997 年年底，一个来自江苏常州生产铝板幕墙的、半导体行业圈内谁都没听说过的、只有几百名员工的小企业，居然要涉足太阳能这样的"高精尖"产业。这的确有点"天方夜谭"。

但这并不影响高纪凡的雄心壮志！"成立太阳能一体化创新研究中心，没有路我们就探索出一条路来！"高纪凡说。

高纪凡在学生时代就喜欢问问题，思维异于常人，这使他的思想异常活跃。在带领企业往前走时，高纪凡总能琢磨出一些常人不会想到，或者是想到了也不会付诸实施的点子。这些神来之笔一样的灵感，用现在流行的一个词就叫"创新的基因"。对高纪凡来说，从在吉林大学读研究生时想要成立企业搞科技转化，到成立太阳能一体化创新研究中心探索新路，创新的精神是一脉相承的，这颗创新的种子也一直种到了天合人的心中。

太阳能一体化创新研究中心由高纪凡亲自担任主任。最初的构想，还是延续了制造铝板幕墙的思维，试图探索出太阳能与建筑的结合之路，这一探索方向在天合初期的发展中延续多年。直到如今，光伏产业的探索依然在继续，也就是现在很多大企业正在投入巨资来干的"光伏建筑一体化"（Building Integrated Photovoltaic，BIPV）。

有了方向，人才短缺是高纪凡要解决的第一个问题。他知道，只有想法是远远不够的，靠天合当时的"草台班子"，是无法在太阳能领域站稳脚跟的。要想成就一番事业，关键在于找到那些和你有共同想法、愿意一起为梦想而奋斗的人，这也是任何一个创业者能够最终成长为企业家所必须要解决的问题。

高纪凡寻找到的第一位人才，是安文教授。

安文，1953 年 4 月生人，1982 年毕业于江西大学（江西大学 1993 年与江西工业大学合并，现名南昌大学）哲学系，后留校任教，同年在中国人民大学世界经济助教进修班学习并毕业。安文思维活跃、意识超前，32 岁即升任江西大学经济系主任。他先后获省部级科研一等奖 2 项，省市级科研奖多项，发表论文近百篇，曾任江西省专家决策咨询委员会副主任兼综合组组长。

1998 年 9 月，安文前往河海大学苏南经济发展研究所工作。此时，高纪凡正需要请专家来指点未来发展方向，在去江西做项目时听说了安文教授，巧的是他刚好已经回到常州工作。高纪凡赶忙托人介绍，前往安文家中拜访。

高纪凡的到来，让安文吃惊不小。当时，江苏有不少数亿、数十亿元规模的大企业找他取经，对于天合这样还不成规模的小企业，安文是有些看不上的。"当时想请我做顾问的大企业很多，天合太小了，有啥好顾问的？"时隔多年再回忆这段往事时，安文笑言道。

不过，高纪凡的勇气和诚意让安文觉得此人不一般。再一交谈，发觉高纪凡对中国传统文化非常了解，而安文对中国古代管理思想研究颇深，于是两人虽然年龄上相差了 12 岁，但很快就相见恨晚、交谈甚欢。

两人从下午 7 点多，聊到晚上 11 点。高纪凡表达了希望聘请安文做公司顾问的心愿，安文没有回绝，但是表示要再考虑考虑。

在送高纪凡下楼离开时，一个小细节让安文甚是感动。因为怕打扰两人谈话，随同前往的高纪凡夫人吴春艳一直在楼下的白色桑塔纳车里等着而没有上楼。等两人谈完下楼时，他们 5 岁的女儿高海纯已经趴在吴春艳肩头睡着了。

再后来，高纪凡又多次拜访，两人的认识和交流逐步加深。1998 年 12 月初，安文正式接受高纪凡的聘请，担任天合太阳能一体化创新研究中心副主任，月薪只要 100 元，主要负责规划和市场推广。后又被聘为总经济师，在天合工作了 10 年直到上市后离开。随着天合在美国上市，安文教授持有的一部分原始股也让他身家大涨。如今再回首往事，也是美事一桩。

"在吸引人才、聚拢人才方面，高纪凡有着磁铁一般的吸引力。很有想法，干事情的勇气和决心很大，决定干的事情就非常执着，咬定青山不放松。在用人上，用人不疑，大胆放权，是一个能成事的领导。"安文说。后来，经安文介绍，高纪凡又邀请到一位"高人"相助——河海大学机电工程学院教授经士农。

经士农教授 1936 年生人，浙江上虞人，1960 年在西安交通大学焊接专业毕业后留校任教，1989 年被调至常州河海大学任教。经教授主攻焊接技术几十年，是知名的焊接技术专家，曾参与秦山核电站、三峡等大型工程建设并解决了很多棘手的技术难题，他研究的自动化焊接技术世界领先。

高纪凡聘请经教授为顾问，后来邀请其担任天合太阳能一体化创新研究中心副主任主管技术，再后来于 2001 年聘其为总工程师。安文与经士农两位教授加盟天合，分工配合，共同协助高纪凡去追逐一场绚烂无比的"太阳梦"。

在当时类似规模的民营企业中，这样的配置也实属超前和豪华，他们也提出了各种建议措施，辅佐高纪凡做出决策。其中安文教授向高纪凡提出三点建议：其一，传统行业机会不大，一定要坚定地走向光伏等新兴行业；其二，要争取上市；其三，要让核心员工成为百万富翁。对于这三点建议，高纪凡照单全收，天合光能后来的发展，也全都实现并超越了当初立下的这些宏伟目标。

3. 艰难的拓荒

在天合开始起步探索太阳能之路时，国外的太阳能应用已经逐步规模化。在政府大力支持下，一些国家和地区太阳能渐成气候。其中，最为领先、发展最为成熟的是德国、美国、日本等国。

20 世纪 70 年代，德国面临着能源价格飞涨的困局。持续的石油危机冲击着整个欧洲，能源的安全性问题越来越受到关注。此后的 20 年，持续增加的污染和切尔诺贝利核灾难，更是将环境问题推到风口浪尖，成为德国最热门的公众话题。到 20 世纪 90 年代，当风能和太阳能还被人们视为成本太高缺乏市场应用前景时，德国就将支持发展清洁能源纳入了法规政策中。

1990 年 12 月，德国制定了《电力入网法》，1991 年生效后，又于 1994 年、1998 年两次修订。制定该法规的目的是将固定上网电价这一机制引进德国，以保障可再生能源发电和并网，强制电网运营商不仅要义务接收可再生能源发电并网，并且要以固定的价格收购。固定溢价收购，有效促进了德国可再生能源的发展。

1991 年，德国政府开始为安装太阳能屋顶的住户提供补贴。光伏系统输出低于 5 万千瓦的，每家可获得每千瓦 6230 欧元的贷款；输出高于 5 万千瓦的，每家可获得每千瓦 3115 欧元的贷款。这是德国政府做过的最好决定，很快就有 2000 个并网型太阳能设备安装在德国家庭屋顶上，随后，该计划的数字扩展到 10 万个。

在东半球的日本，因为全球变暖以及资源短缺，很早就将光伏产业放在了国家发展的优先地位。早在 1993 年，日本就开始实施"新阳光工程""5 年光伏发电技术研究与开发计划""住宅光伏系统推广计划"等，努力建立日本本土的太阳能光伏产业和国内的太阳能市场。

通过一系列的政府资助和相关研究、开发、示范和部署，日本在太阳能电池制造技术和降低成本方面取得了长足进步：将近 50 万户家庭安装了太阳能屋顶系统，同时太阳能发电成本大幅度降低。1994 年，日本家庭安装一个太阳能系统需花费 6 万美元左右；到了 2005 年，安装成本下降到 2 万美元，光伏发电具备了和日本国内其他发电形式竞争的能力。

与这些技术先进的国家相比，中国的太阳能产业落后了数十年，光伏在当时还是个稀罕玩意儿。

1998 年，中国政府开始对太阳能发电有所关注，当时的国家计委立项拟建中国第一套 3 兆瓦多晶硅电池及应用系统示范项目，这让老家在河北保定的转业军人苗连生兴奋得彻夜难眠。比高纪凡更早，苗连生从 1993 年就开始涉足太阳能，当时主要是从日本进口散件组装太阳能霓虹灯。

苗连生当即联络另外两家企业商议向国家提出申报。可当时太阳能产业发展前景不明，风险深不可测，两个合作伙伴担心资金打水漂，选择退出。苗连生则拿出自己多年打拼的积蓄编制可研报告来争取项目，成天往北京跑，最终拿到项目批复文件，成为中国太阳能产业第一个吃螃蟹的人。后来在苗连生领导下的英利集团，也一路乘风而起，成为中国光伏行业的领头企业，这是后话。

远在常州的高纪凡，就没有这么幸运。

在经士农教授的主导下，天合太阳能一体化创新研究中心用三四个月时间开发出了一些太阳能产品，如太阳能警示灯、太阳能草坪灯、太阳能路灯等。看到这些新鲜玩意儿，人们充满好奇，这个东西白天熄了晚上自己亮，靠什么来电？是什么原理？这个灯咋就能不花电费呢？

但是，好奇归好奇，却没有多少人愿意买。当时人们根本不知道这些产品的价值和意义，连电视广告上都没有看到过，天合的产品自然不会有销路。经士农教授回忆，当时天合做的最大一笔太阳能生意，是昆山一家公司一下子买了十几个草坪灯。

太阳能梦想是美好的，现实和梦想之间却有着无法轻易跨越的鸿沟——太阳能发电产品在当时的中国根本没有市场，成本极高，人们根本用不起！

怎么办？天合和高纪凡急切地寻找着答案！

在那段艰难的拓荒期，太阳能一体化创新研究中心团队保持着一种"筚路蓝缕，以启山林"的创业激情，为了心中的"太阳梦"共同奋斗，"天势所趋，合创辉煌"是大家共同的精神理想。

高纪凡在常州科技创新园里搞了一个大房间，这里成了创新中心的大本营，类似于现在流行的孵化器。那段创业探索期，大家不分昼夜地干。高纪凡说起太阳能就兴奋，时常跟安文教授一起讨论、研究，一忙起来就每天只睡两三个小时。如果忙到太晚，大家就在创新中心睡觉。经士农教授年纪大点受到"优待"，被分配到木头沙发睡，安文教授则拿本书垫在头下做枕头，在办公桌上面躺着睡。很难想象，一个已经退休的和另一个快要50岁的教授在高纪凡带动下一起"燃起来"是什么模样。

沿着太阳能产品与建筑相结合的思路，天合太阳能一体化创新研究中心的探索逐步有了一些眉目。经士农教授苦心钻研，在光伏应用上发表了不少论文、发明了不少专利。中国光伏建筑一体化早期的一些行业规范，有一部分就来自创新研究中心的成果。2000年，天合受全国太阳光伏能源系统标准化技术委员会的邀请，参与编写了中国首个国家独立光伏系统技术标准。

创新研究中心渐渐成型后，高纪凡就想着再进一步。2001年，高纪凡将创新研究中心更名为常州天合光伏工程研究院，同时以这个名号去申请成立常州市光伏工程技术中心，并申请科技局科研经费支持。

对于研究院院长一职，高纪凡邀请到一位行业内举足轻重的专家担任——中国科学院电工研究所原副所长李安定先生。

李安定，1966年7月毕业于中国科学技术大学，1968年1月到中国科学院电工研究所工作。初期从事磁流体发电研究，1978年起开始从事太阳能发电研究，1995年12月晋升为研究员。李安定历任中国太阳能学会副秘书长、常务理事，中国可再生能源研究会副会长兼秘书长，中国农村能源行业协会常务理事，小型电源专业委员会主任，中国科学院能源研究委员会委员等职。

作为能源领域的知名专家，李安定还参与了国家有关宏观计划的决策和起草工作，1984 年 2 月至 1985 年 9 月到法国做访问学者，从事与太阳能利用相关问题的研究。为推动无电地区光伏应用发展，李安定曾 16 次进藏，领军修建了那曲、安多等 4 个西藏无电县的光伏电站，成为国内最早一批光伏先锋。

对于天合这样一家当时只有五十几人的小企业，要建立常州市光伏工程技术中心，管科研的审批者起初并不看好，但是一看到报上来的名单，除了李安定这样来自中科院的知名专家，还有好多位教授级高工，也就顺利批了，还给了 50 万元的科研经费和科技创新园的一层楼。

有了政府的支持和知名专家的加盟，天合光伏工程研究院一步步壮大起来，拿出的一些研究成果，也能够与当时很多研究机构如中科院、清华大学等比肩。

在这段艰难的拓荒探索期，天合还有一件极具突破性的事情不得不提。

高纪凡认为，光伏产业无论是未来发展，还是当前的探索突破，都需要学术界的支持。眼前迫在眉睫的是获得学术界的认可，于是高纪凡决定举办一届国际性大会，会议名字定为"国际太阳能发电技术暨推广论坛"。

1999 年年底，高纪凡把能够邀请到的光伏行业专家邀请了个遍，希望把这些专家聚在一起，集思广益，群策群力，厘清太阳能产业方向和标准，也为天合未来发展提供有价值的参考和建议。

在当时，国内由企业召集的行业论坛几乎没有，天合的做法无疑是行业首创。专家们收到邀请后大感意外，但也异常欣喜。最后，共有三十几位来自全国各地的知名专家参加，同时，科技部高新司司长也应邀出席，一家美国公司和一家瑞士公司也派人员参会。

在参会人员中，包括资深太阳能专家王长贵；国际太阳能学会会员、《太阳能学报》《功能材料》编委赵玉文；著名太阳能利用先驱、《太阳能学报》《太阳能》杂志创始人李锦堂（2016 年 9 月 25 日病逝于美国奥兰多，享年 79 岁）；著名光伏行业专家、上海交通大学教授、上海市太阳能学会理事长崔容强（2012 年 8 月 2 日病逝于上海，享年 71 岁）；中国太阳能学会常务理事、热利用专业委员会副主任、中国建筑科学研究院研究员郑瑞澄；太阳能应用专家、可再生能源学会理事、中国资源综合利用协会可再生能源专业委员会副理事长王斯成；合肥工业大学教授曹仁贤（1997 年创立阳光电源，日后发展成为全球知名的光伏逆变器企业）等。

这三十几位知名专家的到来，令会场颇有群贤毕至、蓬荜生辉之势。公司仅有的一部桑坦纳轿车不够用，高纪凡就把几家亲戚的车借过来做接待用车。会议开了两天，第一天的主题是光伏产品研发制造，第二天的主题为建筑节能，与会专家们畅所欲言、相谈甚欢，会议取得圆满成功，《科技日报》甚至对会议做了整版报道。

"天合当时的企业精神，叫'敢为人先，海纳百川，团结拼搏，合创辉煌'，办这次大会，就是最明显的体现，方向不清楚、行业没起来，别人不敢做的事情我们来做。成功举办这次论坛，我的感触很深！"高纪凡回忆说，"第一个感受，专家们的精神让我们很受感染。那时候搞太阳能研究的企业不多，主要是在研究所、学校有一些，还都是零零散散的。专家们一看我们这些年轻人愿意来干这个事情，都很开心，包括国外的一些专家也都很愿意帮着来干，给我们提了许多宝贵的意见和建议，让我们大开了眼界。第二个感受，通过他们的参与，我受到很大鼓励。虽然自我感觉还挺好，搞的太阳能路灯灯泡亮了很有高科技的感觉，但是还得有人呼应，老是没人呼应也不行。在会上，这些专家讲了很多，一讲到太阳能，老先生们都很兴奋。大家都很受感动，就形成了相互促动、携手前行的正向力量。"

这次会议的举办，对于早期探索阶段的中国光伏是一大盛事，通过举办论坛会议的形式来做企业宣传和品牌推广，是一个不错的路子。后来接连又办了两届，每一届规模都有所扩大。通过这些会议，高纪凡聚拢了一大批支持天合、帮助天合发展的专家，他们对于天合早期的发展有着重要作用。

天合的这一做法，让各个企业纷纷效仿，会议成为光伏行业最主要的销售、推广场景。一直到现在，光伏行业的会还是非常多，最多的时候全国一年举办了 400 多场论坛。在大大小小的会议上，各大企业竞相亮相，在热热闹闹、互相捧场中营造出了行业的火热氛围，整个行业呈现出一片欣欣向荣的景象。

高纪凡的这一创新之举，让天合在行业内外都有了一些名头。大家认识了这个留着干练平头、说话有常州口音的年轻企业家，也了解到常州有这么一家生产铝板幕墙的企业在尽心竭力地要做太阳能事业。

高纪凡接下来的另外一大创新，让天合真正出了名，甚至还登上中央电视台，与 2008 年奥运会挂上了钩，这就是中国首个太阳能样板房的建造。

4. 中国首个太阳能样板房

在探索"太阳梦"时，天合早期构想的是要把光伏技术与幕墙技术结合起来。高纪凡设想，如果能造出一座不插电的房子，那该多么神奇！这样的创新想法，在机缘巧合中就变成了现实。

在一次邀请中国经济体制改革研究会原副会长、常州市原市长陈鸿昌（1932—2019）来天合参观交流时，高纪凡向老市长汇报工作，绘声绘色地描绘起他眼中看到的太阳能产业未来，以及梦想中不插电的房子。

这听起来像科幻电影一样，但从逻辑、科技各方面又是完全可行的，这让陈市长非常感兴趣。汇报还没结束，老市长扔下一句话：我给你找二三十万元的科研支持资金，你们尽快做出来看看。

这句话让高纪凡很受鼓舞，也很受启发：是啊，光构想没用，得实际做出样品来，才能实打实地让人信服！于是，太阳能样板房被正式列为天合的第一个示范产品，由经士农教授负责设计和技术实现。

在陈鸿昌老市长的牵线搭桥下，高纪凡前往拜访时任常州市科技局局长吴铁岳和副局长张跃，请求将太阳能样板房申报为科技项目并申请科研经费支持，这件事情再向上汇报给了时任常州市市长孟金元。孟市长也对这个高科技项目非常支持，责成相关部门研究解决。最终，天合的太阳能样板房获得科技立项支持，如果研制成功将获得 30 万元的科研经费扶持。

这 30 万元现在看来不多，但在当时已经是常州市科技局科研扶持资金中的一大块。当年，常州市一年的科研经费预算是 320 万元，一下子给了天合一家公司接近十分之一，可见对天合这个项目的支持和重视程度。

在当时的技术水平和成本水平下，30 万元要建起一座具有实际应用价值的太阳能样板房并不太够。但是，它犹如黑夜里的一把火，在迷茫的夜空中照亮了未来的路，鼓舞信心、给人希望。这对于当时的天合和高纪凡而言，没有比这更激动人心的事情了。

那段时间，高纪凡跑了很多地方，又是找人又是找材料，还要解决最核心的技术集成问题。以当时天合的技术水平，尚无法自己生产制造，只得购买航天科技材料，再通过自己的技术创新将其建成一个太阳能样板房。其中最关键的并非材料和制造，而是这个产品要让人有见证魔术般的科技效果，产品的展现形式至关重要。

为了造出一座完美的太阳能样板房，高纪凡请到了一位"牛人"来担任顾问，这就是后来担任上海太阳能科技有限公司首任总经理的袁晓。

袁晓毕业于上海科技大学半导体物理与器件专业，曾经在上海空间电源研究所（811 所）担任副所长。袁晓作为光伏专家，在太阳能电池与光伏系统方面具有很高的学术水平，还建立出国内最早的工业化层压机生产线，在光伏市场开拓方面具有国际视野。

2000 年 1 月，上海航天机电与 811 所共同出资组建了上海太阳能科技有限公司。当时，日本的太阳能电池技术比较先进，上海太阳能公司成立不久就开始与日本夏普公司合作，主要是将夏普生产的太阳能电池加工成光伏组件出口到欧洲。2002 年其产能达到 5 兆瓦，2003 年达到 10 兆瓦，是当时中国最大的光伏组件生产企业。

有这样一位行业专家来帮忙，样板房很快就有了雏形。在建造过程中，袁晓甚至先垫付了一些经费。原本计划只做一个固定的空间，用一些光伏电池板覆盖房顶，有太阳的时候能点亮房间里的灯就算大功告成，可是高纪凡还有更多的考虑：要让人们真正体会到太阳能的神奇就不能这么简单，样板房要有实用功能，不仅能实时利用太阳能，还要能将其存储输出。

这也意味着在技术上要有新突破。高纪凡在此时又展现出了将复杂物理技术转化为简洁易懂产品的非凡才能。他和空想家最大的不同正在于此，这是既需要天赋又需要后天训练的能力。

经过小半年的努力，太阳能样板房终于完工了，房间里有电视，有灯具，有各种生活用品，所有的用能都是靠太阳能发电。尽管投入了远超预想的资金和精力，但高纪凡内心是欢欣鼓舞的。但此刻他的心又是悬着的，时间仿佛又回到了十几年前的广东，一无所有的高纪凡带着自己研发的化学制剂，在当地企业负责人面前惴惴不安地进行实验，那种等待被检验的复杂心情，又一次出现了。

在这年九月，国家经贸委、中国贸促会和江苏省人民政府在常州主办了中国国际中小企业商品博览会，天合将样板房拉进展馆参展。博览会以贸易洽谈和外资、外贸项目洽谈为主，是当时颇具规模的盛会。540家企业参展，汇集了多达15万的参观者，将整个展览中心围得水泄不通。展会期间，不仅有重量级的新闻媒体全程报道，还有多个中央部委的领导亲临现场。

让人喜出望外的是，天合的太阳能样板房引起了轰动，大家纷纷驻足天合站台前一探究竟。当绝大多数人都还没听说过光伏为何物时，居然有人造出了全靠光伏发电的房子，这让大家非常震撼。好几位来参观的部委领导，都好奇地进到房子里看一看，坐一坐，四处体验一番。

天合太阳能样板房，就这样火了。这是中国第一个自主研发的光伏发电建筑项目，也是当时国内唯一一个。

在1998年，北京提出申办2008年第29届奥林匹克运动会。2000年8月28日19时39分，中国北京同土耳其伊斯坦布尔、日本大阪、法国巴黎、加拿大多伦多五个城市成为2008年第29届奥运会的候选城市。

在申办奥运会时，中国提出了"科技奥运、人文奥运、绿色奥运"三大理念，其中"科技奥运、人文奥运"都很容易找到现实的案例支撑，但"绿色奥运"却略显单薄。当国务院领导看到一家江苏的民营企业造出全部采用太阳能供能的房子时，眼前一亮！

很快，领导安排科技部高新司和发展改革委高技术司的同志来看样板房。此外，中央领导对光伏发电很感兴趣，但是并没有机会亲自详细了解，所以希望把样板房拉到北京去，让中央领导也能够看一看。

样板房太大了，无法装上火车运送，高纪凡就安排做了一个微缩版的移动样板房，拉到北京放在了中国科学会堂展出。

移动光伏样板房运到北京后，成为中国"绿色奥运"的一个小小注脚和案例支撑，为北京成功"申奥"出了力——当时，正值中国申奥期间，奥运代表团来访，也借此看到了中国光伏科技的成果。天合的光伏样板房成为中国向国际奥委会官员宣传"绿色奥运"的内容之一，样板房还上了申奥的专题片。

展览两周后，国务院领导秘书打电话过来说：领导看过了，觉得创意很不错，可以拉回去了。于是，天合又把样板房拉回了常州。

高纪凡那阵子是忙坏了，也是从此时起，他开始有了一点超越普通创业者之外的影响力。那种影响力的来源，既不是商业上的财富暴涨，也不是技术上的突破创新，而是来自一个有创新能力、有科学家底蕴的年轻企业家的坚守与付出。

这正是多年前决定创业时高纪凡的初衷。回想起来，他在过去这些年里的商业成绩，都是基于这样的初衷。正因为如此，他将很快迎来一个更符合目标期望的机会。

2001 年元旦期间，常州电视台播出了一条报道天合太阳能样板房的新闻，此后江苏电视台采播了该新闻。又过了没几天，中央电视台《新闻联播》也报道了此事，天合的太阳能样板房彻底火遍了大江南北。

太阳能样板房的成功，给了高纪凡极大的信心。如果说建立太阳能一体化创新研究中心是起步，太阳能样板房是开出的一朵小花，那么很快，这朵小花就结出了果实，那就是西藏工程，这个在天合发展史上具有里程碑意义的大事件。

西藏工程的机遇，让天合实现了商业上的巨大回报，也让高纪凡将天合推向了从 1988 年开始创业之际就梦想的那个样子——这是一家由科技基因、商业价值和社会责任所共同构筑的冉冉上升的光伏新星企业。

02

第二章
去西藏，去西藏

1. 被遗忘与被仰望的地方

去西藏自驾游是很多人的梦想。开车出了格尔木，巍峨雄壮的昆仑山便映入眼帘。汽车在山脉的侧影中盘旋爬升，终于在某一刻，山脉消失不见，天地透亮起来：一眼望不到边的金黄色草原直通天际，万千湖泊宛如珍珠点缀其上，动物或跳跃奔驰或驻足饮水……

这人间仙境，便是美丽的可可西里。人们通过震撼心灵的影视作品知道此地，然而这远非西藏的全部。

很多年前，高纪凡和他的同学们一路南下之际，并未想到有一天自己会和西藏发生如此深切的关联。是命运将之塑造，也是阳光使其相连。

人们大多知道西藏一尘不染的天空和苍穹下展翅翱翔的雄鹰，这是其被仰望的角度；人们却并不知道这个广袤的高寒之地，很长一段时间是没通电的，这是其被遗忘的细节。

追溯起来，西藏的用电历史始于 1928 年。当时，一位名叫强俄巴·仁增多吉的藏族青年被派往英国诺菲里大学学习电力，几年后仁增多吉学成归来,他向西藏噶厦政府提议,在拉萨北郊夺底沟建设一座水电站。

项目很快便投入建设,所用的水电设备由英国基尔斯机器厂制造,容量很小,不足 100 千瓦。由于交通不便,设备从印度经由尼泊尔,再以人背马驮的方式运到西藏,从此开始了西藏的用电历史。

这种艰难的运输条件,直到大半个世纪之后,仍然被西藏的很多地方所采用。中国太大了,西藏许多地方条件艰苦。今天我们查阅史料,能看到一个令人感动的事实是:尽管条件极差,但中国人民在藏区的努力从未停止,这种发展历经时间的考验,也见证了中国经济旧貌换新颜。

1955 年 3 月 9 日,国务院第七次全体会议决定,由中央拨款并派遣工程技术人员进藏修复拉萨夺底水电厂,同时新建日喀则小型火力发电厂,此次援藏技术人员抽调自原水利电力部和重庆电力局。

第二年夏天,日喀则 80 千瓦燃油火电厂建成。到了秋天,恢复重建的夺底水电厂也建成使用,容量达到 660 千瓦,西藏电力工业由此开启了新篇章。

1965 年,西藏自治区成立。经过十年发展,全区电力发生了巨大改观,装机容量达到 8240 千瓦,也有几个燃油机组,年发电量 2600 万千瓦时。同时,建成 35 千伏输电线路 3 条,长 46 千米;6 千伏输电线路 10 条,长 100 千米。

尽管进步不小,但对于广阔的藏区,仍远远不够。西藏地广人稀,除拉萨、日喀则等少数地方外,其余地区的农牧民多数还是与电无缘。

20 世纪 80 年代,西藏电力进入一个较快发展的新阶段。利用储藏在距拉萨 90 千米的羊八井地热能源,建成了 2.4 万千瓦的国内最大地热发电厂,并修建了羊八井至拉萨西郊的 110 千伏羊拉线,在此后很长一段时间内,羊拉线成为西藏地区用电的主力通道。

时间推移到 20 世纪 90 年代，拉萨、山南、日喀则、林芝、昌都五地的电力供应已初具雏形，但由于地理环境等因素限制，五地都是独立供电，互不相连。在此期间，中央第三次、第四次西藏工作座谈会举行，满拉和沃卡一级水电厂被提上日程，这两座电厂所处位置均为海拔 4000 米以上，工程条件艰苦，由武警水电支队施工。

显然，在西藏进行电力建设，不啻一场艰苦战役。由于西藏农牧区地形地貌复杂，气候复杂多变，山河横亘，居民稀疏分散，村与村、户与户之间相距十几甚至上百公里，常规电力因输变设备成本极高而难以实施，电力建设的难度可想而知。

一直到 20 世纪末期，偏僻地区的农牧民还只能沿袭千百年的原始生活状态，靠酥油灯、蜡烛、煤油灯等来照明。有的家庭甚至连油灯也点不起，仅凭做饭打茶烧火时的微光度过黑暗，生活尚且如此，更遑论学习、家庭副业和娱乐了。

光伏等新能源技术的突破，很快将给这个被仰望与被遗忘的地方，带来一场影响深远的电力变革，也是第一次有来自内地民营企业参与的变革。这，就是"光明工程"。

1996 年，联合国在津巴布韦召开了"世界太阳能高峰会议"，会后发表了《哈拉雷太阳能与持续发展宣言》《国际太阳能公约》《世界太阳能战略规划》等重要文件，进一步表明了联合国和世界各国对开发太阳能的坚定决心。

津巴布韦会议倡议在全球无电地区推行"光明工程"，中国积极响应。1997 年 5 月 7 日，我国推进的"光明工程"进入实施阶段，技术相对成熟的风力发电被选定为突破口，首期目标确定为 5 年内完成 2000 个无电村、100 个微波通信站的风电系统建设，装机总量达 40 万~60 万千瓦，预计为全国十分之一的无电人口即 800 万人带来光明。

据原国家计委《可再生能源白皮书》统计，截至 2002 年年底，我国无电乡人口尚有 800 万户，约 3000 万人，涉及 1061 个县，2 万个村，4 万个自然村，主要分布在西藏、新疆、四川、云南和贵州等地的山区。"光明工程"计划用 10 年左右的时间，解决边远地区人口的用电问题。

据国家能源局原局长张国宝回忆："2002 年，由国家发展计划委员会能源局提出，为解决西部无电乡农牧民用电，开展'送电到乡'工程，主要采用太阳能光伏发电，也叫作'光明工程'。"

如果将初期的"光明工程"看作风电版，这一时期的"光明工程"则可以称作光伏、风电、小水电的混合版。按照规划，将由中央政府拨款、各级地方政府投入、用户自筹共计 100 亿元投资，由中标企业负责施工和维护，根据当地资源状况，分别建设太阳能电站、风能电站和小水电站，分成"通电到县""通电到乡""通电到村"三个阶段，逐步实施到位。

多少年后，在回顾"光明工程"的价值和意义时，张国宝先生撰文写道："开展这一工程的意义不仅是为远离电网的农牧民带来了光明，我觉得这一工程的另一个重要作用，是为中国刚刚萌芽的光伏电池产业提供了市场。特别是在西藏实施的'光明工程'，到 2005 年，中央政府实际向西藏投入了 13.68 亿元，建设光伏电站 322 座，解决了 318 个无电乡用电问题，还建设了 24 座小水电，在建 73 座，解决了 100 个无电乡用电。在我国早期进入光伏电池生产行业的中小企业可能都从这一工程中获得了订单，为它们后来的生存发展打下了基础。"

由此可见，"光明工程"给发展初期的中国光伏产业带来的价值和意义有多大。正所谓"机会总是留给有准备的人"，在这个大机会面前，已坚持不懈准备了很多年的高纪凡，很幸运地伸手抓住了它！

2. 8000万元：理想与创新的价值

2002年春节之后，天合的员工发现一件事情，之前总在公司各处随时见到，总在管理细节、在开会总结的高老板，突然不见人影了。

"我记得很清楚，就是总看不到人，不知道在干什么，那时候他也不说，隐隐约约觉得是在忙一个大项目。"高纪凡弟弟、现任天合光能董事、副总经理高纪庆回忆说。

没错，这个时候的高纪凡，确实是在忙一个大项目。

在举办论坛、拜访专家时，高纪凡结识了很多太阳能领域的权威专家。在这些专家眼里，高纪凡这个小伙子很不错，态度谦逊、为人很好，所以他们在与高纪凡交流时经常会给他介绍一些市场机会。一个很偶然的时机，高纪凡在与中国太阳能学会副理事长赵玉文交流时，听说了"光明工程"招标的事情。

这让高纪凡很动心：这个事情不仅具有不错的商业前景，还有很大的社会意义，天合应该去做。

很快，天合动用各方人脉资源，参与报名了第三批"光明工程"招标。可惜的是，由于时间仓促、准备不足，这一次投标失败了。

失败就放弃可不是高纪凡的风格。失败了就总结原因、寻求办法，面对即将到来的第四批招标，高纪凡要尽全力中标。

2002年5月，天合的员工们又发现，小半年不怎么见的老板又在公司上上下下地忙碌着。这个时候让他们很不解的是，老板领着一帮人在公司各处改名，连公司大门口的大牌子都给改了，公司不叫"天合铝板幕墙制造有限公司"，改成了"常州天合光能有限公司"。大家对"光能"两个字很不解。光能是个啥？

实际上，这正是高纪凡在为"光明工程"第四批招标所做的准备工作之一。在第三批招标中，天合这样一家做"铝板幕墙制造"的公司居然也来投标，遭到了评审专家和其他投标竞争者的质疑，这也是落标的重要原因之一。

高纪凡希望通过更名来告诉大家：做了中国首个光伏样板房的天合，也是能干好光伏的。

这次更名，标志着天合真正把脚踏入了光伏的大门，从此往后，高纪凡在商业上取得的任何不俗成绩，都与"天合光能"这四个字紧密联系在了一起。

除了更名，高纪凡还在积极地网罗人才，他很明白天合光能现有团队成员，并不具备丰富的光伏经验，甚至很多人连光伏电站是什么样的都没见过，更别说来设计、建设了。通过朋友关系介绍，高纪凡联系上了在2001 年刚刚从云南半导体器件厂副厂长位置上退休下来的邱第明先生，这也就是后来为天合西藏工程立下汗马功劳的邱第明同志。

邱第明 1940 年出生，从 37 岁起就开始在云南半导体器件厂工作。该厂由国家科学技术委员会二局能源处与原电子部主管，主要生产晶体管与集成电路，后来开始进行太阳能电池的研究。据邱第明回忆，那时候研究水平很低，都是实验室里瓶瓶罐罐的水准，只能设计出直径 40 毫米的晶硅电池，几年以后才达到 75 毫米水准。

当时，太阳能电池主要出售给一些高科技国有企业，每瓦造价在 100 多元，几乎没人用得起。1985 年，云南半导体器件厂以 400 万美元的价格购得美国 Sunpower 公司淘汰下来的一条太阳能电池生产线，年产太阳能电池达到 0.5 兆瓦，电池转换率 12% 左右，这在当时无论是规模还是转化率，都是非常领先的。当时全球领先的西门子、夏普的电池，其转化率也就在 13% 左右。

1987 年，云南半导体器件厂引进的生产线全部到位，逐步形成了从拉单晶、切硅片、做电池片到组件封装的完整生产线，成为当时中国最大的太阳能电池生产厂家。在当时，全国只有云南半导体器件厂、华美半导体、宁波太阳能电池厂和开封太阳能电池厂四家企业能生产太阳能电池。

1980 年到 2001 年，邱第明一直在云南半导体器件厂担任主管技术的副厂长，到 61 岁退休时，整整干了 24 年的半导体、太阳能，这是难得的技术人才。在邱第明退休的 2001 年，云南半导体器件厂的产能还只有 2 兆瓦，因为技术、规模没上去，厂子从来就没有赚过钱，邱第明所看好的、会有广阔前途的太阳能电池大发展时代还没到来。

退休之后的邱第明有些闲得发慌，总觉得力量没有发挥出来，如果有机会加入新兴的太阳能公司，就可以继续从事自己喜欢的太阳能事业了。对于高纪凡的邀请，邱第明自然觉得是不错的机会。

于是很快，两人决定飞往成都面谈，在高纪凡住下的小旅馆里，两人相谈甚欢，对于太阳能的未来和各种理念、设想都很合拍，邱第明当即决定接受邀请，跟随高纪凡继续为太阳能事业而奋斗。

作为在半导体、太阳能行业摸爬滚打了几十年的老兵，邱第明对于太阳能行业非常了解。邱第明带着高纪凡到中科院电工所、中国太阳能学会等单位拜访，还飞到攀枝花、西昌、昌都、拉萨等地，向当地政府和主管部门负责人推介天合光能，想尽办法去争取参与"光明工程"的机会。

在他们忙忙碌碌、辛苦奔波了一个多月后，"光明工程"第四批招标的日子到了，最为关键的考验也来了。

招标到底报什么价格？这是当时谁都没谱的事儿，因为整个市场都很不成熟，并没有可供参考的市场价。在报送招标材料附近的小旅馆，高纪凡和邱第明、高纪庆商量了大半夜，也没有商定出满意的结果，大家各有意见、争论不休。

最后，高纪凡想了个办法，三个人各自在纸条上写上报价，然后合到一起摊开来看，三个价格加一起再取个平均值就是招标报价。最终，天合光能确定了每瓦 106 元的报价。

第二天，"光明工程"第四批招标现场，热闹非凡。来自全国太阳能行业的 30 多家企业报名，其中不乏中科院、航天部下属的大国企，像天合光能这样的民营企业很少。但最终，天合光能成为一匹黑马，投下的 7 个标段中了 5 个，一举拿下西藏昌都地区 39 座光伏电站的投资建设权，装机总容量达 715 千瓦，总投资额近 8000 万元。

消息传回常州，天合光能全公司都沸腾了，大家喜笑颜开，在办公室里高兴地抱在一起又蹦又跳。这对当时的天合光能来说，绝对是一个超级大项目，公司领导心心念念努力多年的太阳能事业，终于有了实质性的突破。

此时的高纪凡倒显得十分淡定，他甚至告诫公司的年轻人别高兴得太早，要收一收，真正把项目做下来了才算数。

果不其然，高纪凡的担忧并不是多余的。

作为唯一一家中标的民营企业，天合光能引起了竞争对手的不满，甚至有家公司负责人直接去相关部门告状，说天合光能根本没有实力做这个项目，要求取消天合光能的中标资格。

国家计委等部门非常重视，派出了工作组前往江苏到天合光能公司实地审查，这一度让公司上下非常紧张，如果出一点纰漏，就可能导致项目流产。

工作组认真考察了天合光能的生产经营情况，以及人员、技术团队构成，参观了天合光能研发的太阳能样板房等创新性产品。好在天合光能还是真有一定实力的，公司接待人员竭尽全力地把这些年的亮点和成绩展示给工作组看。

公司产品质量优异，承包、建设了多个重大项目；公司管理水平突出，在 1999 年 10 月就通过了英国劳氏 ISO 9002 国际质量体系认证。

公司成立了光伏技术研发和创新中心，专注太阳能应用技术研发；在政府有关部门的支持下，成功主办了"太阳能技术和市场国际论坛"，在业内口碑良好，同时聚拢有一大批专家、顾问资源。

2000—2002 年，在常州市政府、市科技局的支持下，公司先后为常州市的对口支援城市——西藏拉萨市赠送了 12 套"户用光电系统"，还给青海和内蒙古送了十几套，这证明公司有足够的实力建设户用光伏发电系统。

此外，公司先后取得了"太阳能源建筑结构""太阳能平板集热器"等十多项国家专利；2002 年以来，国家有关部门邀请天合光能参与国家《生态住宅小区建设导则》和《独立光伏系统 技术规范》标准的制定。

……

在这些实实在在的成绩面前，工作组认可了天合光能的专业技术水平和项目承包建设能力。这时候，大家才长长舒了一口气，西藏"光明工程"招标终于算是落了地。

3. 十八勇士进西藏

今天当我们再回顾这段历史时，不得不感叹高纪凡的眼光。在当时，谁都无法预判未来，你必须在大家都看到机会之前下手，等到谁都看明白了，机会早已不再是机会！

天合光能的理想与努力，终于要开始见到实质回报了。这一年也承前启后，既是前几年苦心经营开花结果的结点，也是之后天合光能通往新未来的起点。对高纪凡来说，这将注定是他商业生涯中的重要转折点。

中标是中标了，但横亘在面前的，除了伸手可及的希望，还有那湍急的河流与艰险的山崖。在西藏建电站，即使是放在现在也是极有难度的，更别说是在2002年了。复杂的地形，湍急的河流，剧烈的高原反应……数不清的困难需要克服，要顺利完成任务，真是需要一股舍生忘死的勇气！

天合在公司内部成立了项目组，由时任副总经理毛和璜任总指挥，设备经理刘文良任副总指挥，项目组成员从公司内部挑选精兵强将组成，前后共有18人入藏施工，他们被称作"入藏十八勇士"。面对这项艰巨的任务，天合人表现出了极大的勇气和奉献精神，大家报名异常踊跃，一位女同事在得知自己落选之后甚至流下了伤心的眼泪……

如今这些往事作为一段佳话被人传播，可是在那个时候，每一位天合人的艰苦付出是不求回报的，每一位天合人的满腔热血是让人动容的。我们今天看到的天合光能，已经是一家行业龙头企业，能够取得今天的成绩，靠的恰恰是从"西藏工程"起就有的奋斗精神，从而一步一个脚印踏出了自己的路。

在项目正式启动之前，天合需要先交几百万元保证金，用于先行垫资购买组件、逆变器等产品，可天合账上并没有这么多钱。一般企业这时候大多会选择尽量省钱购买低价产品，但是高纪凡并没有这样干，而是找到了同为常州本地企业家的南方轴承董事长史建伟先生借款500万元（南方轴承成立于1988年，由史建伟先生创办，是中国单向离合器领导企业，2011年在深交所上市。后来在天合光能股权融资时，南方轴承也是股东之一）。

拿着借来的钱，天合光能采购了西门子的组件，虽然很贵但是质量可靠；逆变器则大部分采购自安徽合肥的一家企业——阳光电源。阳光电源是一家与天合光能同样成立于1997年的公司，由合肥工业大学教师曹仁贤创办，日后跟随新能源产业的发展大潮一步步成长为全球逆变器巨头，

2011 年 11 月 2 日在创业板上市。也就是从这次合作起，两家公司一直保持着良好的合作关系。

2002 年 8 月，中央财政拨款到位，天合光能的准备工作进一步加快。为了尽可能确保施工不出问题，高纪凡安排设计了创新方案：赴藏之前，把每个电站都在常州提前安装一遍，没有问题之后再将其拆解、编号、打包，运往目的地。对于容易丢失的螺丝等小零件，每一处电站都多买一些配足量，确保工程施工不出任何差错。这些工作虽然增加了不少工作量，却是磨刀不误砍柴工，前期细致准备，为后面省去了很多麻烦。

2002 年 10 月，西藏"通电到乡"工程建设拉开帷幕。10 月 10 日，天合光能派出的工程技术人员在昌都地区安营扎寨，真正的考验开始了。

昌都是藏语，其意为"水汇合处"。扎曲和昂曲在昌都相汇为澜沧江，这也是昌都这一名称的由来。昌都地处横断山脉和三江（金沙江、澜沧江、怒江）流域，位于西藏东部，处在西藏与四川、青海、云南交界的咽喉部位，是川藏公路和滇藏公路的必经之地，也是"茶马古道"的要地。

以昌都为中心，东与四川省相望，东南面与云南省接壤，西南面与西藏林芝市毗邻，西北与西藏那曲市相连，北面与青海省交界，西望西藏自治区首府拉萨，处在商贸往来的枢纽地位，素有"藏东明珠"的美称。

昌都地区平均海拔 3500 米，四山夹三江的独特地理位置，把昌都分割成了山川纵横、山高谷深的险峻之地，海拔超过 6000 米的山峰数不胜数。这里的昼夜温差常年都在 20 多度，白天强烈的紫外线照射得人脸上脱皮，晚上冷彻入骨的高原寒流冻得人瑟瑟发抖，只能烧牛粪马粪来取暖。

这里很多地方都人迹罕至，小路是人、畜行走踩出来的，各个乡、各个村之间不通公路，要想联系就靠骑马或者步行，跋山涉水、翻山越岭，几天几夜才能跑个来回。夏天，暴雨如注，险峻的河流怒吼如狮；冬天，冰天雪地，险峻的山路都被风雪堵死，人们根本不敢涉险外出。

天合入藏的施工队员，面临的第一个考验就是高原反应。那种胸闷气虚、昏沉虚脱的感觉，实在是不好受。来自平原地区的天合光能工程技术人员，在发生严重高原反应时还要出力工作，那种艰难和无力感是前所未有的。

饮食对队员们也是考验，吃惯了大米和各种炒菜的苏南人，要几乎天天与酥油茶、糌粑、牦牛肉打交道，饮食的差异一时无法接受，于是方便面就成了偶尔"解馋"的美味佳肴。但日子久了，吃牦牛肉、喝酥油茶，反而成了队员们暖入心脾的良物，特别是喝完酥油茶之后仿佛能忘掉一切不适，在这天寒地冻之地就不会感觉那么冷了。

恶劣的环境和交通，是最为严峻的考验。建电站要先选址，需要队员们跋山涉水地去勘察，路稍微平缓一点就骑马，陡峭难行的山路就只能抓着马尾巴往上爬。等爬到山顶，哈出来的雾气一秒钟就让胡子全结成了冰。

这些从来没有骑过马的江苏人到西藏不久，很快就摔打成了一流的骑手。刚骑马的时候小伙子们还都很兴奋，像孩子一样肆意地大呼小叫。但过了一段时间，队员们笑不起来了，睡觉都趴着，倒不是本地习俗，而是屁股都被磨破，疼得直龇牙……

开车出去会省力很多，但坐上车就提心吊胆，一边是高不可攀的山石，另一边是深不见底的悬崖。路面也仅能容纳两车缓慢擦肩而过，窄的地方只能单向行驶。开车出去，翻车和因车辆抛锚而露宿野外如同家常便饭。下雪的时候，经常要下车用手抠掉轮胎下面的雪才能让车继续行驶。有时候遇到路面打滑抛锚，尽管被冻得瑟瑟发抖，还要把身上的大衣脱下来垫在车轮下，否则就回不了家。

有很多次，队员们开车出工差点发生事故。一次，天合公司项目一部经理刘承磊带着两名藏族司机开车运送一套价值 200 万元的电站组件到贡觉县雄松乡，行到一处山陡路窄的急转弯，突然后面的人大声喊叫"小心，小心……"，眼看着大货车就要坠入山崖……

刘承磊坐在驾驶室右侧，只看到窗口下面就是万丈悬崖，开车的司机吓得脸色大变，半开车门打算要跳车。千钧一发之际，刘承磊大喝一声："打死，打死，你把方向盘打死！"司机稳住情绪照做了，大货车缓慢从悬崖边拐了过去。等走过大拐弯后停车回头看，悬崖边只留下半个轮胎印，司机后怕得腿直发抖，大伙儿瘫坐下来，点火抽烟来缓解紧张的情绪，互相惊叹：真是从阎王爷手里捡回一条命……

每当要出发去项目地时，队员们的车上总装着棉被、干粮等应急物资，他们知道很可能是"有去难回"，每天外出都必须做好被困在野外好几天的准备。

天合公司员工张红生用笔记记下这样一段经历：

"2003 年 5 月 1 日早上 6 点，我与周述斌骑马前往丁青县布塔乡做电站的前期工作，一路坎坷，晚上 6 点到达布塔乡。我们带来的食物，包括二十几个土豆，一斤油，五六斤大米，几包方便面。但糟糕的是，乡政府里没有一点多余的粮食。到 5 月 7 日，只剩下不到十个土豆，几袋方便面和一点大米，我们每人每天不得不只吃两个土豆和白饭。

"又坚持了两天，我们感到浑身乏力、头昏眼花，更可怕的是我们的打火机没气了，只能冷水泡方便面度日。我们没力气找附近的老乡请求援助，只能躺在床上，尽量减少活动，保持体能，等待后援同志的到来。屋外死一般寂静，屋内只听到自己的心跳与对方的呼吸声，我们体会到一种前所未有的恐惧，唯一生存的希望是后援队伍早点到来。5 月 11 日晚上，突然听到马蹄声与人声，这声音是那样的亲切，以致我差点流下眼泪，这是我们终生难忘的 11 天。"

类似这样的艰险故事还有很多，有媒体记者在采访时记录下这样一件事：

　　天合公司两名员工在察雅县一名干部和一名司机的陪同下，开了一辆少了一块挡风玻璃的旧吉普车到香堆（当地一处地名）勘察建电站的具体位置。4个人白天差点被一场突如其来的泥石流卷走，晚上又因迷路不得不停在野外休息待援。

　　次日凌晨3点，机警的司机轻轻捅醒了车里每个人，告诉大家：狼来了，就在没有挡风玻璃的车窗外蹲着。望着车窗外眼睛泛着绿光的孤狼，车里的4个人紧张得大气不敢出，生怕招来大批狼群。

　　僵持了一个多小时后，无机可乘的孤狼悻悻离去。早晨7点，天刚蒙蒙亮，4个人下车就惊呆了，吉普车竟然停在悬崖边，而悬崖下是波涛汹涌的澜沧江……

4. 看到孩子们的笑脸，值了

　　高纪凡作为公司领导人，自然少不了前往一线，对于西藏施工的艰难，同样体会颇深。

　　由于根深蒂固的认识误解，当地牧民对光伏工程有一定的抵触心理，甚至认为光伏电站有巨大危害性。为了确保工程顺利推进，高纪凡不得不亲自带队前往协调，从上到下给当地居民解释光伏发电的原理，耐心解答各种疑问。人们慢慢从半信半疑转变成期盼等待了。

　　高纪凡知道，要让大家接受光伏电站，仅凭口头讲解无济于事，更重要的是尽快把电站建起来，让农牧民实实在在感受到光明世界的好处。

　　高纪凡清楚地记得他带队前往昌都推进第一个电站时的情形。在当地乡长和书记的陪同下，一行数人驱车前往，可是走着走着就没路了，大家只得下车步行，大概还要走两个小时才能抵达村庄。不远处又是一条宽广的河流，要越过河流只有两个办法，有桥过桥，无桥坐船。

那桥是什么桥？悬空吊桥，摇摇晃晃，桥上木板参差，漏洞相连，走上去触目惊心。那船是什么船？牛皮筏子，大小不到半张席子，仅能容两人乘坐，有时还要让出空间来装设备。金沙江的水流，向来以流速快、水量大而著称，乘船时就仿佛变成了摄人魂魄的"流沙河"，每过一次都让人提心吊胆、手心冒汗。

因为经常忙着去出差，还一去好几个月，一开始高纪凡的女儿很不理解："为什么要去做这么艰辛的工作？你和妈妈都不管我了。"

"每次出差都很久，爸爸回来就会讲一些在西藏的故事，那里很艰险，生活条件也很差。每次回来就看到爸爸黑了一圈，胡子拉碴的，整个人都变沧桑了。所以每次爸爸出差的时候都特别担心。但每次爸爸讲西藏故事的时候，说到要建多少座电站给多少人带去光明，他就很兴奋，整个人就像发光了一样。我觉得这一定是一件对他和对别人都特别有意义的事情，所以当时我和妈妈都特别支持他。"高纪凡女儿高海纯回忆说。

这些往事，一桩桩，一件件，恍如昨日，高纪凡回忆起来总是带着笑意，眼里还有光。

可是在当时，他和"入藏十八勇士"是笑不出来的。无电乡的生活离他们太远了，每个人都想象不出当地同胞是如何在那样的处境下世世代代生活下去的。每逢此时，高纪凡和十八勇士都更加坚定：想一想通电之后的光明世界能给当地同胞的生活带来的变化，再苦再难也要把光伏电站建起来！

历时 8 个多月，经过数不清的艰难险阻的洗礼和考验，天合光能"入藏十八勇士"终于完成了 39 座招标电站的施工、安装、调试。完工之后，天合光能还赠送了当地一座电站，最终建成了 40 座光伏电站。虽然语言交流比较困难，但天合人用真诚、友好和辛勤工作，深深感动了朴实的藏族同胞。

天合的公司员工不仅送光明，也送真情。在产品设计、施工、安装过程中，他们从当地实际情况出发，增加了许多人性化内容。在施工过程中，尽量招用当地藏胞以增加他们的收入，平均每建一座电站，付给当地藏胞的运输费、劳务费达数万元。天合公司还对电站实行 3 年保修，在昌都地区设立了 4 个维修服务站，以确保每座电站正常运行。

为了藏族同胞能安全正确使用电站，每建一座电站，天合的工程技术人员都请当地藏民全程参加，手把手地指导他们，每座电站都用藏汉两种文字印好管理使用办法，并张贴在机房。每座电站完工后，天合员工都主动延迟两天才撤离，目的是利用这些时间对当地藏族的电站售后服务人员进行专门培训，直到考试合格，发给上岗证书。

最激动人心的时刻，是光伏电站的通电仪式。

全乡的人像过年一样，纷纷聚拢到乡政府，大家穿着节日的盛装，捧来青稞酒、牦牛肉，围着广场唱起藏歌跳起锅庄舞，他们把天合光能的工程人员围在中间，献上洁白的哈达、吉祥的祝福，以此表达他们的感激和喜悦之情。热情的农牧民一碗又一碗地向天合光能的小伙子们敬酒，说你们是天上的太阳，帮我们点亮光明。那个场面真是激动又温馨，那天晚上，连很少喝酒的高纪凡也喝醉了。

在通电仪式上，有一个细节让高纪凡记忆深刻。那是一个小女孩闪闪发光的一双眼睛，多少年过去了高纪凡都未曾忘记，每当想起都愈加清晰：

当电灯亮了，电视有了声音，现场的人群一片欢腾。大人们喜笑颜开地聊着天，畅想着有电后的美好生活，小孩子们则好奇地挤到电灯跟前，叽叽喳喳地吵着，你一言我一语，争论着与眼前这个发光的家伙有关的各种奇奇怪怪的问题。

有一个小女孩，是那么的与众不同，她不吵不闹，只是凑得很近，睁大了眼睛满是好奇地看着电灯，眼睛里充满了惊奇，充满了希望。她看得那么认真，眼睛都舍不得眨一下，生怕会错过什么一样；她看得那么专注，就如同生长的小树苗，仰着头大口大口地吮吸着太阳光芒。

在那一瞬间，高纪凡被深深打动。"那个眼神让我终生难忘。清澈，透明，亮晶晶的，发着光。"高纪凡说。

在高纪凡身后，是西藏高原上漆黑深邃的冬夜，有一些星星点点的亮光，微弱、飘忽，那是乡民点的灯烛，这是当地世世代代的照明方式；在他身前，是集聚太阳能量释放的灯光，明亮、耀眼，一种新的能源利用方式点亮的新世界。

"我们所有辛劳和付出都是值得的。"高纪凡说，"那个小女孩的眼睛，让我感到太阳能真的是对老百姓有巨大的作用。从那以后我就铁了心，要把一生都献给太阳能。后来从西藏回来，我们进一步确立了'用太阳能造福全人类'的公司使命"。

40座光伏电站建成，40个乡的同胞受惠。昌都市埃西乡的藏胞给天合昌都"通电到乡"总指挥部送来一面锦旗，上面写着"天赐光明、合奔小康"，充分表达了对天合光能人的感激之情。

后来，西藏著名的艺术家们还给天合写了一首歌：

东方飘来一朵祥云——献给天合的歌

小泉　词　索朗旺姆　演唱

东方飘来一朵祥云

像金色哈达高悬天庭

赶走了寂寞的黑夜

呼唤出永久的光明

谁说夜晚没有太阳

人造的太阳更充满温馨

谁说遥远无法接近

源头滴水 大海知音

雪山降落一团圣火

是天合打开希望之门

驱散了千年的黑暗

燃烧起不灭的灯

谁说高原没有江南

每扇窗户都映照绿荫

谁说寒夜没有花讯

潮起东方 雪山放春

听着这样充满真情的颂歌，高纪凡和每一位参与项目的天合人都觉得，一切的辛劳和危险都是值得的，自己的每一份工作都充满了价值！

高纪凡在接受媒体采访时感慨地说道："到西藏建设太阳能电站，我们公司不仅赢得了声誉，更重要的是天合员工人生价值得到了体现。帮助藏胞驱赶千年黑暗，迎来万世光明，把更多的现代文明带进西藏的边远山区，使当地藏胞生活从此得到一定的改善。这种成就感是无法用金钱来衡量的。有人说西藏能净化人的心灵，我们对此深有体会。"

2003 年 7 月，西藏自治区计委组织专家对"通电到乡"工程进行中期验收，对天合光能承建的光伏电站给予了高度评价，对天合光能员工与当地藏胞的合作、团结、友情给予了充分肯定。天合光能承建的电站设计合理、质量过硬，还受到了财政部的特别嘉奖。

按照后来国家能源局的统计数据，到 2005 年"光明工程"实际向西藏投入了 13.68 亿元，建设光伏电站 322 座，解决了 318 个无电乡的用电问题。高纪凡的团队和其他一同参与该工程的同行们，创造了诸多纪录：西藏双湖 25 千瓦光伏电站（海拔 5100 米）是世界上海拔最高的县级光伏电站；西藏亚热乡 10 千瓦光伏电站（海拔 5500 米）是世界上海拔最高的乡级光伏电站；西藏安多县岗尼乡 16 千瓦风 / 光互补电站是世界上海拔最高的乡级风 / 光互补电站；西藏那曲古露镇 46 千瓦风 / 光互补电站是目前国内最大的乡级风 / 光互补电站……

在这个被仰望与被遗忘的地方，高纪凡和天合光能团队留下了人类现代文明的美好印记，留下了一段青春岁月，留下了汗水与眼泪，更留下了刻骨铭心的新理念。高纪凡第一次这么真切地触摸到了自己的理想，这么实实在在地感受到一个产业给这个世界带来的巨大改变，此前还有些朦胧模糊的信仰，到这时变得清澈见底，明亮如月。

西藏工程，对天合光能来说是一个新的起点，对高纪凡来说也是一场精神洗礼。从研究生毕业起，那份不是为钱而创业的、发自内心的企业家精神，在这里找到了真正的落脚点，为太阳能事业奋斗终生的誓愿，指引着他一辈子的事业。

在这份初心指引下，高纪凡在往后的岁月里带领着天合光能一步步向前，发展成为全球最大、最成功的光伏企业之一。这份初心成就了天合事业，也改变着全世界。此后 20 年里，天合光能生产的组件安装到了全世界的光伏电站，源源不断地将太阳能转化成清洁电力，一年可减排二氧化碳超过 2700 万吨，相当于种植约 3000 万亩的树林。

第三章
走向海外

1. 史无前例的"太阳风暴"

西藏"通电到乡"工程对天合光能来说,无论商业价值还是社会价值,意义都是巨大的。从该工程起步,天合光能真正开始了冲向未来的阳光之旅!

工程全部完工概算,整体利润 2000 多万元,这差不多是天合之前数年的利润总和了,这才是高纪凡真正意义上的"第一桶金"。所有参与西藏工程的员工,都拿到了老板发的大红包。

整个团队士气为之一振,大家这个时候确信,老板选定的太阳能方向是没错的。加上幕墙生意,天合那两年的经营收入做到了 9000 万元,太阳能产业贡献了大部分,超过了传统的幕墙生意。

这个时候,高纪凡的自信心极强,他看到了太阳能产业的社会价值,也实际体会到了这个产业的商业回报。他派出邱第明及一众公司高管出去跑项目,自己也亲自出马去甘肃、内蒙古等地考察,争取要再做一个西藏"通电到乡"工程这样的大项目。

但可惜的是,折腾一大圈下来一无所获,因为在"光明工程"之后,其他地方并没有太多光伏电站项目的需求。那时候的项目基本都是政府项目，天合这样的纯民营企业拿项目也比较难。接连好几个月，天合都没有项目可做，这是一个小低潮。对高纪凡来说，亟须寻找新的方向和机会。

在当时，太阳能热水器反倒是火爆异常，各类太阳能热水器厂家遍地开花。这段时间，天合光能尝试做太阳能热利用，在浙江绍兴做了样板工程。按照安文等专家顾问团的建议，做光热是"以短养长"战略下的权宜之计，做光热是可以短期赚钱的项目，但天合的核心方向还是要坚定瞄准太阳能光伏。

但是，光伏往下怎么做？这条路到底能不能继续往下走？

在当时，高纪凡和公司高管心里考虑的，第一个还是承包建设光伏电站，毕竟有西藏"通电到乡"工程这样的成功案例；第二个是做光伏建筑一体化，这个思路来源于此前太阳能创新研究中心的探索，前面有第一座太阳能样板房的成功案例。

从后来的发展看，这两个方向都是光伏产业的重要发展路径，但在当时的产业发展阶段和历史时期下，显然是有点太超前了。真正的风口在哪里？中国光伏产业急切需要答案，处于历史大风潮门口的天合光能，也急切需要答案。

问题的答案，在光伏先行者的探索中，在全球光伏的产业分工中，很快就有了分晓！

在高纪凡带领十八勇士为西藏工程奔波忙碌的前两年，一位在澳大利亚新南威尔士大学留学的"洋博士"举家回国创业了。在太阳能学界，他是一位传奇人物。

1988 年，他被公派到澳大利亚新南威尔士大学留学。一开始，他只是把留学当作开阔眼界的机会，在新南威尔士大学物理系学习期间，他发现太阳能电池在西方国家有着广泛的应用，并对此产生了浓厚的兴趣。

在定下研究方向后，他打听到当时新南威尔士大学乃至全澳大利亚最著名的太阳能光伏科学家是新南威尔士大学超高效光电研究所主任马丁·格林教授（Martin Green，1948 年生，澳大利亚人，太阳能电池领域的权威，2002 年诺贝尔环境奖得主，被誉为"太阳能之父"），于是鼓起勇气找到教授，申请参与实验室的研究工作，但当时实验室并没有空缺的工作职位。

马丁·格林教授问了这个年轻人几个专业问题，由于具有扎实的理论基础，他对答如流，教授一下子对这个一脸真诚的中国青年产生了好感，于是建议他报考自己的博士生。在进入实验室后，他一心扑在太阳能电池研究上，短短一年多，就将太阳能电池的转换率提高到 19%。这是一个很高的数字，在当时的科研水平和实验条件下，几乎可以傲视整个太阳能光伏界。

当时，马丁·格林教授正好在开展太阳能薄膜电池的研究，这项研究一旦成功运用到实际生产中，将对太阳能电池的推广产生深远影响。但研究并不顺利，这个课题的实验难度超乎想象。面对困难，年轻人主动请缨，向教授申请加入课题组，马丁·格林教授欣然同意，因为他很看好这个刻苦钻研的中国学生。

事实证明，马丁·格林教授的眼光是没错的。半年之后，这个中国学生成功攻克"如何将硅薄膜生长在玻璃上"这个让资深光伏专家都头疼不已的技术难题。同年，他以优秀的多晶硅薄膜太阳能电池技术获得了博士学位，成为新南威尔士大学有史以来攻读博士学位用时最短的博士生。在导师的盛情挽留下，毕业后的他留校成了太阳能研究中心研究员，1995年成为澳大利亚太平洋太阳能研究中心执行董事。在工作期间，个人获得十多项太阳能电池的发明专利。

这位太阳能学界的知名人物，正是施正荣博士。

当欧美国家的太阳能产业发展得如火如荼时，中国国内的太阳能产业发展却几乎处于空白状态，施正荣确信这是一个巨大的机会。施正荣也不想一辈子都在实验室和写字间里度过，于是毅然谢绝了导师的挽留，与他的江苏扬中老乡、同在澳大利亚留学的杨怀进一起回国，准备要干一番大事业。

虽然头顶耀眼光环，但依然四处碰壁。施正荣和杨怀进带着精心准备的项目计划书去了山东、辽宁、浙江、江苏的许多城市，当他在台上激情澎湃地演讲，台下的专家和投资人却一脸茫然，全都听不懂他在说啥。"给我 800 万美元，还你一个世界第一大企业。"对施正荣的商业梦想，更多人听完之后就笑一笑，觉得这不过是一句蛊惑人心的豪言壮语罢了！

直到施正荣来到了他生命中的宝地——江苏无锡，认识了他生命中的贵人——时任无锡市经委主任李延人。两人一见如故，李延人非常看好施正荣的技术和太阳能产业，全力支持施正荣落地创业梦想。

在项目汇报给时任无锡市委书记蒋定之时，蒋定之非常支持，立即召集投资者会议。最终，无锡市政府出面协调了无锡国联、无锡小天鹅等多家知名市属企业，每家出资 100 万美元，共筹资 600 万美元支持施正荣在无锡创业。2001 年，无锡尚德太阳能电力有限公司成立。

作为知名的具有国际视野的光伏技术专家，施正荣清楚地知道光伏市场需要的是什么，手握先进技术，他的创业路径清晰很多。2002 年 9 月，尚德第一条生产线投产，10 兆瓦的产能，相当于此前中国太阳能电池四年的产量总和，一举将我国与国际光伏产业的差距缩短了 15 年。2003 年 12 月，尚德 15 兆瓦太阳能电池线投入生产，该生产线是中国第一条单晶硅太阳能电池生产线。2004 年 8 月，尚德 25 兆瓦电池线投入生产，至此尚德产能达到 50 兆瓦，成为世界上最大的晶硅太阳能电池制造商之一。

尚德建成了中国乃至全球最为先进的太阳能电池产品线。尽管其产品性能优异、转化率很高，但并不好卖。最艰难时刻，施正荣一度连工人工资都发不出来，因为欠供应商几万元货款，被供应商搬走设备抵债，曾经的创业伙伴也纷纷离开尚德……

这一切，都源于太阳能风口还没有真正到来。时代不给机会，个人再努力也是枉然，历史就是这么残酷，在历史的洪流中，个人只不过是一粒微不足道的尘埃。

但真正有远见的人，能够看清趋势、看透时势，他们在时代的洪流中只要能抓住一点点机会，往往就能成就一番常人所难以企及的事业。中国光伏早期拓荒者苦苦等待的时机，终于在 2004 年迎来了爆发点，一场酝酿多年、史无前例的太阳能大风暴刮了起来！

大风暴的起点，来自德国政府的强力政策支持。

德国总理施罗德（Gerhard Schröder）执政时期，大力支持新能源和可再生能源发展。2000 年，德国出台了全世界第一个真正意义上的《可再生能源法》，该法令出台时仅有十二条，却威力巨大。

方案第一、二条是作为总则性质的法律目的和适用范围；第三条规定了国家对电网购买可再生能源发电的义务，强制收购和购电补偿的一般原则；第四条到第八条将购电补偿的原则具体化为购买不同可再生能源所发电的补偿价格；第九条依照发电量标准详细规定了对各种可再生能源发电设备的补偿期限以及发电量的计算规则；第十条规定可再生能源并网所发生成本的分担主体；第十一条规定了全国强制平均标准的方案，即在全国范围内对电网运营商所购买的可再生能源所发的电与其向最终用户提供电量之间的比值确定一个平均值，如果电网运营商购买的可再生能源发电的量超过限定的比值，则可以将超出部分卖给其他的电网运营商，直到达到平均比值；法律最后一条规定了进展报告要求，相关部门根据可再生能源的市场和成本变化，提出相应调整的政策建议。

2004 年，德国对《可再生能源法》做出修订，相比 2000 年法案增加了九条。法案第一条规定："制定本法旨在促进提高可再生能源在电力供应中所占的比重，至 2010 年至少提高到 12.5%，至 2020 年至少提高到 20%"。法案第四条，规定了电网接收与输送义务；第六条到第十一条，对风电、生物质、太阳能等各种可再生能源做出了非常明确的补贴偿付规定。

法案"第十一条，对利用日辐射能获取的电力的偿付"明确规定：

（1）凡属利用日辐射能发电的设施，对其生产电力的报酬每千瓦时至少为 45.7 欧分；

（2）若发电设施仅是安装在楼房外墙或屋顶或防噪屏障上的，报酬方式如下：

①功率在（包括）30 千瓦的，每千瓦时的电价至少为 57.4 欧分；

②功率在 30 千瓦以上的，每千瓦时的电价至少为 54.6 欧分；

③功率在 100 千瓦以上的，每千瓦时的电价至少为 54.0 欧分。

法案同时规定，自 2005 年 1 月 1 日起新投入运营的光伏发电设施，在规定的上一年最低电价标准基础上每年降低 5%。

以第十一条规定的标准计算，每度电补贴额在 0.457～0.574 欧元，换算成人民币大约是 4.75～6.49 元（2004 年年初，1 欧元兑人民币平均价为 10.4 元，到年底时升至 11.3 元）。

如此高的电价补贴，瞬间引爆了德国光伏市场的装机热情。欧盟多国也相继出台光伏补贴标准，全球光伏市场需求被急剧拉动起来，光伏电池、组件开始供不应求，整个市场热火朝天。

这个时候，尚德快速扩充的产能，使其正好站在了风口最中央，凭借先进的生产线和技术水平，尚德的光伏产品在欧洲大受欢迎。2004 年，尚德产值翻了 10 倍，利润接近 2000 万美元，暴富神话正式开始。

2005 年 9 月，尚德产能达到 120 兆瓦，成为中国首家百兆瓦级光伏制造企业。

2005 年 12 月，尚德在美国纽约证券交易所挂牌上市，融资 4 亿美元，成为中国大陆首家登陆纽交所的高科技民营企业。一时之间，尚德风光无两，被誉为"光伏界的微软"，成为华尔街的宠儿！

2006 年，施正荣以 22 亿美元身家登上《福布斯》全球富豪榜，远超 2005 年中国首富荣智健的 16.4 亿美元身家，也超过胡润百富榜首富黄光裕的 140 亿元人民币身家，成为中国大陆新首富……

2. 不可思议的天合速度

当施正荣一路高歌猛进，带领尚德创造一个又一个让人瞠目结舌的神话时，天合光能也在寻找自己的方向和机会。在这场史无前例的太阳能大风暴中，天合虽然没能成为引领者，但也并没有错过好时机。

2003 年，天合开始尝试建设光伏组件生产线。生产线到底怎么建？怎么运营？没人知道！原云南半导体厂厂长邱第明先生领命，来主导这件事情。

在常州市天山路，天合租赁了几间厂房，购买了层压机等设备，拼凑出一条生产线，好几道工序是靠手工操作，整体产能不到 1 兆瓦。因为当时国内市场实在是太小了，所以在建成之后只生产了一个货柜十几千瓦的产品。但不管怎样，天合也算是进入了光伏制造领域，这个才是日后证明最正确的方向。

在德国市场火爆之后，高纪凡也很快感受到了这个风口的强劲。2004 年 1 月，高纪凡试着前往德国慕尼黑参加光伏展览会，刚一到展馆就被包围了，背去的 50 本宣传册被哄抢一空，不少厂商还围着问东问西，热切地期待能够下单订货!

这样的阵势,让高纪凡大喜过望:国内冷冷清清,国外已经火成这个样子了啊!

一回国,高纪凡立刻召集安文教授、经世农教授、高纪庆、胡志刚(生产负责人)等七八位核心高管开会。高纪凡详细讲了在德国了解到的市场情况,决定当机立断火速进入光伏制造领域。

这一动议,遭到了高管团队的反对,大家的意见是天合没有技术、没有人才、没有资金,如果大规模地干,风险太大了。整个会议,变成了高纪凡一个人"唱独角戏",挨个地做思想工作,但还是做不通。

最后,高纪凡拿出很少用的独断专行做法,斩钉截铁地说:"你们什么困难都不要再跟我讲,这个事情我就这么决定了,你们只管去干,出了问题,责任我担!"最终,会议做出两项安排:第一,停掉全部太阳能热利用项目;第二,火速上马光伏生产线。

实际上,此时的天合,也确实并不具备大干快上光伏制造的条件。但高纪凡就是高纪凡,他认定的事情就会竭尽全力去做,并且总能找到解决问题的办法,这也是他能够成为知名企业家的原因所在。

高纪凡首先想到的,是向常州市政府寻求帮助。高纪凡向时任常州市委书记范燕青做了汇报,希望在单晶生产线建设上得到政府支持。作为常州有点名气的企业,又符合新能源、高科技这样国家鼓励支持的产业方向,范燕青书记非常支持,承诺要大力帮助民营企业发展,同意将协调各方力量支持天合做大做强,要求高纪凡要建设成常州市"可持续发展"的示范工程和样板工程。

天合建厂上生产线,就需要拿到地皮。

2004年9月,时任全国政协副主席、全国工商联主席黄孟复来天合视察指导工作,时任江苏省政协副主席、常州市政协主席等一起陪同。黄孟复在江苏工作多年，曾先后担任民建江苏省副主委、主委，民建中央副主席、江苏省人大常委会副主任等职，对同为民建成员的高纪凡非常看好，对于高纪凡有这样的气魄和梦想来干光伏产业非常赞赏，要求常州当地政府尽全力给予支持。

有了中央和地方领导的表态，用地问题很快就协调下来。常州市政府在常州北郊的国家高新技术产业开发区给天合划下来 83 亩地。这个开发区是 1992 年经国务院批准最早成立的 52 个国家级高新区之一，北濒长江，南至沪宁铁路，与武进区、钟楼区接壤，东与江阴市和天宁区交界，西接丹阳市和扬中市。2002 年 4 月 3 日，经国务院批准调整常州市部分行政区划，常州市北郊区更名为新北区。

在拿到地时，这里还是荒郊一片，路面坑坑洼洼，乱七八糟的水塘水坑很多。高纪凡将把控建设进度的任务交给高纪庆，并下了"死命令"：生产线一定要如期投产！

当时，高纪庆对于光伏发电才刚刚建立起概念，更不用说光伏组件生产线了，完全是两眼一抹黑。为了完成建设任务，高纪庆没日没夜地"钉"在工地上，周旋在施工方、设备方以及当地政府各个部门之间。基建施工、水电气配套、材料运输、设备安装，不懂就问，遇到问题就协调解决，硬是将原本规划 9 个月的建设工期，缩短到了 6 个月完工。

在不可思议的"天合速度"下，一座现代化的光伏企业拔地而起，天合光能具有了 6 兆瓦的组件生产能力。产品一经上市，供不应求！

天合做组件，需要先去买电池片来封装。去供应电池片的企业采购，企业答复说：我们没有单晶硅片，你们去买了单晶硅片拿过来我再给你做电池。但是去供应硅片的企业采购，硅片企业又答复说：你供应给我们硅棒，我们加工硅片给你。

"老受气，这事干着太憋屈，拿着钱在哪边都不受待见。"负责采购的一线工作人员回来反馈说。

这反映的是当时的市场真实情况。光伏原材料供应全线紧张，只因全行业太过火热，一切都在供不应求，买产品都是靠"抢"。

实际上，在高纪凡的战略规划中，想要构建垂直一体化的产业链，自己生产单晶硅，再买切片机做电池片，这样组件环节就有料供上。在一体化战略架构下，不仅能够在短缺市场上把控好上下游，而且可以确保产品质量。2004 年 11 月，高纪凡召集天合光能高管在深圳召开会议，点名安排高纪庆与邱第明两人去调查考察单晶硅生产设备，写出可研报告为后续的设备采购、产线上马做好准备。

但是，做一体化是需要大投资的，此时天合光能的财力根本无法支撑起来。实际上，在向范燕青书记做汇报寻求帮助时，高纪凡提出希望政府提供担保贷款，但是范书记并不认可这一办法，而是提出股权融资的建议，并表示愿意提供帮助。最终，这条路走通了。

在常州知名企业家圈子里，不乏实力雄厚者。在范燕青书记牵线搭桥甚至是力主推荐下，江苏九洲投资集团董事长兼总裁刘灿放（江苏省第十一届人大代表、常州市第十四届人大代表、常州创投协会会长）对高纪凡的融资项目表现出了强烈兴趣。而南方轴承董事长史建伟（西藏"通电到乡"工程时高纪凡曾向其借款 500 万元）听说这件事后，也表示愿意参与一下。

"你说要我们投资，那我们先去看看这个事情到底是什么情况吧！"两人提议。

高纪凡应允。于是，2005 年年初过完春节，刘灿放、史建伟在高纪凡的陪同下前往天合光能新建厂区考察。在厂区门口新铺的马路边，施工工人刚刚把土挖好，立起了一个个水泥墩子建大楼基础，水泥墩坑里全是深深浅浅的雨水，步入眼帘的就是一个杂乱的建筑工地。

"你们今年销售额打算做到多少？"两人问。

"3 个亿吧。"高纪凡答。

这让在现场干活的工人们都惊掉了下巴。这连厂房都没建起来呢，哪里去弄 3 个亿？

但是，在详细说明各项安排后，两位投资人完全信服了高纪凡，股权融资顺利落地，刘灿放、史建伟两人合计投资入股 4000 万元。刘灿放以两元每股价格入资 2000 万元，史建伟以一元每股价格入资 2000 万元（在西藏工程借款 500 万元基础上，追加投资 1500 万元）。通过股权融资，天合获得了非常重要的发展资金支持。但资本是有代价的，外部投资人的合计占股比例超过了高纪凡，高纪凡在这一段时期实际上是让出了大股东的地位。

有了投资，天合的发展速度明显加快。此时，高纪庆、邱第明还在西安、深圳、北京等地考察调研单晶炉，调研报告都还没写好，高纪凡打电话向两人下了新指令：直接去买，调研报告不用写了！

于是，天合很快采购了 48 台单晶炉，其中，24 台采购自西安理工大学校办工厂，24 台采购自京运通公司。2005 年 6 月，天合从北京六零五厂请来退休专家、高级工程师戴志忠做技术指导，负责单晶炉的设计安装。

当这 48 台单晶炉齐刷刷地安装到天合的工厂里时，那场面真是太壮观了。大家深受震动，之前是从来没有见过这么大规模的拉单晶生产线！

2005 年 7 月，天合拉出了自己的第一根单晶硅棒，产出单晶硅棒之后就去换电池片，换回来在组件车间加工成组件。2005 年 10 月，天合的硅棒厂全面投产。与此同时，天合新厂区的组件车间也进行了产能提升，整个产能布局节奏把握得非常好。2006 年 2 月，天合又开始制造硅片。

这真是应了"时间就是金钱，效率就是生命"那句标语，天合的生产速度刚好赶上了市场的火爆行情。随着欧洲市场需求一路攀升，光伏行业发展势头喜人，天合光能幸运地踩准时点成为重要参与者，随之而来的就是公司业绩翻着番地增长！

为了鼓舞士气，高纪凡表示将拿出 300 万元来奖励大家，并且是提前发，先发钱，再干活。2005 年 8 月，很多员工收到了数倍于工资的奖金，这让全体员工干劲十足，在生产线上加班加点地干。到 2005 年年底，天合如期完成了 3 亿元销售目标，当年实现净利润 3000 万元。

这样的奇迹，也只有在风口上的光伏行业可以见到，这真是一段充满奋斗和收获的美好时光！

3."两头在外"逼出来国际化

光伏产业链包括硅料、硅片、电池片、组件和应用系统（光伏电站）等环节。上游为硅料、硅片环节，中游为电池片、组件环节，下游为光伏电站等应用系统环节。从全球范围看，产业链这几个环节所涉及企业数量依次大幅增加，是典型的金字塔结构。

硅料是源头的原料。光伏产业本身脱胎于半导体产业，最开始的光伏产业主要是靠从半导体企业挤一些原料用。相比较光伏产业，更加精细的半导体产业对于硅料的消耗小许多，价格也高不少。所以在光伏发展初期，生产硅料的企业并不看好，甚至是瞧不起光伏企业。

"我们去买硅料，半导体企业对我们不重视，经常都是吃闭门羹。当时硅料主要用于半导体，全球硅料加起来也就两三万吨，他们不卖，也不扩产，他们认为太阳能不会成为一个产业，太阳能不可能成为用硅料的主流，对我们根本不感兴趣。"高纪凡回忆说。

在光伏异军突起之后，硅料短缺成为全球性问题。短缺必然带来价格暴涨，从每千克 20 美元左右起步一路上扬。当时的市场行情有多火？隆基绿能董事长钟宝申讲了这样一件印象深刻的事。

"在很早期的时候，西安隆基还是做半导体，也做一些回收料，当时我们给乌克兰一些半导体公司供货。2004 年年底，销售半导体硅料给一家乌克兰公司，因为在船上漂了太久，到 2005 年三四月份才收到回信，说是半导体达不到要求，要退货。

"我们没办法，退货就退吧，船在海上漂来漂去，我们收到货后，重新用到了太阳能产业，发货时价值 140 多万元，回来时候一算，700 多万元，反倒赚了不少钱。可见当时太阳能发展多么迅速，一船硅料在海上漂了漂，就涨价了几百万元。"

天合的 48 台单晶炉，就像 48 个嗷嗷待哺的孩子，硅料短缺的问题显得异常严峻。天合的采购人员去全国各地找关系买硅料，从北京到锦州，再到浙江，所有能够买到硅料的地方都有他们的身影，买不到好料买来头尾料也行，买回来经过处理后就上到单晶炉上拉单晶。

但是，中国本土根本没有充足的高纯硅料供应，长期以来只能出口低附加值的金属硅，再高价进口经过技术处理后的高纯硅，严重依赖海外市场。这就是当时中国光伏产业的现实，市场销售、原料供应都得依靠海外，是典型的"两头在外"型产业。

对天合来说，走出去利用全球市场、在全球范围来配置资源就成了必然要走且不得不走的一条路。也就是从这个时候起，天合开始了自己的国际化之路。

"我们的国际化和尚德不一样，尚德和施正荣的同学、朋友背景有关系，我们完全是走另外一个途径。我们进入欧洲市场后急需解决的问题，就是怎么在国际体系下做生意？组件品质能否和德国企业做得一样好？这些问题很严峻，后来我们就尽快在管理上、质量上、基础上各方面构建和欧洲公司相似的体系，从此开始了国际化。"高纪凡说。

在走国际化的道路上，虽然难，但高纪凡有自己的方法。入乡随俗，这个充满中国式智慧的国际交往原则，被天合发挥到极致，事实证明，这是开拓国际市场时很管用的一招。

在寻找电池供应商时，天合光能的商务人员联系上了西班牙某知名电池企业，但是对方并不愿意卖给天合，因为天合不是它的战略客户。另外，他们对于天合的实力也存在疑问，认为是小公司，合作起来不稳定。

高纪凡亲自前往西班牙谈合作，坐很久的飞机过去，却经常吃闭门羹，对方公司的总经理、副总经理去看赛车比赛了，有时还不一定在西班牙看。对于这样的爱好，高纪凡感觉很不可思议：中国的赛车比赛大家就是在电视上看看得了，哪里还需要专门去追着看？

但是，通过进一步了解西班牙文化之后，高纪凡明白了，对他们来说，看赛车比赛就是一种生活方式。

于是，高纪凡改换了方法。先不谈生意，而是让天合成为一级方程式赛车比赛的赞助商，每到一个比赛城市，就在赛车场旁边租个酒店，邀请VIP客户和供应商一起来看，感受赛车的风驰电掣和血脉偾张……

这么下来花费自然不菲，但高纪凡跟这些傲慢的国际巨头公司高管们成了很好的朋友。赛车看得开心，交流自然很多，互相的信任就建立起来了，对天合光能的了解也增多了。再往后，谈起生意自然就顺畅很多。很快，天合的硅料短缺问题得到很大缓解。

天合一连赞助了三年的赛车比赛。每一次赛车比赛，都是天合光能维护客户关系、增进伙伴合作的最好时候。

在这段时间，高纪凡也感悟到了很多与企业经营管理相关的"精髓"："赛车比赛跟企业经营是一回事，你走的路就时常是在悬崖边上，时速还要开到350公里，这很危险但没有其他选择，要安全地跑到第一名，不容易！

"赛车有三个核心要素跟做企业一样：第一，赛车要好，如果赛车的轮胎、信息系统不行，根本跑不起来。第二，赛车手要好，赛车时经常有很多撞车、翻车现象，赛车道都是转来转去的，直道之后马上一个大转弯，心理素质不好绝对开不了赛车，而且赛车的时速达 300 公里时，赛道还是七拐八拐的，全球二十几个国家的赛道都不一样。第三，就是团队合作，赛车只靠赛车手自己不行，比赛时后台信息系统会给赛车手很多信息，因为赛车在狂飙的过程中，赛车手无暇顾及太多的情况，当后面的车追过来时后台就会给他信息。这么快的速度，赛车轮胎摩擦很厉害，进站换轮胎的时间非常宝贵，换轮胎的动作很快，大家都是训练有素、分工配合、各司其职，几秒时间就换好，开出去马上接着跑。

"所以，赛车就像一个高速发展的企业，除了负责人要好，还需要很好的团队合作。如果只求速度跑到最前面，有可能翻车，那肯定也不行；如果慢吞吞求稳，虽然不会出什么危险，但肯定是最后一名，这像极了光伏行业快速发展时的竞速赛，激进和保守都不是好策略。"

掌握了方法论的天合光能，驶上了国际化的快车道，2005 年至 2006 年间，将销售市场铺到了全球几十个国家，公司内部的人才也丰富起来，十二个国家不同肤色、不同人种的人进入天合，有 GE、西门子、摩托罗拉等跨国企业的高管，有海外华人，有海归，这些人才的到来，把天合的事业带到了一个新高度。

4. 全球化方法论

如果说天合在市场国际化上，"入乡随俗"是成功策略，那么在人才国际化上，成功的经验则是"和而不同"，以宽容和包容，以开放和尊重，成功化解了不同文化差异带来的巨大冲击和挑战。

说开放、包容，高纪凡先从自己做起，做到以身作则。

与那个年代的很多中国企业家一样，语言关成了一大难题，大多数走南闯北的商界领袖并不认为这是不可解决的问题。到了他们这个层面，与庞大的商业梦想比起来，语言只是一个工具罢了。但高纪凡却并不这么认为，他觉得语言是企业国际化过程中要过的第一道坎。

国际化人才多了，国际业务多了，各种业务交流就都需要讲英文，但高纪凡的英文并不好。在天合高管会时，经常是中文、英文夹杂，天合请来的一些国际高管也尝试着用蹩脚的中文来汇报工作。高纪凡一看，觉得这方式不对，就直说道："你们别讲中文了，我来讲英文吧。以后你们不用将就我了，开会就用英文。"

高纪凡的想法很简单：与其你们这么多人说中文，不如我一个人改变，我来说英文。既是对自己能力的自信、对下属的体恤，也是一个中国本土企业家在国际化过程中应有的态度。后来再开公司全球会议时，英语就成了天合的工作语言，国际高管们在一起就讲得很起劲。高纪凡聘请了一个翻译来帮助他解决一些生僻词，再后来索性请来一个老师教他英语。每天无论多忙，高纪凡都抽出 1 个小时来学英语，渐渐地过了语言关。

通过这件小事，天合的很多国际高管看到高纪凡的用心和对他们的尊重，对天合的认同感增强了很多。

天合在国际化道路上，也免不了磕磕绊绊。天合曾聘请了一位西班牙高管，让他从西班牙搬到常州来住。西班牙人很热情，做事风风火火，脾气也因此容易急躁。有一次在沟通工作时，高纪凡在办公室对他讲了一句话，西班牙人一听就跳了起来，很大声地发脾气，认为高纪凡这样子说他不对。实际是因为翻译得不够婉转，翻译成了批评他的意思，激起了西班牙人内心深处的斗牛士个性。后来，高纪凡再与他认真仔细地讲，他才终于消了气。

除了语言沟通上的矛盾，中外文化的差异也很多。西班牙的同事对时间的看法不一样，说好的 8 点钟开会，8 点半能来就算是好的，经常是到了 9 点才到，这让高纪凡非常头疼。尤其是出差，说好 8 点钟在楼下会合一起去拜访客户，结果到了 8 点钟不见人，打电话给他，还没起床呢！

而去西班牙拜访客户时，同样是这样的。约好见面时间 9 点钟，一定不能提前或准时到，一定要在 9:30 左右去，刚开始高纪凡以为是笑话，后来才了解到这就是西班牙人的习惯。为什么？因为 9 点钟去，他的办公室没有准备好，接待时会感觉很尴尬，晚一点去等他们准备好了，大家会谈时一起喝点茶、喝点咖啡聊聊天，心情会比较好，谈起合作来也顺畅很多。

德国人则非常守时，开会一般不会迟到，说几点开会一定准时到场。而去拜访德国客户时，如果晚到了，他对你的印象就非常不好，也基本不用谈了，合作肯定成不了。这些文化的差异，给天合的国际化道路带来了诸多挑战，来自全球十几个国家的团队在一起不可能做到完美融合，只能在互相包容和尊重中，不断磨合前行。

在碰撞和磨合中，天合的国际化步伐一步步向前。来自全球各地的员工，在天合的大家庭中被熔炼、被改变；国际化人才带来的理念和思想，也改变和塑造着天合的文化，在互相交融中形成了天合人的核心价值观和文化认同，这成为天合国际化的"法宝"。

天合的核心价值观，在创业初期是十六字箴言，即"敢为人先，海纳百川，团结拼搏，合创辉煌"，这些中国文化色彩浓厚的词，背后蕴含的深意老外听不懂，翻译成英文后也很难明白。后来，天合国际化后核心价值观就变成了六个词，即"激情，责任，创新，协作，质量，正直"，意思与之前差不多，但却更好理解。

高纪凡说："质量和正直，这两个词语是后来国外员工多了以后增加的。国外员工将他们的理念融入天合的正直文化与质量文化中。很多公司在高速发展时经常会出现两个大问题，一个是营私舞弊的问题，天合在这方面处理得比较好，这是正直文化起到了作用。另一个是质量风险问题，质量文化的核心价值观奠定了天合坚定不移的质量品质追求，确保了天合光能产品在国际市场始终是响当当的。"

天合的这些文化和价值观，不仅仅是贴在墙上，更实实在在地落在实处。每半年，所有员工要接受价值观考评。对于高管层则要求更严格，考评下来后，短板问题要改善，如果没有改善就需要调岗或者解除劳动合同。

公司曾有一位高管，有很好的个人履历。他一直认为自己怀才不遇，到了天合以后依然我行我素、怨天怨地，与天合的开放心胸核心价值观要求不符。

考评下来，他在开放心胸和尊重共赢两个维度上都得分很低，按照规定给了他3个月的改善和观察时间，如果再不改善就要降职或者调岗。后来高纪凡找他谈话，他上来就说："这是我的个性，不可能改的。"高纪凡说："你不改不行，大家都要遵守天合光能的文化和价值观要求，每个人都要调整和超越自己。你如果实在改不了，就不能在这个岗位继续做下去。"再后来，此人就离开了天合光能。

在文化和价值观的推动下，天合的国际化进展顺风顺水。"我们不是简单地把中国产品卖到海外，而是要共创、共享、共赢。天合不仅在海外建厂，还做到了四方面的布局：第一是全球的市场销售；第二是全球的创新、研发资源的整合；第三是全球的制造、生产基地的建设；第四是全球的光伏电站或解决方案的投资和推进。我希望做一个全球领先的、技术最先进的太阳能公司，能够利用全球的资源，包括市场资源、人才资源和资金资源，而不仅仅是把中国产品卖到全世界。"高纪凡说。

所以，在高纪凡看来，天合走的路更应该是全球化而不是国际化，他说："国际化是以自我为中心，全球化则意味着跳出自我，立足全球的高度来看人才、资源、市场和发展。全球化最大的忌讳就是以自我为中心，天合光能通过开放心胸、反思提升，不断对自己的文化、核心价值观进行反思，改变自我、超越自我，已经变成了天合文化的一部分。"

高纪凡从实践中得来的全球化和国际化的认识论，与最先走向海外的电商巨头们的看法有着异曲同工之妙。

"在海外有生意，不等于是全球化，只是你在海外有生意而已，中国很多企业现在还在以国际化来思考，国际化和全球化是两回事情，国际化是中国企业走向国际，而全球化是以全球的视野看问题。国际化是一种能力，全球化是一种格局。全球化促使你要为当地创造价值，你到当地去，不是因为那里有便宜的劳动力，不是因为当地有便宜的资源，而是去当地创造独特的价值，给当地创造更多的就业机会和税收，这才称之为全球化企业。"某电商巨头创始人认为。

从这个角度来看，天合是真正做成了全球化。在往后数年间，天合将产品卖到全球 100 多个国家，组件在全球的装机容量超过三峡电站和葛洲坝电站的装机总容量；天合的实验室平台上，还汇集了很多国外专家、全球性的研发人才。天合内部，聚集了多达 36 个国家的管理人员，真正成为一个全球化的大家庭。

5. 敲响纽交所钟声

天合的光伏产品在市场上供不应求，公司逐步走上正轨，每个月盈利开始翻着番地往上涨，这再一次点燃了高纪凡心中做了许久的上市梦。

曾经还在做铝板幕墙生意时，高纪凡就曾规划要上市。天合成立了上市办，并向一家证券公司支付了 50 万元定金来推进上市这件事，但最终石沉大海，没了下文。在一次邀请常州市负责上市工作的某处长到访天合时，高纪凡又一次谈到上市的想法，该处长详细讲解了上市需要的条条框框，如销售额多少、利润多少、税收多少等。最后对高纪凡说：以你现在的企业发展来看，十年都不要想上市！

这些小曲折、小打击，对于一心想干大事业的人来说根本不值一提。在高纪凡心中，上市不是白日梦，是铁定要干成的一件事。尚德成立 4 年即上市的现实例子，给了高纪凡很大的触动。

2005 年 12 月 14 日，施正荣带领着尚德在美国上市，成为第一个在纽交所上市的中国民营企业。头顶着光伏太阳能的热门概念，尚德受到了投资者的热烈追捧，当天收盘价较 15 美元的 IPO 发行价上涨了 40% 多，市值远超当时已经在纳斯达克上市的新浪、盛大等知名中国公司。后来股价持续上涨，直接将施正荣送上了中国首富的位置。

尚德神话，让高纪凡敏锐地感觉到了资本市场的风向吹往哪里，借力资本市场来做大做强是战略性的一大步。于是，上市的事情又提上议事日程，并且动用一切力量快马加鞭地往前推。

上市的事情千头万绪。聘请首席财务官，建设、完善财务团队，打造符合上市规范的内部行政与财务制度，建立和完善董事会，理顺股权结构，与银行家、潜在投资者见面会谈，聘请会计公司做合规性审查，上市材料报送和准备……这千头万绪、方方面面的事情，每一项都重要万分，直接影响着上市之路走得顺不顺。而这些对天合来说又是好事情，以上市为契机，天合开始了大规模的规范化建设，大量从外部引进具有上市公司工作经验的人才，对原有的业务重新梳理，更加突出打造垂直一体化产业链条。

上市是一场艰难的战役。每一个参与其中的人都要做到冲锋陷阵、火力全开，从办公室工作人员，到财务再到审计，在筹备上市的那段日子里，加班熬夜是再正常不过的事情，干到后半夜实在太困太累，就在办公桌上趴下睡一觉，醒了之后继续干。据公司当时的财务总监徐瑛、资金总监张银华以及很多参与上市工作的员工回忆，这样拼命的日子，持续了差不多一年多，一年下来很多人周末休息的时间都不超过十天。

奋斗者又是快乐的。这段时间虽然充满苦和累，但对于每一个参与其中的人，都是一份难得的记忆。

2006年3月，来到天合面试主办会计的林艳，看到的是一家有四五百号人、只有两栋厂房的民营企业。筹备赴美上市财务工作的巨大挑战性，吸引着她加入了天合团队。入职第一天就不能正常下班，培训学习一直到九点多才结束，往后每天都是连轴转。

天合为上市聘请了极负盛名的、国际四大会计师事务所之一的德勤做审计，2003年、2004年、2005年三年的账目都要全部审核一遍。徐瑛、林艳所在的财务部每一个成员，当时一个月的工作量差不多相当于一般的企业半年甚至是一年的工作量。到了夏天时分，通宵达旦地干活成了家常便饭，工作最紧急的一次，甚至是全部门三天三夜都在公司加班。

但对财务部的每一个成员来说，那一段时间的工作又是最带劲的。公司的巨大成长性，在财务数据上反应得最为直观，连续几年的利润、营收翻倍增长，让大家对公司上市充满期待。而当大家一起为着上市这个大目标共同努力的时候，团队协作迸发出来的巨大能量，又深深激励着每一个人……

作为公司掌舵人，高纪凡的忙碌是可想而知的。其中，最重要的事情就是上市路演和融资洽谈。一拨一拨地见私募基金，一轮一轮地谈判，最多时候一晚上接连谈三家，一直到晚上12点多才谈完。最终，2006年5月1日，天合与三家私募基金敲定了共计4000万美元的融资方案。

本轮融资由麦顿投资（Milestone Capital）主导，好能源（Good Energies）和美林证券跟随。麦顿投资成立于2002年，是一家领先的专注于在中国进行私募股权投资的基金公司。1000万美元的融资，推动着天合加速发展，尽快达到发行上市所需的基本要求。这一轮投资，也成为三家私募基金的一次经典投资，仅仅几个月后天合成功上市，三家私募基金都获得了数十倍的投资收益。

天合光能作为常州极具成长性的企业，非常符合政府政策支持、鼓励的产业前景和发展方向。一直对天合给予大力支持的常州市领导和各级政府部门，对于天合上市这件大事一路大开绿灯，对天合火速成功上市发挥了关键作用。

上市前，小年夜，时任常州市委书记范燕青（2012年至2018年，任江苏省政协副主席）特别召集了二十几个有关部门的负责人，召开天合上市前准备工作现场会。会议一开场，作风务实、颇具魄力的范书记直截了当地说："天合筹备上市有什么问题？在会上提出来，我们当场解决。"

高纪凡实实在在地讲了天合上市还面临的难题。第一个是市里批给天合建设厂区、研发楼的800亩土地，至今土地证还没办下来，土地这样重要的资产项目不合规合法，上市是有问题的。对此，负责这项工作的相关部门负责人回应说，一直在努力推进，但是天合的部分费用还没付清，所以没批下来，请示范书记该怎么弄。

范书记指出要全力支持天合，尽快解决土地问题。

高纪凡提的第二个难题，是企业发展流动资金短缺，需要银行贷款，但去银行经常吃闭门羹，民营企业融资太困难。当时，召集来参会的七八个大银行的领导恰好都在，范燕青书记就现场做出指示：这个事情要解决，农业银行负责协调其他大银行要积极参与，常州本地银行江南银行也要参与。

高纪凡提的第三个难题，是供电问题。天合光能的单晶生产线需要保障电力供应，但是停电的事情时有发生。拉单晶是不能断电的，一旦停电这一锅单晶就报废了。天合光能的单晶产品市场需求旺盛，在现有基础上准备扩大1倍产能，电力供应还要增加。对于这个问题，常州市供电局领导当即表态：我们尽全力支持，一般企业是一条线，天合我们拉了两条线。

听到这里，范燕青书记又发话了：两条不够就三条，三条不够就四条，要全力做好服务。不久，天合光能的电力供应又增加了一条110千伏和另一条220千伏的专线，电力供应很稳定。

……

对于高纪凡提出的所有难题，现场办公会都给出了实实在在的解决办法。

从天时、地利、人和的角度看，这便是一家企业不断成长壮大所必备的"地利"了。当地政府的支持至关重要，若企业诞生在保守之地，大概不得不忍辱负重、艰难前行。幸运的是，天合不仅生逢光伏行业爆发性大发展的历史节点，而且诞生在素来以官员思想开明、民营经济活跃的江苏省常州市。

常州市领导和各级政府部门毫无保留的支持，加快了天合上市的进程。民营企业能够得到如此大的支持，既是出于政府干部的施政智慧，又是由于天合确实代表了充满希望的商业前途，天合的发展为当地民营经济发展树立了标杆。

如今再回头看，14年前，高纪凡在创业小成改换方向再出发时，选择了回到故乡这片热土，是无比正确的选择。天时、地利、人和，这些走向成功不可或缺的要素，在常州这片宝地上全都聚齐了，支撑着天合一步步成长为中国新能源领域最成功的企业之一。每念及此，高纪凡对常州这片热土给予的一切，总是充满感念与感恩，而往后数年，天合为当地经济发展、社会民生不断地给予回馈。

2006 年 12 月 19 日，纽交所的上市钟声为天合敲响，天合成为继尚德之后第二家在纽交所挂牌交易的中国光伏企业。此次 IPO 共发行股票530 万股，招股价 18.50 美元，由美林证券承销，最终成功募集资金 9800万美元。

2006 年前三季度，天合的净收入为 7570 万美元，比上年同期的 1140万美元增长了 5.64 倍，收入成本则从 870 万美元增加到 5470 万美元，毛利率从 24.1% 提高到 27.8%。天合以良好业绩和成长性，赢得了国际资本市场的认可，上市当天开盘价 26 美元，收报 20.28 美元，最低价为 20.20美元，最高价为 26.75 美元。

以登陆纽交所为标志，天合迈入了一个全新的发展阶段。高纪凡孕育多年的上市梦想，终于迎来了圆梦时刻。

敲响开市钟声的那一刻，无疑是充满荣耀的时刻，而荣耀背后是常人所体会不到的艰难、坚持和求索。这是一个商界英雄该有的荣耀时刻，是对一个为太阳能梦想奋斗的企业家最好的奖赏！数年的不懈努力后，高纪凡终于站在了属于他的梦想奖台上。

开市钟声响起时，高纪凡难免思绪万千。当初决意离开象牙塔奔赴商海，只是怀着简单而原始的梦想一路向前，未料前路之艰辛乃是包含了商业、人性、趋势等种种难以捉摸的刻度和玄妙细节。高纪凡只是希望以自身的价值去点燃一些值得期待的光芒，做点有意义的事情，抱着这样的初心，最终攻坚克难，实现梦想。

"如果你一心向前，你的内心会变得宁静，而你的梦想就会一步步靠近你。"高纪凡说。再简单不过的一句话，为天合光能的第一个十年画上了完美句号。

　　如果说第一个十年高纪凡做得最对的事，是用远见和眼光带领天合站到了太阳能的风口上；在上市之后的下一个十年中，天合将迎来各种艰险和考验，在风云变幻、跌宕起伏、险象环生的光伏市场中，天合最终将脱颖而出，成长为中国最优秀的光伏企业之一。

第三部

2.0 时代　荣辱沉浮
（2007—2016）

不要因为走得太远，忘了我们为什么出发。海风吹走了泡沫，但大海与沙岸将永恒。
——诗人、画家、阿拉伯文学主要奠基人纪伯伦（1883—1931）

CHAPTER 4

第四章
一半海水，一半火焰

1. 首富、神话与印钞机

成功登陆纽交所，让天合光能有了充足的资金来购买硅料、投建生产线和引进国际化人才，这让公司驶上了迅猛发展的"快车道"。2006年，天合光能营业收入突破7亿元，2007年飙升至27亿元，2008年突破50亿元，此后更是一路翻着番地增长，到2010年营业收入突破了100亿元。

不仅仅是天合光能，抓住行业机遇的其他领先企业，在2006年至2007年间掀起了一股海外上市热潮。

2006年11月9日，由瞿晓铧创立的阿特斯阳光电力集团登陆纳斯达克，是中国第一家登陆美国纳斯达克的光伏一体化企业（纳斯达克代码：CSIQ），融资1.2亿美元。

瞿晓铧祖籍江苏常熟，父母都是清华大学教授。瞿晓铧1986年毕业于清华大学物理系，后留学加拿大，获加拿大曼尼托巴大学硕士学位及多伦多大学博士学位，2001年创立阿特斯。

2006年12月21日，在天合光能上市后的第三天，江苏林洋电子有限公司下属林洋新能源有限公司敲开纳斯达克的大门，募资1.5亿美元，创造了成立仅 28 个月就在国际主流资本市场上市的奇迹。

林洋电子成立于 1995 年，1997 年当公司陷入困境时，作为合资项目引荐人的陆永华出资 20 万美元买断中方股权，通过艰苦创业，让一个濒临破产的企业起死回生，成为表计行业的领先企业。2004 年 12 月，林洋进入新能源领域。

2007 年 2 月 7 日，晶澳太阳能在美国纳斯达克证券交易所挂牌上市，发行 1500 万股 ADS 募资 2.5 亿美元。

晶澳由靳保芳创立。1996 年时，他在河北邢台宁晋县电力局工作，一个偶然的机会了解到单晶硅行业后入了行，其后一步步把一个仅有 10 余名员工、3 台单晶炉的小厂，发展成为全球太阳能领域的头部企业。

2007 年 5 月 18 日，中电电气（南京）光伏有限公司在美国纳斯达克证券交易所挂牌交易（股票代码 CSUN），成为南京首家在纳斯达克上市的企业。

中电电气成立于 1990 年，由当时刚满 30 岁的陆廷秀创立，经过十余年发展，成为世界上最大的干式变压器生产基地。2004 年，陆廷秀邂逅了师从马丁·格林教授的赵建华博士（与施正荣、杨怀进并称中国光伏业"扬中三杰"，连续 18 年保持单晶硅、多晶硅太阳电池及组件光电转换效率世界纪录），中电电气由此进入光伏产业。2005 年 6 月，中电电气用 8 个月时间建成国内第一条 32 兆瓦太阳能电池生产线，两年后赴美上市。

2007 年 6 月 8 日，天威英利发行 2900 万股 ADS 挂牌纽交所，募资 2.9 亿美元。英利集团由退伍军人苗连生创立，总部位于河北保定，1998 年进入太阳能光伏发电行业，1999 年承接国家第一个年产 3 兆瓦多晶硅太阳能电池及应用系统示范项目。在往后的岁月里，英利大起大落、充满争议，在 2012—2013 年连续两年组件出货量排名全球第一。

……

在中国光伏企业海外上市"英雄谱"中，江西赛维 LDK 和彭小峰是不得不说的一个传奇。

1975 年，彭小峰出生于江西安福，父母是小服装店老板。1990 年，彭小峰中考全县第一名，数学得了满分，但是却去上了江西外贸职业学院，原因是读中专不要学费。1993 年，彭小峰毕业后被分配到外贸局工作，三年后，他揣着辛苦攒下的两万元钱辞职创业。在苏州，彭小峰花700 元钱租了一个小门脸，成立了苏州柳新实业有限公司。

2002 年春节，在欧洲出差的彭小峰注意到一则消息："欧洲正酝酿修改交通安全法，将反光背心列为汽车随车标准配备。"一般人听完也就忘了，第二天该干吗干吗，但彭小峰却越想越激动："欧洲 44 个国家，6 亿多人口，如果每辆车都要采购这种反光背心，那将是多大的市场啊？"

回国之后，彭小峰立刻重金押入，四处大量采购反光背心，义乌小商品城都被他买空了。果然，到了 2003 年，意大利、西班牙率先实施，其他国家紧随其后。当国内企业还没反应过来，彭小峰的 20 个货柜已经发往了法兰克福，并很快占领了欧洲 30% 的市场份额，一件反光背心卖到40 美元，毛利率接近 90%，彭小峰大赚一笔。

在社会上摸爬滚打练就的敏锐商业眼光，加上敢于冒险下重注押宝，彭小峰创业成功成为亿万富翁，这一年，他 29 岁。当时，苏州柳新实业是亚洲最大的安全防护用品制造企业之一，员工近万人。

2004 年，光伏进入彭小峰视野，在欧盟多国推出的发电补贴政策刺激下，光伏产业迅速崛起，光伏产品完全不愁卖，这样的好行业让彭小峰心动不已。于是，彭小峰决定转型干光伏，去各地跑关系寻求地方政府的土地和资金支持。

2005 年，经朋友介绍，彭小峰认识了时任江西新余市委书记汪德和，从此两人结下不解之缘。

汪德和在 2001 年任上饶市副市长时，就开始关注太阳能产业，还曾专门前往上海交通大学太阳能研究所求教。当时，汪德和书记正为当地钢铁产能过剩带来的一系列问题苦恼不已，彭小峰的到来，勾起了他在新余大力发展太阳能产业的梦想。

在会谈中，汪德和提出的唯一要求是要把厂建在新余，彭小峰则提出了两个条件，"一是保证 24 小时供电；另一个是政府提供 2 亿元资金支持。"对于未来发展前景，彭小峰口气惊人："第一年做到亚洲最大，第二年到美国上市。"

在当时，2 亿元对新余市来说不是个小数目，2004 年全年新余财政总收入也不过 18 亿元左右。拿出相当于财政收入九分之一的钱来给一家民营企业创业，这是要冒极大风险的。但是，在会谈半个小时后，汪德和就当场拍板决定来干这件事。

为了凑足这 2 亿元资金，汪德和亲自带队找到江西省国际信托投资公司，以新余市财政担保发放信托产品融资 1 亿元。剩下 1 亿元，新余市财政筹了几千万元，江西省财政厅支持了一部分，然后又七拼八凑了 3000 万元，终于凑齐了 2 亿元。2005 年 7 月，江西赛维 LDK 太阳能公司在新余市经济开发区成立，LDK 的意思是"超越光速"。

在选择公司方向和产品切入点时，彭小峰看到尚德主要是做光伏电池和组件，还有不少企业也在做组件，但涉足上游多晶硅、硅片的并不多，而光伏产业链越接近上游技术含量越高，需要的投资越大，利润也越高。彭小峰决定从硅片入手，当时，国内的多晶硅片产能大多是几十兆瓦，彭小峰一张口提出了 200 兆瓦的硅片产能规划目标。

2007 年 6 月 1 日，彭小峰带着赛维 LDK 成功在美国纽交所上市，融资 4.69 亿美元，成为中国企业有史以来最大的一次在美 IPO（首次公开募股）。赛维 LDK 一举成为亚洲规模最大的太阳能多晶硅片制造企业，成为继尚德之后中国太阳能产业的新巨头。彭小峰也以286.6亿元身家位列福布斯中国富豪榜第六,是中国最年轻的新能源首富。这一年,彭小峰32岁。

这就是2006—2007年的中国光伏企业图景。摩肩接踵的海外上市,诞生了一个又一个财富神话,吸引着更多的人和资本涌入,高盛、龙科、英国汇丰基金、花旗银行等国际强势资本,国内企业杉杉、春兰等业外资本纷纷投入光伏产业。大量热钱的涌入,将这个行业炙烤得滚烫。

当时,业内流传着这样一句话:"5000万美元加两个工程师就可以干光伏,像开着印钞机一样赚钱。"由于产能需求大、投资门槛低,光伏产业产能迅速扩张,一份当时的统计数据显示,2007年中国仅生产光伏组件的企业就有200多家,到2008年,这一数字猛增至近400家。

一时间,中国光伏发展得蔚为大观,上下游全产业链齐头并进,短期来看成绩鼓舞人心:到2007年,中国市场已初步形成珠江三角洲的光伏应用产品加工、长江三角洲太阳能电池制造和京津冀地区硅片和太阳能电池生产三个光伏产业聚集区域。四川乐山、河南洛阳等地区多晶硅材料生产厂也相继投产或扩建……

与此同时,各大领先企业也你追我赶,进一步扩大产能。

此时,尚德已经是全球第四大太阳能电池制造商,2006年出货量270兆瓦,2007年达到470兆瓦,公司市值突破100亿美元,施正荣定下2008年产能要突破1000兆瓦的目标。

昱辉阳光融资后,公司单、多晶硅片产能从300兆瓦扩大至645兆瓦,有望跻身世界三大硅片生产商之列。

赛维LDK与太阳能电池厂家签订了大批供货合约,全球20家知名电池厂商中,有14家是其客户……

2. 不一样的天合光伏产业园

处于高速发展期的中国光伏产业, 上下游产业链并没有配套发展起来, 处于严重短缺的时代。什么都短缺, 什么都买不着, 即使是像背板、玻璃、辅料等产品进货, 都需要支付一大笔预付款, 或者给厂家立下承诺以后独家采购他家产品, 否则厂家都不会卖货给你。

在这样典型的卖方市场中, 即使是做光伏辅材都很好赚钱。光伏企业生意红火, 根本不需要销售人员, 客户都是先打钱到账户上等着发货。遇到供货紧张, 客户提着钱上门, 大货车等在厂区门口抢货。但光伏企业如果买不到原材料, 生意就会受制于人, 所以这个时期在光伏企业, 采购人员非常受重视和优待, 他们的年终奖要比销售人员多很多!

在这种情况下, 有规模的光伏企业开始在各地投资兴建各式各样的光伏产业园, 一方面是因为市场火热, 光伏配套产业盈利能力极强; 另一方面, 是企业本身很需要原料、辅料供应, 投资配套企业后供应会有保障。

而各地方政府, 对于光伏企业投资建设产业园敞开双臂欢迎, 并提供各种优厚条件, 对大型光伏企业展开争夺。天合光能作为冉冉升起的一颗行业新星, 自然是"香饽饽", 内蒙古、新疆、安徽各地多个城市的领导登门拜访, 开出的条件有给几十亿元三年不要利息的, 有产业园土地零定价的, 还有承诺配套给十亿吨煤矿的。一时之间门庭若市, 往来如织。

面对这一切, 高纪凡显得异常冷静: 三年内不要利息, 三年后还能不要? 到时拿什么还钱? "非己之利, 纤毫勿占; 非己之益, 分寸不取", 遵循这样一个简单的道理, 在很多光伏企业家经受不住诱惑时, 高纪凡经受住了。

而对光伏产业园热潮和光伏"大跃进"现象, 高纪凡在心里更有着自己的核心思考: 这种供不应求的局面是长久的吗? 除了光伏行业, 还有什么行业是供不应求的？几乎没有。那些曾经供不应求的行业，现在都变得供过于求了。可见，光伏行业也不可能长久地供不应求。所以，必须集中精力把自己擅长的、专业的事情干好，做到行业领先，才能在行业走向平淡时依然保持强大的竞争优势，在洗牌时不至于被洗掉。看到赚钱的机会什么都去干，精力分散了，资源分散了，人才分散了，结果样样都落后于人。所以，必须走差异化道路，集中精力把领先的事情做好，做到世界第一去，否则就别做！

在这一思路指导下，天合坚决不去各地胡乱投资。但是，缺少支撑发展所必需的原辅材料怎么办？善于思考的高纪凡在头脑里想着办法！

一次，在去国外一家大型汽车厂考察时，高纪凡一下子就豁然开朗了。在这家汽车厂周围，鳞次栉比地分布着各种各样的零配件厂，大家围绕着汽车厂结成紧密的合作体，分工配合、协调合作。反观国内已有的光伏产业园，都是政府主导招商，基本做法就是合并同类项，把相同产业的企业招进来放到一个园子里，结果就是互相竞争打架。

光伏产业园，能不能学汽车厂的配套模式？高纪凡在心里问自己。

于是，高纪凡就开始酝酿天合独有的光伏产业园模式，找上下游合作的企业沟通，找当地政府部门沟通。虽然不是一呼百应，但是这个构想得到了广泛认可，常州市政府同意大力支持，成立了以时任常州市委常委、新北区委书记、常州国家高新区党工委书记戴源为组长、高纪凡为副组长的光伏产业园规划建设协调小组。

在对产业园未来发展上，高纪凡提出要求：一定要搞成以天合光能为龙头的模式，以天合光能为中心，配套企业为卫星，形成中心-卫星结构，入园企业之间不是竞争关系，而是紧密合作关系。龙头企业带领大家搞协作、搞协同，不是什么都自己干，或者竞争着干，而是大家一起共同发展。

对此，戴源书记满口答应：你做好龙头，负责凝聚企业，选好的企业进来之后，我们负责把企业服务好，土地、办证、办照做到最快、最优！

政府领导的开明态度和领先理念，使得产业园计划进展顺利。产业园由常州国家高新区与天合光能共同规划建设，常州市政府在高新区围绕着天合光能，划出了一块 11.24 平方千米的土地用于产业园建设，规划形成了"核心区—设备及应用区—材料区"相结合的区域产业布局结构。

2008 年 4 月 22 日，常州天合光伏产业园正式开园。首批 5 家企业挪威玻璃、千松研磨、菲利华、常州广泰、苏州固锝入园，分别与高新区、天合光能签订投资协议和合作协议，这 5 家企业总投资折合人民币约 20 亿元。从此，一个全新的光伏产业园模式诞生！

这也是当时全国首个以一家公司命名的光伏产业园。

"没有天合，哪来这个产业园？我看就叫天合光伏产业园。没有天合的品牌，就没有常州的光伏品牌，天合吸引来企业构建了产业园，大家一起发展好，共同打响常州的光伏品牌。要发展不起来，就是你这个龙头没带好，砸的是天合的牌子。"戴源书记说道！

面对领导的这份信任和期许，高纪凡立下军令状：经过 5 年发展，到 2012 年要形成年销售额 1000 亿元的光伏产业集群，使整个园区逐渐发展成以天合光能为龙头，集产业上下游于一体的区域性产业群，努力打造一个在国际上具有较强竞争力的整体光伏产业园区。通过光伏园的成功运作，为江苏省成为全球领先的光伏基地做出贡献！

面对这个全国独一无二的以一家企业命名的产业园，天合光能自然是倍加珍惜，前后优选了 40 多家优秀的配套企业入园，入园之后以商务合作、参股等多种模式建立起战略合作伙伴关系，互相之间真正做到优势互补、协同共赢。

天合优先采购配套企业产品。供货距离近，运费几乎为零，中间库存也几乎可以为零，大大降低了配套企业的生产成本。

天合与配套企业紧密技术合作，一起搞新产品、新技术，天合需要什么新产品、产品标准如何，配套企业第一时间掌握，从研发到生产再到供货，零距离无缝衔接。

天合的质量要求与配套企业的产品质量体系精益协同，把之前的两道质量检验变成一道，配套企业的出厂检验就是天合光能的进厂检验，不需要重复开箱检验。

通过这样的通力协作，入园企业的产品、标准、创新水平一下子就被天合带动起来，好几家企业在产业园内快速发展壮大并成功上市。常州天合光伏产业园成为政企精诚协作、企业互利共赢的典范，各地产业园纷纷来参观学习。2012 年，在《MPV 现代光伏》杂志评选的"2012 年度光伏行业十大品牌产业园区"榜单中，常州天合光伏产业园位居榜首。

互利共赢、协同合作的经营思想，也让天合光能收获良多。对于天合光能来说，确保了上下游配套产品的稳定、充足供应，没有陷入短缺时候到处投资设厂、过剩时到处剥离资产甩包袱的乱象。反观那些各地多点投资的光伏企业，在日后光伏产业陷入寒冬时就非常被动，被严重拖累，甚至因此吃上官司。

3. 知进知退，天合躲过一劫

光伏产业的火热，使得产业口粮——硅料更加短缺。硅料在市场上供不应求，价格从最初的每千克 20 多美元，上涨到 2005 年时的 40 美元，又一路飙升至 2007 年的 400 美元，是最初的 20 倍，这还不够，后来又继续上涨至 500 美元以上。

硅料紧缺成为全行业的难题。中国电子材料行业协会在 2006 年 10 月发布的一份报告中指出，2005 年全世界多晶硅总产量为 29100 吨，其中半导体级（EC）20600 吨，太阳能级（SC）8500 吨，而太阳能级的实际需求为 14500 吨，严重供不应求。

"无米下锅"的中国光伏企业，掀起了一场硅料大战，满世界去寻找硅料。甚至是半导体行业用剩下的边角料，也能被全部用光。

再后来，连这些边角料都没有了，人们就去半导体厂倾倒废料的垃圾场"淘金"，或者把厂区附近的路面挖开，掘地三尺把很多年前掺着石头沙子用来铺路的废弃硅料找出来用。这个时候，甚至就此兴起了一个特别的产业，洗料，很多企业一个清洗车间都有上千号工人。

硅料供应的短缺，让中下游的光伏企业非常难受。要么是市场上买不到硅料，要么就去硅料企业签订长单，签订长单需要支付大量的预付款，而即使这样，在开始的两三年里供货量也不会大，要到三年五年以后供应量才能满足需求，这就远水解不了近渴。下游企业没有硅料就无法开工，而客户早已提着钱排队等候。

面对这种市场情况，各大企业纷纷想尽各种办法来解决原料问题，或签长单，或投巨资上马多晶硅项目，当时的龙头企业无锡尚德最为典型。

2006 年 7 月底，尚德与全球十大硅片供应商之一、美国纽交所主板上市的 MEMC Electronic Materials（简称 MEMC）签订了巨额的硅片供货合同，未来 10 年内 MEMC 将向尚德提供价值 50 亿~60 亿美元的太阳能级硅片。作为采购合同的一部分，尚德将向 MEMC 提供资金资助，用于 MEMC 扩大产能，以保证对尚德的稳定供应。

2007 年 3 月 18 日，尚德的关联企业——亚洲硅业（青海）有限公司投资的多晶硅项目在西宁经济技术开发区东川工业园区破土动工，该项目是青海省"十一五"重点项目。该项目规划建设多晶硅产能 6000 吨，其中一期建设年产 1000 吨多晶硅项目，投资 9980 万美元。

这一时期，国内的多晶硅厂遍地开花，多晶硅大项目上马的消息接连不断：爱硅信在云南曲靖投资建设年产 3000 吨多晶硅项目，深南玻在湖北宜昌投资建设年产 4500 吨多晶硅项目，洛阳中硅投资 14 亿元上马多晶硅产业化项目，江苏阳光投资 35 亿元在宁夏石嘴山投建年产 4000 吨多晶硅项目，四川新光硅业投资 12.9 亿建设年产 1260 吨多晶硅项目……

面对如此境况，高纪凡颇感难受。是否上马多晶硅项目？这成为一个艰难的选择。

不上马项目很难受，面对火热的市场行情，眼看着其他公司快速增长，天合却没有东西来做产品。上马项目也很难受，需要大量的投资还面临着诸多风险。高纪凡很清楚，硅料并不是天合的强项，要想干好很难。

就这个问题，天合高管团队开会讨论了很多次，团队内部争论激烈，赞同者有之，激烈反对者也有之，始终拿不出一个统一的意见。最后，高纪凡考虑再三还是决定上马一个多晶硅项目试试看。开饭店没米下锅，没有办法只得自己种粮，高纪凡希望能够自己解决一部分口粮问题！

当天合光能的高管团队开始在全国各地为多晶硅项目选址时，每到一地都受到当地政府极其热情的接待。多晶硅项目投资大，一上马通常都得几十个亿，投产后利润高税收也高，所有的地方政府都开出了优厚的条件希望天合去干。在考察了四川、重庆、江苏等多地之后，初步选定了江苏连云港和重庆开发区两地。

连云港市委市政府领导得到消息之后，亲自登门拜访，希望高纪凡能够前往连云港投资。而江苏省委省政府主要领导也力促高纪凡将多晶硅项目落地连云港，为家乡经济多做贡献。

通过实地考察，连云港确实有不少优势。规划选址在连云港经济技术开发区临港产业区南翼片区，这里离海不远，海边就有石英水晶矿，冶炼多晶硅的原料供应没有问题；连云港当地有核电，政府补贴之后电价供应可以做到四毛多，多晶硅生产能耗巨大，这样低的电价供应是非常难得的优厚条件了。最终，高纪凡确定多晶硅项目选址连云港。

2007 年 12 月 5 日，项目投资意向书在南京签订，总投资额高达 10 亿美元，规划年产 1 万吨高纯度多晶硅，2012 年前全部建成投产。这是当时国内规划的首个万吨级多晶硅项目，是连云港引进的投资规模最大的工业项目，在签字时，江苏省一位副省长和连云港政府领导及多个部门的负责人一起出席，仪式隆重。

但即使是签订了意向书，高纪凡心里还是不踏实。他在心里不停地问自己一个问题：做多晶硅，我们能做到全球第一么？这与我们的发展理念是否吻合？

虽然有所疑虑，但事情还是在向前推进。天合光能谈好要与美国知名太阳能产品生产设备供应商 GTSolar 签订 3 亿美元的设备采购和服务意向合同。在签订正式合同前，高纪凡前往 GTSolar 美国总部考察，也借此对全球太阳能产业进行更充分的了解。

GTSolar 接待人员对高纪凡详细介绍了公司设备、技术、服务的领先性，以及公司在全球各地的布局。在交流中，一张图引起了高纪凡的注意，那是 GTSolar 正在执行和规划的项目，以及全球各地光伏企业的多晶硅项目规划情况。高纪凡在心里稍微数了一数，总体的吨位比现在全球需求要多出 3 ~ 5 倍来！

这让高纪凡心里一震，按照这个发展趋势，多晶硅行业将过剩到什么程度啊？大量的企业已经在天合之前大规模开建，等天合建设起来之后还有没有市场竞争力？在一个即将成为红海市场的领域去厮杀，天合能不能做到绝对领先？如果做不到，最后被洗牌的一定就是自己！

考察完，按照行程安排应该是回国签订正式合同上马项目，但是高纪凡"不敢"回来了！

在美国一个度假酒店，他把自己关起来想该怎么办，整整三个晚上没闭眼。这个时候真是"骑虎难下"，进也不是，退也不是。进吧，已经明确看到了产能过剩的问题；退吧，事情没法交代，政府领导那里不好交代，自己的面子没法交代。别人还在大干快上大把赚钱，天合说不干就不干了，对高管团队和员工也没法交代……怎么办？怎么办？

在这三天里，高纪凡想了很多很多。最终，知识分子和企业家的理性思维，战胜了一切，高纪凡最终决定放弃这个项目，宁可发展慢点，也不能冒进背上沉重包袱。想明白之后，高纪凡心里的一块大石头落了地，启程回国着手处理这件事情。

高纪凡先是跟江苏省政府和连云港市政府的主要领导做了深入沟通，充满歉意地讲述了自己看到的市场情况和对未来趋势的判断。好在政府领导也豁达开明，理解了高纪凡。高纪凡承诺，未来将在江苏其他地方做更多的投资回馈本地经济。后来，高纪凡又牵线搭桥，为连云港寻找到江苏无锡一家企业接手，项目总投资修订为 30 亿元人民币。

2008 年 4 月，天合光能正式对外宣布终止连云港 10 亿美元多晶硅项目建设，同时终止与 GTSolar 签订的设备供应合同。

天合光能官方对外解释称：项目终止的主要原因是市场形势已发生了变化。多年来，多晶硅一直处于供不应求的状态，然而目前市场上已出现信号，这种局面正在发生变化。由于多晶硅供应情况发生了变化，天合相信已有更广阔的渠道获得多晶硅以支持公司发展。公司将继续采取长期合约的方式来获得未来发展所需要的多晶硅，满足公司的战略需求。

消息一出，行业震动，舆论哗然，媒体纷纷用"多晶硅市场惊变"这样的标题来报道这件事情。对于天合光能解释的理由，行业内外和投资者并不认可，表示看不懂高纪凡这步棋！

但在高纪凡心里，他很明白自己在干什么。

高纪凡之所以想明白了，源于《周易》里充满哲学智慧的一句话："知进而不知退，知存而不知亡，知得而不知丧，其唯圣人乎？知进退存亡而不失其正者，其圣人乎？"（知道进而不知道退，知道存却不知道亡，知道得到而不知道失，能称得上圣人吗？不能！知道前进和后退、生存和灭亡而又不失掉正确原则的人，能称得上圣人吗？可以！）

"这是一种思维方法和企业发展智慧，都知道弄多晶硅能赚钱，舍弃它很难，但是关键时刻你就需要舍，就得放。一般人知进不知退，知存不知亡，要知进知退才符合天道，这句话很重要。很多企业家只知进不知退，永远都是在抓机会。天合就是知进知退，该进就进，该舍就舍。"高纪凡说。

退出连云港多晶硅项目，天合光能一共损失掉了前期项目开支费用等1000 多万元。但是，进退有据让天合光能避免了一场重大挫折。如今来看，高纪凡的悬崖勒马，无疑是一个再正确不过的决定。但是在当时，能够看懂他的人没有几个。此时，整个市场行情还好得不得了，多晶硅企业安享着产品供不应求带来的丰厚利润。

仅仅在几个月后，市场就急转直下，集聚已久的一场惨烈的金融危机席卷而来……

4. 席卷全球的金融海啸

2007 年年底至 2008 年年初，全球经济处在一片欣欣向荣之中。2007 年前三个季度的统计数据显示，美国经济维持着强劲增长势头，失业率一直在历史低位。个人消费支出强劲，人们对于贷款买房兴致盎然，银行和金融机构则提供一切便利，美国房价在继续上涨。

在两任美联储主席格林斯潘（Alan Greenspan）和伯南克（Ben Shalom

Bernanke）的英明带领下，媒体一致唱多：一个永久繁荣的新时代已经来临。

这一年，作为全球经济增长发动机的中国，经济形势也出奇的好。自2003年起，中国经济已连续5年GDP增长率保持在两位数，2007年更是达到了惊人的14.23%。来自中国官方的统计数据显示，中国国民经济保持平稳快速发展，呈现出增长较快、结构优化、效益提高、民生改善的良好运行态势。

就跟历次经济危机都在繁荣中爆发一样，在一片非理性繁荣中，金融危机的种种迹象已经开始显现。

2008年3月，全球500强、全球领先的金融服务公司、美国华尔街第五大投资银行——贝尔斯登公司爆发危机，投资者大量挤兑现金之后公司现金储备为零。3月16日，美国联邦储备局紧急出手，"包底"300亿美元贷款支持摩根大通收购了濒临破产的贝尔斯登。对此，有人发出警告称，一场惨痛的金融体系清算正在逼近。但是，这样的声音被当作一小部分"怪人"在唱反调！

2008年9月15日凌晨，美国第四大投资银行雷曼兄弟公司发表声明说，由于投资失利，在洽谈收购失败后，公司将于当日上午向纽约南区的美国联邦破产法庭递交破产保护申请。消息一出，美元和美国股指期货齐声下跌，最终刺破了金融繁荣的泡沫，一场史无前例的金融海啸从华尔街爆发了！

这一天清晨，跟往常一样，当太阳升起的时候，闻名遐迩的华尔街人群依旧熙熙攘攘。

但是，在雷曼兄弟工作的金融白领们，那种优越感和自信感不见了踪影，每一个人都愁眉苦脸。他们像往常一样涌入工作的大厦里，再出来时手中多了两样东西——抱在手里的纸箱子和背在背上的背包，这一幕看上去就像是在集体搬家。面对6130亿美元的负债和一夜之间轰然倒塌的公司，雷曼兄弟的两万多名员工除了离去，别无选择。

有着 158 年悠久历史、在美国抵押贷款债券业连续 40 年独占鳌头的巨型投资银行——雷曼兄弟，成为这场危机中倒下的第一个"华尔街巨人"。

曾经被看作是"大到不倒"的金融巨头们，一个个倒闭。就在 9 月 15 日当天，美国银行发表声明，宣布以近 500 亿美元的总价收购美国第三大投资银行美林（Merrill Lynch）。头顶着"美国第三大投资银行""世界最大的证券经纪商"光环的美林，成为金融危机下的又一受害者。在不到两年前，天合光能赴美上市还是由美林投资和担任主承销券商。

几天之内，雷曼兄弟和美林倒台引发的混乱，让华尔街的中流砥柱高盛集团和摩根士丹利也深陷其中。华尔街的崩溃，让全球金融市场陷入一片混乱，深受震撼的美国政府手忙脚乱地推出了高达 7000 亿美元的金融市场救助计划，但是华尔街危机引发的连锁反应还是扩散至全美国，殃及全世界……

2008 年 8 月 8 日，第 29 届夏季奥林匹克运动会在北京盛大开幕，举国欢庆，气氛热烈，中国健儿在全国人民的欢呼声中，拿下了 51 枚金牌（后取消 3 枚），民族自豪感被彻底点燃，丝毫感觉不到一点经济危机的气息。

在这场盛会中，中国光伏企业也参与其中：在奥运会主场馆鸟巢的12 个主通道（安检厅）顶上，安装的是由尚德供应的光伏发电系统，总计 100 千瓦。为保证奥运会期间的供电万无一失，这些发电系统在设计中增加了远程监控、逆功率保护等多项技术保障措施，确保系统可靠运行，顺利完成了多项保障措施。

奥运会结束之后不到一个月，2008 年 9 月 19 日—22 日，由中国可再生能源学会、常州市人民政府和中国可再生能源学会光伏专业委员会共同主办、天合光能和浙江大学承办的第十届中国太阳能光伏会议暨展览会在常州一流的新展馆——常州体育会展中心盛大举行。

这是光伏行业规模空前的一场盛会，大会共收录科技论文230篇，超过1000位代表参加会议；大会同期举办的展览会，参展展位超过510个，国内外参展单位222家，参展企业代表约1100人，累计参观人数超过3.4万人。无论是会议代表人数，还是参展单位，都是历届光伏会议中规模最大的，大会主题词为"迎接光伏发电新时代"，这正是当时光伏人的心声与情怀——意气风发，梦想满怀！

在闭幕式上，参会代表一致通过了题为"为中国光伏发电的腾飞而奋斗"的《常州宣言》。宣言称：短短50多年，光伏发电得到了飞速发展，近10年世界太阳电池产量的年平均增长率超过40%，我国太阳电池产量连续5年以200%以上的速度增长。2007年中国光伏产业的产值逾千亿元，从业人数超过10万。从全国11家光伏企业的海外成功上市，到高纯多晶硅产业快速崛起，从2007年中国太阳电池的产量跃居世界第一，到2008北京"绿色奥运"的12兆瓦光伏工程的建成，充分展示出我们对光伏发电的顽强拼搏和执着追求。

《常州宣言》指出：光伏发电是人类的必然选择。未来十年，世界能源看光伏，全球光伏看中国。为此，我们呼吁，举全国之力实现下列目标：

（1）2010年以后，中国太阳电池的年产量持续达到世界总产量的50%以上；到2015年，中国太阳电池组件的制造成本下降到10元/瓦以下，光伏发电成本下降到1.5元/千瓦时以下。

（2）到2010年，摆脱高纯多晶硅材料依赖进口的困扰，使多晶硅材料的自给能力达到60%以上。

（3）到2015年，使我国光伏技术达到国际先进水平，部分技术达到国际领先水平。

（4）积极启动国内市场，实现光伏市场大幅增长，到2020年使光伏发电占全国总发电量的 1%。

"世界能源看光伏，全球光伏看中国。"如此的壮语豪言、气概盈天，可见当时中国光伏人是多么意气风发、激情澎湃。如今十年过去再回首，这些梦想大都已经成为现实，甚至很多目标都超额完成。

在闭幕式的晚宴上，高朋满座，觥筹交错，其乐融融。作为东道主，高纪凡异常开心，安排人在常州恐龙园内放了很多烟花。当美丽的烟花冲上天空照亮黑夜幻化出美丽的影子时，人群发出了一阵阵欢呼。

当烟火熄灭，变成尘土落下来时，天空暗下去，中国光伏行业最好的一个时代结束了，一个混沌蒙昧的光伏时代结束了！

从国庆节开始，全球光伏行业开始明显感受到金融危机的杀伤力，似乎一夜之间就从火热的夏天步入到冷彻骨髓的寒冬。订单减少、资金链断裂、减产、裁员、停工等传闻风声四起，无锡尚德、江西赛维 LDK、保定英利、南京中电等海外上市公司市值大幅缩水，资金链岌岌可危，各公司的扩产计划全部停止，大部分企业开始削减产量。

当时，中国光伏企业 90% 以上的市场都依赖国外订单，其中欧洲市场占了三分之二。由于美元、欧元持续贬值，几乎所有企业都深陷汇率损失的泥潭。从下半年开始，欧元大幅下跌，对人民币贬值的速度超过美元。仅仅三个多月，1 欧元兑人民币价格就从 10.85 元跌到 8.69 元左右，跌幅近 20%。也就是说，中国光伏企业一个 100 万欧元的单子，光汇率损失就要 20 万左右，光这一项就吃掉了全部利润，搞成了亏本买卖。

整个中国光伏市场，跟雪崩一样，全行业没有谁能独善其身。6 英寸单晶硅片价格，一个月内下跌 10% 以上；太阳能电池组件的国际价格，由年初的每瓦 3.8 美元降至 2.8 美元以下；最为残酷的还是此前过热的多晶硅，从顶峰时期的 500 美元 / 千克一路急转直下，半年时间跌去一半多，再进一步跌至 40 美元 / 千克左右，不到巅峰时期的十分之一。

这让全球多晶硅巨头全都傻了眼，更让这一时期大肆扩张多晶硅项目的众多中国光伏企业损失惨重。受损最严重者，几年时间就败光上百亿元的资产而倒闭，损失较轻的也是伤筋动骨，在这次危机后很多年后都没能恢复元气。无锡尚德、江西赛维 LDK、保定英利等光伏巨头，全部在这次危机中为前期的大肆扩张付出了代价，在往后几年里或破产或倒闭或巨额亏损。

金融危机也让天合光能受损严重，但连云港多晶硅项目的悬崖勒马让公司逃过一劫。如果天合光能真在连云港投下 10 亿美元重金，后果将不堪设想。到这个时候，行业内的人和公司高管才真正看明白了高纪凡当初决定的前瞻性和正确性。天合光能的包袱小很多，在金融危机中反而是抓住机会实现大发展，这为天合日后一步步走向光伏第一阵营打下了坚实的基础。

CHAPTER 5

05

第五章
逆市增长密码

1. 关键时刻，到客户那里去

在 2008 年国际金融危机冲击之下，全球光伏行业在该年第四季度末全面步入大萧条，整个市场陷入"死循环"：银行收紧流动性，不再给电站投资商贷款；没有资金进入，市场上就缺少新项目；需求极度萎缩，供应过剩问题更加突出，组件价格持续下跌；采购商更加收紧自己的采购意向，在持续观望中等着价格往下跌一些，再跌一些。

面对这样的市场行情，光伏企业全都乱了阵脚，股票急速下跌。龙头企业无锡尚德 2008 年四季报显示，其毛利率仅为 0.6%，净亏损达 6590 万美元，每股净亏 0.42 美元，股价从最高点的 85 美元 / 股，一路下滑至 2009 年 2 月份的 6 美元 / 股左右。经营极度困难下，尚德从 2008 年 10 月份开始裁员，每月都有数百人离职，甚至一度引发工人罢工抗议事件。

天合光能情况稍好，但也明显感受到了市场压力。2008 年第四季度，天合光能太阳能组件出货量为 57.59 兆瓦，比上年同期增长 140.9%，但比上季度减少 13.2%；总营业额为 2.163 亿美元，比上年同期增长 113.4%，但比上季度减少 25.6%。2008 年整个第四季度，天合光能净亏损 70 万美元。

危急时刻，高纪凡并不慌张，他有着自己的"打法"！

2009 年正月初六，中国大地还处在春节的热闹中，而高纪凡已经带着二名负责市场和销售的高管，乘坐上飞往欧洲的航班。

"在关键时刻到客户那里去，这是我们的基本经验。市场不好了，咱们先到客户那里去，听听市场最真实的声音，一定会有不一样的收获。"临行前，高纪凡对高管团队说。

当航班降落在德国机场，高纪凡真正感受到了金融危机疾风扫落叶般的巨大杀伤力。

在来德国前，高纪凡已经约好了首站前往德国一家大型光伏企业拜访洽谈，当一行人如约来到这家公司时，接待人员告诉他们，公司已经破产了。这让大家觉得太不可思议了，事实是就在他们的航班起飞后不久，公司向当地法院申请了破产保护。

这一家破产了，就去下一家吧。你们需要什么样的产品？你们的困难在哪里？你们的忧虑在哪里？你们可以接受的付款方式是什么？产品需要什么样的认证？物流和供货渠道是什么样的？付款方式是什么？提交破产申请的客户，风险债一大堆，还能不能继续供货？还敢不敢继续合作？……一系列复杂的问题，等待着大家一个客户接着一个客户地去拜访交流。

一天晚上，一行人在比利时被客户邀请在一家米其林三星酒店吃晚餐，大家在餐桌上一边享受美食，一边交流着彼此对未来市场的看法。虽然市场陷入萧条，但大家一致认为这只是暂时的，并对未来光伏产业实现大发展依然充满信心和期待。

聊完这些，大家发自内心的干劲与憧憬油然而生。

吃完饭时，已是深夜，鹅毛大雪从天而降，一行人并没有就地停歇，而是开着车继续上路，从比利时一路开到了法国巴黎。

如今回看，那真是非常动人的一幅场景。汽车穿行在漫天大雪下的欧洲大陆，高纪凡的内心却犹如熊熊燃烧的烈焰。车外的路，有风有雪，寒冷异常；车里的人，有说有笑，翘首以待。

到了法国，一行人又拜会了十几个客户。也许是风雪兼程的诚意打动了对方，也许是高纪凡发梢中尚未消融的霜雪令人动容，又或许是几个人口中哈出的白气加重了客户对天合产品口碑的信赖，总之，这一趟行程下来收获颇丰，有些客户当时就签订了订单，有些则由商务部门进一步跟进合作。等到 2009 年春季转暖，天合光能的订单就渐渐多了起来。与其他家门可罗雀的冷清相比，天合光能一枝独秀，成为这场国际金融危机中的别样风景。

高纪凡显示出儒商一直以来秉承的价值观和方法论：贴近一线、靠近客户，比别人更了解客户想要的是什么。欧洲之行，让高纪凡对市场细节了如指掌。

一方面，国际金融危机对光伏产业最大的威胁，在于银行信贷压力。不过高纪凡此次欧洲之行，从当地银行了解到的信息却是：太阳能是欧盟战略性发展方向，他们会尽可能对这个领域给予倾斜支持。以欧洲一家银行为例，他们 2009 年在光伏产业投放的资金量，将比 2008 年增长 50%~100%。

另一方面，从价格上来分析，虽然 2009 年太阳能组件价格同比下降 30%，但是光伏电价下降幅度远比太阳能组件价格降幅小得多，例如德国光伏电价同比只下降了 9%。可以看出尽管组件价格下降，但光伏电站的投资回报率反而有了较大增长。因此，虽然光伏电站项目遇到信贷压力，但是由于投资回报率较高，各方资本还是会向这个领域集聚，光伏装机容量还会有较大提升！

看清楚了问题实质，就不会被眼前的迷雾遮住眼睛。高纪凡深知，眼下的严寒不是光伏的末日，未来的增长依旧可期，市场波动留给天合光能的将是一次难得的弯道超车机会。

"加速推进产能扩张计划！"回国之后，高纪凡就拿定主意，意志坚定地开干一件大事：投资5亿美元，建设500兆瓦垂直一体化产品生产基地，同时建设一个以天合光能为依托的"江苏省光伏一体化工程技术研究中心"。2008年年底，天合光能的组件产能是400兆瓦左右，这等于是要在此前的基础上翻倍扩张。

前两年天合光能的理性，如放弃上马多晶硅项目、以协作产业园代替四处投资等做法，让天合在这个时候能够轻装上阵，按照自己的战略开展产能布局。但是，此时天合光能自有资金不足，需要借助银行贷款才能完成项目。

当时，正是国际金融危机肆虐之时，光伏行业处在水深火热之中，谁敢放贷？银行一听说是光伏项目，立刻把大门紧紧关上！但是，天合光能是例外。高纪凡不仅贷到了大额款项，还获得了非常优惠的利率条件。

2009年9月7日，天合光能年产500兆瓦太阳能光伏产业垂直一体化产品项目银团贷款签约仪式在常州富都商贸酒店隆重举行。该项目由银团贷款3.2亿美元，贷款周期为五年。贷款的参贷银行共计5家：牵头行与代理行为中国农业银行，副牵头行为中国银行，贷款行有中国进出口银行、交通银行与中信银行。

这样的融资能力，让同行们艳羡不已，纷纷打听高纪凡到底是什么背景，有这么大能量。

实际上，这源于银行、企业双方长期以来非常良好融洽的合作关系。高纪凡的经验是：透明化，及时的信息沟通与完全的信任。

每个季度天合光能发完季报，财务负责人就到银行主动与银行行长、信贷负责人沟通情况，如行业里近期发生了什么、企业情况怎么样、政府政策有什么变化等。天合光能把自己的账目清清白白地分享给银行，不仅仅是国内公司的账目，海外公司的账目一样毫无保留地分享给银行。长期合作下来，几家主要的合作银行与天合光能形成了风雨同舟、相濡以沫的伙伴关系，从来没有"晴天借伞，雨天收伞"的事情发生。

银团贷款的支持，让天合光能抓住了最好的产能建设时机，形成了硅锭、硅片、太阳能电池片以及光伏组件各 500 兆瓦的生产能力，大大提高了公司的竞争力和行业地位，在高品质、高技术、低成本的优势基础上继续扩大规模。

等到了第四季度，天合光能的市场策略和扩张策略就见到实效，公司业绩出现明显增长。到 2009 年年底，太阳能电池片和光伏组件产能各自达到 600 兆瓦，硅锭和硅片各自达到 500 兆瓦。另外，天合光能还签订了一项全部用于国内市场的 8 兆瓦组件供货协议，以及另一项 2010 年上半年将供货 120 兆瓦组件给西班牙和意大利的大订单。

第四季度，天合光能组件出货量飙升，单季度出货量达到 164 兆瓦，同比增长了 184.3%。全年来看，天合光能组件出货量近 400 兆瓦，较 2008 年增长了近 1 倍。2009 年全年，天合光能毛利率为 28.1%，同比增长 19.8%；实现净利润 9760 万美元，同比增长 59%。能够在国际金融危机之后实现如此强劲的逆势增长，这份成绩实属难得。

到 2009 年 12 月 19 日，天合光能上市刚满三周年。这三年间，天合光能避免犯错，一步一个脚印地迈入了全球领先光伏企业的行列。

国际分析机构 Phonoton International 于 2009 年发布的全球光伏企业出货量排名显示，薄膜巨头 First Solar 2009 年总产出为 1100 兆瓦，排名第 1；无锡尚德总产出为 704 兆瓦，排名第 2；日本夏普总产出为 595 兆瓦，排名第 3；德国 Q-Cells 总产出为 586 兆瓦，排名第 4；英利绿色能源总产出为 525.3 兆瓦，排名第 5；晶澳太阳能总产出为 520 兆瓦，排名第 6；日本京瓷总产出为 400 兆瓦，排名第 7；天合光能以 399 兆瓦的总产出名列第 8，首次进入全球前十行列。

这三年间，天合光能赢在了稳健、正确的战略上。当行业过热、烈焰冲天之际，高纪凡比谁都冷静，不跟风、不随波逐流，客观理性地做出判断，当行业遭遇寒冬时，高纪凡又能在暴雪中看清趋势，不为一时的困难而迷失方向。理工科专业出身所独有的特质，在商海沉浮中磨炼出来的生存智慧，帮助他与天合光能渡过了无数急流险滩。

在往后的数年间，正是秉持"少犯错误，多做正确的事"这样的理念，才使得天合光能持续向前，最终一步步登上全球组件出货量第一的宝座。

2. 最甜美的一颗果子

中国经济增长长期由"三驾马车"拉动。

从支出角度看，国内生产总值（GDP）是最终需求——投资、消费、净出口这三种需求之和，因此经济学上常把投资、消费、净出口比喻为拉动 GDP 增长的"三驾马车"，这是对经济增长原理最生动形象的表述。

以 2007 年为例，我国 GDP 为 24.66 万亿元，在"三驾马车"中社会消费品零售贡献了 8.9 万亿元，全社会固定资产投资贡献了 13.72 万亿元，贸易顺差为 2622 亿美元（2007 年美元对人民币平均汇率约为 1 美元等于 7.6 元）。2007 年，中国进出口总额同比增长 23.5%，达到 21738 亿美元，连续 6 年增长 20% 以上，首次站上 2 万亿美元的新台阶，稳居世界第 3 位，出口总额名列世界第 2 位。

在这样的经济结构下，2008 年国际金融危机给中国经济带来的冲击之大是可想而知的。从 2008 年第三季度起，中国经济出现增速加速下滑的局面。到了 11 月和 12 月，全国进出口总值开始负增长。11 月全国进出口总值同比下降 9%，其中出口下降 2.2%、进口下降 17.9%，金融危机对中国对外贸易开始产生实质性影响。

为了应对金融危机，避免中国经济出现硬着陆风险，2008 年 11 月 5 日，时任国务院总理温家宝主持召开国务院常务会议，研究部署了进一步扩大内需、促进经济平稳较快增长的十项措施。初步匡算，实施这十大措施，到 2010 年年底约需投资 4 万亿元。后来经过不断完善和充实，中国形成了应对国际金融危机的一揽子方案，外界统称为"四万亿"计划。

"四万亿"计划，给中国经济打了一剂"强心针"。在光伏领域，中国政府同样推出了强刺激措施，这就是"金太阳"工程。

2009 年 7 月 16 日，财政部、科技部、国家能源局联合发布《关于实施金太阳示范工程的通知》，决定综合采取财政补助、科技支持和市场拉动方式，加快国内光伏发电的产业化和规模化发展，并计划在 2～3 年内，采取财政补助方式，支持不低于 500 兆瓦的光伏发电示范项目。

2009 年第一期"金太阳"工程，包括了 329 个项目，设计装机总规模为 642 兆瓦，重点支持大型工矿、商业企业以及公益性事业单位，建设用户侧并网光伏发电项目、偏僻无电区光伏发电项目及大型并网光伏发电项目。财政部规定，当年并网光伏发电项目按系统总投资的 50% 给予补助，偏远无电地区的独立光伏发电项目按系统总投资的 70% 给予补助。

2010 年 9 月 21 日，财政部下发通知将关键设备招标方式由项目业主自行招标改为国家集中招标，按中标协议供货价格的一定比例给予补贴。其中，用户侧光伏发电项目补贴比例为 50%，偏远无电地区的独立光伏发电项目为 70%。对示范项目建设的其他费用采取定额补贴，用户侧光伏发电项目为 4 元/瓦（建材型和构件型光电建筑一体化项目为 6 元/瓦），偏远无电地区独立光伏发电项目为 10 元/瓦（户用独立系统为 6 元/瓦）。

高额的补贴标准，让光伏行业又热闹了起来。从 2009—2012 年（2013 年，"金太阳"工程停止新增申请审批，其后光伏支持政策改为标杆上网电价度电补贴方式），4 年总计安装容量共 6.15 吉瓦。

"金太阳"工程的推出，挽救了陷入危机的光伏企业，在金融危机之后推动中国光伏行业再度迅速崛起，大幅提升了市场需求增长。此时，那些在金融危机期间陷入低谷的企业，眼睁睁看着市场转好却没有产品可卖。天合光能则成了最大赢家——500 兆瓦垂直一体化产能刚好大显身手！

2010 年，天合光能的组件出货量突破 1 吉瓦大关，达到 1.06 吉瓦，同比增长 164.8%。英国市场调研机构 IMS Research 发布的统计数据显示，在全球光伏组件出货量前十强中，天合光能排名升至第五，占据全球 6.5% 的市场份额。

大卖之后，当然是大赚。2010 年，天合光能实现销售收入 18.6 亿美元，同比增长 119.8%；净利润为 3.115 亿美元，同比增长 223.7%，这是天合光能多少年以来最赚钱的一年，也是往后多年的利润顶峰。

在天合光能发布的 2010 年财报中，还有一个异常亮眼的数据：毛利率达到 31.5%。具体到产品线，公司自产的从硅片到组件垂直一体化产品的毛利率更是高达 36.5%。这样的利润水平，足以秒杀除金融业外的一切行业，也是光伏产业横跨多少年的毛利高峰。

能取得这样的成绩，主要归功于高纪凡领导天合光能从上市起多方布局后，收获的最甜美的一颗果子——垂直一体化战略。起源于公司 2006 年年底上市时的战略选择，在 2010 年完成了最终布局，这也成为天合光能优于其他光伏企业的一大利器。

在赴美上市前，高纪凡清晰地看到，第一个赴美上市的无锡尚德，优势集中在太阳能电池领域，天合光能需要不一样的故事，挖掘出不一样的优势。经过与同事们集思广益，高纪凡采用了垂直一体化战略，建设"硅棒—硅片—电池—组件—系统安装"全产业链业务。这一迫于现实的选择，准确地刻画出了天合光能的优势，不仅向投资者讲出了令人信服的好故事，还打开了决胜未来的一条坦途！

垂直一体化战略最大的优势在于两方面：一是确保质量，二是有利于控制成本。很显然，如果产业链的每一个关键环节都在自己把控之内，确保质量并降低成本就更加容易。

在光伏行业迅猛发展时期，垂直一体化战略显现出了巨大的优势。在产品供不应求时，什么都短缺，供应商的质量管理非常薄弱，产品供应也不稳定，掺假造假问题防不胜防。供应商给下游企业低质量甚至假的硅片，下游的电池厂商就做不好产品。另外，在硅料、硅片价格波动剧烈之时，下游企业常常陷入被动，要么不得不高价采购，要么无米下锅。

2006—2008 年，有些没有执行垂直一体化战略的企业经历了很大痛苦。在金融危机之后，垂直一体化战略的优势得以最大限度显现，主要是因为硅料价格的下跌，让渡出了大量利润空间，使得硅料往后的每一个环节都利润可观。2008 年当年，专注组件生产的尚德电力、航天机电等企业毛利率大幅下降，而执行垂直一体化战略的天合光能、英利则在行业毛利率排行榜中名列前茅。这也成为后危机时代众多企业家和投资者效仿和青睐的产业发展战略，光伏产业链上游企业向下游延伸和中游企业向上下游延伸成为趋势。

但是，垂直一体化战略的劣势同样很明显。行业一旦产能过剩，垂直一体化上的每一个链条都是负担，最后的结果一定是什么都做、什么都做不好、什么都很贵。这个时候，最优的选择是专业化，将自己擅长的一端做到极致，确保企业收获到高于行业平均的利润。

某种程度而言，谁将垂直一体化的优势与风险平衡至最佳状态，谁能在市场风格转换之时审时度势、及时调整，谁就能赢得明天。

值得庆幸的是，高纪凡成为幸运儿。从 2004—2010 年间，天合光能将垂直一体化战略坚持下来，一路收获了这一战略的巨大红利。但是，从 2010 年光伏行业再度过热之后，高纪凡果断放弃了垂直一体化战略转向专业化战略，将其具备极大比较优势的电池片、组件做到最大。到 2021—2022 年，硅料涨价导致产业链不均衡问题凸显时，天合光能再度开启垂直一体化布局。

如此精准的战略调整，少不了运气的成分，但更多的还是贴近市场一线对行业冷暖的深刻把握，高纪凡的商业嗅觉，不得不让人叹服！

3. 点燃"创新之火"

2010 年，是被称为中国光伏企业最赚钱的一年。事实上，不只是光伏行业，全行业都在强势复苏。这一切都是有原因的，"四万亿"计划的中央资金、地方配套资金逐步到位，受国际金融危机冲击的中国经济在"硬着陆"前被拽了起来。

在"金太阳"工程等扶持政策支持下，光伏产品又变得供不应求，国际金融危机的阴霾一扫而空，光伏企业们欢欣鼓舞。无锡尚德的一位副总裁掩饰不住内心的喜悦，他对媒体兴奋地说道："订单应接不暇，工人三班倒作业都忙不过来，拉货的车在厂门口排着长队等货。"

受此影响，各大企业纷纷大规模扩建产能，很多原本并非以新能源为主业的企业也"半路出家"，开始进军新能源领域。各个地方政府则纷纷将光伏作为转型低碳经济的重要抓手，全国各地又兴起一股兴建光伏产业园的风潮，多达 45 个城市规划建设千亿级光伏产业园，粗略估算将是四万五千亿元的投资规模。

如此火热的"大跃进"局面再现，让行业内有识之士哭笑不得。

每一地的光伏产业园动工兴建，总要邀请光伏行业有名气资历的人前往剪彩，这让某秘书长对去不去这件事颇费思量。去了不能说支持建设，因为眼睁睁地看着一窝蜂上马的项目不会是好事情，但是又不能说不支持建设，这样太不给人面子。最后他只好以身体不适、没有时间等各种理由来推脱。

面对市场的火热，高纪凡头脑异常清醒，他敏锐地察觉到，中国光伏行业很可能又将面临一次危机。之所以做出这个判断，不仅是因为他看到了国内市场虚火过旺，更因为他敏锐地洞察到了国际市场的情势之变。

从 2009 年起，国际金融危机冲击下的全球光伏市场持续低迷。全球领先的市场研究机构 IHS iSuppli 发布的报告显示，2009 年全球电池组件的平均价格下跌了 37.8%，硅片价格下跌了 50%，多晶硅价格下跌了 80%。报告预计，往后几年光伏产业链价格还将持续下跌。很显然，价格低迷之下，企业的竞争需要升级，核心技术才是关键。

与此同时，主要大国对光伏的政策也开始发生转向，下调补贴成为共同的选择。以 2010 年占据全球装机容量 43% 的德国为例，2009 年年底即传出政府将下调光伏补贴的消息。2010 年，德国联邦参议院通过了可再生能源法光伏发电上网补贴修订案，将德国境内的光伏发电系统补贴额减少 13%，转换地区（原非电站用地改成电站用地）补贴额减少 8%，其他地区补贴额减少 12%。到当年 10 月，补贴额将在 7 月的基础上再减少 3%。除了德国，法国等国也计划在 2010 年下半年或 2011 年取消对太阳能电池和模块的补贴政策。

在国际金融危机和补贴退坡的双重打击下，曾经火热的欧洲光伏市场开始转头向下。2008 年至 2010 年间，国际光伏市场开始了残酷的洗牌，大量中小光伏企业倒闭，曾经的光伏巨头们如 Q-cells、博世太阳能、Sovello、Odersun 等，也都面临着利润下滑、经营困难的窘境。

高纪凡预计，在国外光伏企业洗牌之后，中国光伏行业也必将经历一次洗礼，从经验来看，这个过程可能会比欧洲市场晚两三年左右，到那时又将是一场腥风血雨。基于这样的判断，高纪凡极富先见之明地收起了"缰绳"，严格控制投资规模，坚决不跟风扩张严能。

不大规模投资，那干什么？

高纪凡的战略选择是，苦练内功，加强技术创新和研发实力，打造出天合光能的核心竞争力。作为这一战略的最重要举措，天合光能成功获批设立"光伏科学与技术国家重点实验室"，并投入大量人力、财力建设，成为公司技术创新的一块"金字招牌"。

企业国家重点实验室由科技部牵头，其出发点是为了贯彻落实《国家中长期科学和技术发展规划纲要（2006—2020 年）》，推进国家技术创新体系建设。企业国家重点实验室是国家技术创新体系的重要组成部分，与依托高等院校和科研院所等建设的国家重点实验室互为补充，各有侧重。企业国家重点实验室的主要任务是面向社会和行业未来发展的需求，开展应用基础研究和共性技术研究，研究制定国际标准、国家和行业标准，聚集和培养优秀人才，引领和带动行业技术进步。

2007 年，科技部提出了 37 个企业国家重点实验室的建设方向，由于当时新能源行业还没有受到广泛关注，因此并没有被列入建设方向。2009 年 7 月 21 日，科技部下发文件，宣布将生物质能源开发与利用、太阳能光伏、风力发电技术等 3 个方向列为第二批新建企业国家重点实验室能源领域的补充指南方向，这让光伏企业大喜过望。

高纪凡获知消息后，立刻安排公司科研负责人准备申报工作。在到北京科技部找相关领导咨询相关情况时，得到的答复是："你们还不具备申报条件。"但高纪凡选择了"知难而进"。

高纪凡对科研团队说："国家重点实验室，代表一个国家在某个领域的最高科学水平。天合一直坚持创新和技术驱动，现在有这么一个难得的机会，再难也要申请下来，即使今年不行，我们也要按照这个定位先干起来，明年再争取。"天合按照既定目标开始准备申报材料，从常州市科技局开始，一级级递送材料、寻求支持。

按照科技部要求，每个省在一个方向上只能推荐一个单位申报，申报单位还必须满足"从事相关研究 5 年以上，研发经费必须占到销售收入 5% 以上，实验室的建筑面积在 3000 平方米以上，研发设备总值 1500 万元以上"等硬性条件。

江苏是光伏大省，占据中国 70% 的市场份额，已上市的光伏企业就有无锡尚德、阿特斯、林洋能源等六七家，竞争激烈程度可想而知。天合光能凭借着强大的科研实力，一路过关斩将，进入科技部的评审名单中。走到这一步，竞争对手还有 16 家。

2009 年 10 月 20 日，科技部对入围名单进行复审，高纪凡亲自出马，带领天合光能的科研负责人和几名高管早早来到位于北京市海淀区阜成路 101 号的北京永兴花园酒店等候。答辩环节被安排在下午，每家企业只有 50 分钟时间，高纪凡详细介绍了天合光能的基本情况、实验设备、科研人才、未来规划、研究方向等，并接受了现场评审专家的提问。

作为这一重大事项的参与者和见证者，现任天合光能光伏科学与技术国家重点实验室主任的冯志强博士也参与了准备申报材料工作，并跟随高纪凡前往北京答辩。在这里，他碰到了也来参加"考试"的行业领先企业的科研负责人。

他们都是实力强劲的竞争者，在业内是赫赫有名的科学家，科研成果在全国乃至全球都榜上有名。冯志强预感，最后的竞争很可能会在少数几家企业之间展开，天合光能有信心进入决赛圈，但能不能成为最后的胜利者，就看科技部最后如何抉择了。

两个月后，结果发布，科技部出人意料地同时"录取"了两家企业——天合光能和英利集团。在同一个行业选择两家，算是开了先河。天合光能和英利集团一南一北，成立了两个国家重点实验室，分别命名为"光伏科学与技术国家重点实验室"和"光伏材料与技术国家重点实验室"，名字上的细微差别，说明两家研发方向的侧重点不同。

2010 年 1 月，天合光能光伏科学与技术国家重点实验室建设计划通过科技部专家组的可行性论证。专家组认为：实验室围绕光伏产业的科学技术前沿和关键问题，确定了高性价比电池、高性价比电池材料、高效高可靠组件、智能和建筑一体化系统等研究方向，目标定位准确。实验室建设计划合理可行，专家组一致同意通过该实验室的建设计划，并建议实验室继续加强应用基础研究、产业共性关键技术研究、光伏设备研制，取得更多创新性技术成果，增强国际竞争力。

光伏科学与技术国家重点实验室落地天合，对于天合的科技创新，对于中国光伏行业的技术进步，都是具有里程碑意义的一件大事。

作为配套，天合光能投资 2.4 亿元建设了实验室大楼，并于 2012 年 5 月 18 日落成启用。按照规划，这个国家级的研发平台将围绕光伏科技发展中急需解决的"高效低成本"等核心问题，开展应用性基础研究和产业化前瞻性研究。

在高纪凡的设想中，天合光能将依托这个重点实验室，打造出一个世界级的创新平台。这是一个开放的平台，将吸引全球顶尖的光伏科学家到这里研发，建成中国的光伏科技高地，进而推动全球太阳能事业的发展。

在往后的发展中，天合光能光伏科学与技术国家重点实验室不负众望，通过与中国科学院、新加坡太阳能研究所、澳洲国立大学、美国国家可再生能源实验室等全球顶尖研发机构开展广泛合作，构建了技术创新战略联盟，在很多项关键光伏技术的研发中实现了重大突破。

2012 年，冯志强博士开始担任实验室主任，实验室步入稳定发展期。冯志强出生于 1961 年，1980 年以浙江省第六名成绩考入复旦大学物理系，后来出国留学获得日本横滨国立大学工学硕士和博士学位，美国艾奥瓦州立大学从事博士后研究，曾在日本、美国国家级实验室和顶级半导体公司任职 20 多年，具有丰富的国际领先企业的科技研发经验。2009 年，冯志强博士回国加入天合光能。

在冯志强博士带领下，天合光能国家重点实验室团队开拓进取，开始了屡创世界纪录的荣耀征程。截至 2022 年年底，实验室曾先后 25 次创造、刷新晶体硅太阳电池转换效率和组件输出功率的世界纪录，推动了天合光能的科研创新能力走到行业前列。

n 型单晶全背电极太阳电池（IBC 电池）的研发，是天合光能国家重点实验室的一大典型成果，更是中国光伏企业技术创新的一大奇迹。

IBC 电池最早出现于 20 世纪 70 年代，最初应用在高聚光系统中。IBC 电池因其全背电极结构设计而得名。在其结构设计中，导出电流的正、负电极金属化栅线设计在太阳电池的背面，是目前商品化晶体硅电池中难度最高的技术，代表着晶体硅研发制造技术的最高水平。

同时，IBC 电池由于正面没有任何电极，具有外形美观等优势，尤其适合光伏建筑一体化，其针对高端应用场景，具有突出的商业化前景。美国 SunPower 公司是 IBC 电池产业化的领导者，2014 年就建成了 1.2 吉瓦产能。另外，日本的研发人员将 IBC 电池与异质结（HJT）技术相结合，在 2014 年将晶体硅电池的效率突破 25%。

2011 年，天合光能加入 IBC 电池技术的研发行列，与新加坡太阳能研究所及澳大利亚国立大学建立合作、共同研究开发低成本可产业化的 IBC 电池技术和工艺。2012 年，天合光能承担了国家"863"计划中"效率 20% 以上低成本晶体硅电池产业化成套关键技术研究及示范生产线"的课题，展开了对 IBC 电池技术的系统研发。

2014 年，天合光能与澳大利亚国立大学合作研发的 2cm×2cm 小面积实验室 IBC 电池效率达 24.4%，创下了 IBC 结构电池效率的世界纪录。2016 年 4 月，经第三方权威机构日本电气安全与坏境技术实验室（JET）独立测试，天合光能以 23.5% 的光电转换效率，创造了 156mm×156mm 大面积 IBC 电池的世界纪录。2018 年 2 月，天合光能自主研发的 6 英寸面积 IBC 电池效率高达 25.04%（全面积），是中国本土首次效率超过 25% 的单结晶体硅电池，也是世界上大面积 6 英寸晶体硅衬底上制备的晶体硅电池的最高转换效率。

天合光能在 IBC 电池上的成就，一次次将全球高端高效电池研发推向更高阶段。这些成就的取得，离不开公司在科研创新上的持续投入，离不开技术创新团队的拼搏进取。更重要的是：天合光能依托光伏科学与技术国家重点实验室打造了一个开放创新的平台，从全球引进光伏科技领域的顶尖技术专家和优秀科研骨干人才，共同在太阳能科学无边无际的疆界上飞跃驰骋。

国家级人才计划专家皮埃尔·沃林登（Pierre Verlinden）博士的引进，是典型代表。沃林登博士在光伏行业有着 30 多年的从业经验，曾在 SunPower 公司工作了 11 年，拥有 10 项光伏技术专利，发表过 100 多篇技术论文。2012 年 2 月，沃林登博士全职加入天合光能担任首席科学家、副总裁、光伏科学与技术国家重点实验室学术副主任。

沃林登博士带领研发团队，先后创造了多项晶体硅电池转换效率和组件输出功率的世界纪录，将天合光能大面积 IBC 电池的最高效率提高到 24.13%，并建成了全球首条 156mm×156 mm 大面积 IBC 电池中试生产线，该 IBC 电池先后三次助力日本大阪产业大学在日本铃鹿太阳能汽车大赛中夺冠。

2016 年 5 月，沃林登博士被授予 William R. Cherry 奖。威廉·R.

彻里（William R. Cherry）是光伏界的创始人之一，以他的名字设立的 William R. Cherry 奖是太阳电池研究领域最著名的奖项之一，每年在全球仅评选一位为推动光伏科学与技术发展做出卓越贡献的人士。

2017 年 9 月，沃林登博士获得中国政府友谊奖，这是中国政府为表彰在中国现代化建设中做出突出贡献的外国专家而设立的最高奖项。时任国务院副总理马凯向沃林登博士等 50 名外国专家颁发了获奖证书，时任国务院总理李克强在北京人民大会堂亲切会见了全体获奖专家。

2022 年 2 月 12 日，沃林登博士从天合光能光荣退休。沃林登博士一直强调：“知识没有国界之分，我在中国工作，我就要帮助中国的光伏技术发展。”在天合光能的发展史上、在中国光伏的发展史上，国际友人沃林登博士的贡献将被永远铭记。

从 2010 年至 2020 年的十年间，天合光能光伏科学与技术国家重点实验室累计投入研发资金约 100 亿元，逐步发展成为世界级的技术创新平台。依托光伏科学与技术国家重点实验室，天合光能的技术创新实力遥遥领先于同行。通过持续不断地研发投入和高端人才引进，天合光能在创新的道路上稳步前行。

作为全球太阳能领域企业与公共部门合作推进开放创新的典范，天合光能光伏科学与技术国家重点实验室还被选作世界经济论坛（达沃斯论坛）的创新案例，在全球能源领域广泛分享。而天合光能也以其创新驱动的精神，获得了美国《快公司》“2013 年全球最具创新力公司中国十强”、国家知识产权局第 19 届中国专利奖优秀奖等一系列重量级奖项和荣誉。

2018 年 12 月 9 日，天合光能荣获第五届中国工业大奖企业奖，成为首个获此殊荣的光伏领域企业。中国工业大奖是经国务院批准设立的中国工业领域最高奖项，被誉为中国工业的“奥斯卡”。

2021 年 11 月 3 日，天合光能"高效低成本晶硅太阳能电池表界面制造关键技术及应用"项目荣获国家技术发明奖二等奖，这是我国光伏技术领域首次获得国家技术发明奖。

截至 2022 年 12 月 31 日，天合光能累计申请专利量超过 2700 件，在中国光伏行业中遥遥领先。

4. 天合品牌，达沃斯起航

在天合光能发展中，创新、品牌和国际化三大战略（2017 年升级为"创新、品牌、全球化、平台化、智能化、产融协同"六位一体新战略，称为天合"六脉神剑"），引领着天合光能的发展之路，并塑造出公司与众不同的气质。

创新，是天合光能与生俱来的基因，是公司的核心战略。从诞生之日起，天合就努力在科技创新上做文章，二十多年从未停止探索的脚步，取得了丰硕的成果。

国际化，则是天合光能在摸爬滚打中趟出来的一条路。用高纪凡的话来讲，别的企业是从本科毕业到外面去读研究生走到国际，天合则是从高中开始就到国外去读了。天合光能虽生在本土，但并不是一家典型的民营企业，而是一家各方面都非常国际化的企业。

品牌，是天合光能三大战略中的关键一环，品牌与传播已超越了一般意义上的媒体与公关维度，成为公司发展和经营策略的重要组成部分。品牌战略的提出和完善，也经历了很长时间的摸索，在逐步实践中形成了天合光能的一套完整打法。

天合光能发展早期，并没有专门的品牌和公关部门，只是由总裁办负责协调，并且还主要以维护政府关系为主。在某一次拜访政府领导时，时任常州市委书记范燕青向高纪凡提出建议：天合现在发展得很不错，从长远考虑应该更加重视企业的品牌形象塑造，要加强与政府、公众的沟通，在这方面要考虑吸引更多的高端人才。

高纪凡听从了这一建议，特别安排人力资源部门引进这方面的人才。通过各种关系和渠道甄选了很多目标，最后由高纪凡亲自面谈选定，引进了具有外交部和跨国公司双重工作经验的杨晓忠先生作为品牌部的负责人。

杨晓忠拥有二十年的外交工作经验，先后在中国驻泰国使馆、中国驻美国旧金山总领事馆工作并担任公共关系负责人和新闻发言人；2005年，从外交部离开进入美国思科、德国西门子等大型跨国企业担任政府事务总监、副总裁等职，拥有多年的企业公共事务管理经验。

2010 年 4 月 23 日，天合光能在上海召开战略管理会议，杨晓忠参会亮相正式加入天合。这时候的品牌部，只有杨晓忠一个"光杆司令"，首先要做的事情自然是招人建团队。这是比较艰难的过程，杨晓忠回忆，当时招一个职位可能需要面试几十人。经过各种努力，品牌传播团队班子基本成形。

在加入天合后不久，杨晓忠得到消息，由工信部电子信息司和发展改革委高技术产业司主导，由行业 22 家单位（其中 20 家为国内主要的光伏企业，包括无锡尚德、保定英利、苏州协鑫等国内所有排名靠前的光伏企业）发起的中国光伏产业联盟（简称"光伏联盟"）将于 5 月 17 日成立，这是中国首家光伏产业联盟组织。

实际上，光伏联盟最早从 2009 年年初就开始筹备。2009 年 4 月底，国内 13 家光伏企业在洛阳通过了《洛阳宣言》，重申在 2012 年实现光伏发电每千瓦时 1 元钱的上网电价目标。这次会议后，在工信部和发展改革委相关部门指导下，行业内开始设想成立光伏产业联盟。

2009 年 9 月，中国光伏产业联盟筹备组成立，并向国内的光伏企业发放了征求意见稿。10 月到 11 月，工信部分三个小组进行调研。此次调研对国内 9 个重点区域内的光伏企业进行了走访，并就光伏产业联盟的章程、标识、意向等问题做了讨论。

2010 年 1 月，光伏联盟筹备委员会在北京成立。三个月后，光伏产业联盟的章程、标识、预算都基本确定。等到委员会发布消息将于 5 月中旬举行成立大会时，关于联盟的主要事项已基本确定。

在了解到更多信息后的杨晓忠发现，天合光能虽然是行业排名靠前的企业，但是在即将成立的联盟中却并没有多少参与度和发言权，职业经验和行业敏感度告诉他，这件事情不应该这样，天合光能的行业地位没有被体现出来。在与高纪凡汇报商议后，明确了天合光能必须要在行业组织中有更大的参与度和更多的发言权的需求。

经过与政府相关部门和同行大型企业反复沟通，天合光能最终成为联盟的联合主席单位之一。5 月 17 日，来自国内数十家光伏企业及相关行业组织的代表齐聚常州，光伏联盟正式成立，高纪凡当选为联合主席。

以加入光伏联盟为起点，天合光能开始深度参与行业治理，并通过各种渠道推动公司领导人和高管进入高端交流对话平台发声，这成为天合光能品牌建设的抓手之一。

提升天合品牌，并使其完全走向国际化的开局之作，则是参加达沃斯论坛。

达沃斯论坛是世界经济论坛（World Economic Forum）的别称，由于长期在瑞士小镇达沃斯举办，所以得名。其前身是 1971 年由现任论坛主席、日内瓦大学教授克劳斯·施瓦布（Klaus Schwab）创建的"欧洲管理论坛"。1987 年，"欧洲管理论坛"更名为"世界经济论坛"。

达沃斯论坛以研究和探讨世界经济领域存在的问题、促进国际经济合作与交流为宗旨，自成立以来，借助包括年会在内的各种会议形式，成为各国政要、企业领袖、国际组织领导人、专家学者就各种世界重大问题交换意见的重要平台，对全球舆论具有重要影响。

2007年，由世界经济论坛主席施瓦布教授提议在中国天津与大连召开夏季达沃斯论坛，其目的是为全球成长型公司创造一个与成熟企业共同讨论、分享经验的平台。由于夏季达沃斯论坛参会者以全球成长型公司为主，所以被命名为"新领军者年会"。该年会作为世界经济论坛第二大支柱，与冬季达沃斯年会相映生辉。

2010年，夏季达沃斯论坛在天津举行。天合光能品牌部与世界经济论坛北京代表处进行了沟通，在充分了解了天合光能公司和领导人情况后，世界经济论坛北京代表处特别邀请高纪凡参加了该届论坛。在几个月后于瑞士举办的2011年冬季达沃斯年会上，高纪凡也应邀参会并发表演讲，天合光能成为在世界经济论坛上首个来自太阳能行业的塑造者。

参加此次论坛，实际是很"受罪"的一件事。在冰天雪地的季节里，瑞士东南部这个仅有1万多常住人口的小镇，要突然涌入好几千人，各种硬件设施和服务所承受的压力可想而知。会议的安排也很紧凑，参会嘉宾大多是拉着皮箱在雪地里奔走疾行，从一个会场奔向另一个会场。

但是，在这里高纪凡收获良多。

"去达沃斯论坛，对我来说就是跳出光伏行业看光伏行业的好机会，因为世界经济论坛的平台完全是超越行业的平台。在行业里面搞，只知道行业里面的情况，白天黑夜都搞不清楚，在达沃斯论坛看很多东西就不一样，全球的宏观政治、经济形势、金融形势都看得很明白，倒过来再作为公司发展的思想指导，会发觉很多事就完全不一样了。从达沃斯场景再回到公司场景，简直就是天上和地下，在达沃斯上吸收的思想，碰撞的火花，慢慢就对天合的发展起了非常大的作用。创新、品牌、国际化，这几个东西慢慢促进了天合光能的发展转变。"高纪凡回忆说。

以 2010 年达沃斯论坛为起点，天合光能董事长高纪凡连续 8 年参与到这个全球最顶尖的政商交流活动中，带动着天合光能品牌进一步走向国际。通过在演讲中把中国光伏行业和大合光能的经验、认知做出阐述，再经由媒体传播进一步扩大声量，高纪凡一步步成为中国光伏行业的意见领袖。此外，达沃斯论坛还是一个很好的沟通交流平台，通过开放交流，让全世界更多的朋友了解天合，天合的品牌知名度越来越高。

继达沃斯论坛之后，天合光能又参与了亚洲博鳌论坛、中国发展高层论坛、生态文明贵阳国际论坛等高端论坛，逐步摸索出一条行之有效的品牌建设之路：通过参与高端论坛来借势，通过媒体传播来造势，站在中国和光伏行业的角度来发声，以企业领导人品牌打造带动公司品牌。由此，天合光能的品牌形象得以成功塑造，公众形象和影响力明显高于同体量的其他公司。

2016 年，天合光能对品牌建设再度升级，设立首席品牌官职务并由杨晓忠全面协调品牌传播、政府关系和媒体关系。同时，天合光能还成立了品牌推进工作委员会，由首席品牌官任委员会主任，各业务板块第一负责人任委员。

品牌推进工作委员会每年召开几次会议，对各业务板块在品牌和市场营销方面的重点工作进行梳理和安排。在品牌推进工作委员会下，设立品牌工作小组，工作小组由首席品牌官任组长，各业务部门营销总监等具体负责人任组员，工作小组每月召开一次会议，动用全公司力量来协同推进公司品牌建设。这样的机制安排和重视程度，在中国的光伏企业里面是独一无二的。

CHAPTER 6

第六章
弯道超车

1. "双反"危机来袭

高纪凡曾总结出一个有趣的规律：从 2006 年开始，光伏产业大概呈现两年一个周期的波动，偶数年市场需求旺盛，奇数年则市场相对低迷。至少到 2010 年，这个规律都符合实际，但很遗憾到 2012 年时，偶数年的好光景没有到来。

这一年，尽管全球光伏安装量仍在增长，但供需已严重失衡。依据媒体披露的数据，全球光伏组件的产能是一年 60 吉瓦，中国占据了其中的 60%，但全球的需求，大概只有 27 吉瓦。并且其中大概有 10～12 吉瓦的产能被外国公司占据，中国接近 40 吉瓦的产能要去争抢剩下 15 吉瓦左右的市场，产能利用率只有不到 40%。

在供过于求的严峻局面下，中国整个光伏产业链，包括多晶硅、硅片、电池与组件在内的全系列产品，均面临巨大压力。2012 年多晶硅价格持续低位运行，一度跌破 18 美元 / 千克，明显低于生产成本，多晶硅企业停产近 90%。

这场过剩危机，短期来看是 2008 年国际金融危机之后"四万亿"计划的后遗症，是一些地方政府"有形之手"推波助澜、大干快上的结果，长远来看则是中国光伏产业深层次的发展缺陷问题，症结在于原料来源、市场销售"两头在外"。

相关统计显示，2008年我国太阳能电池产量超过2000兆瓦，其中97%以上出口。2009年出口比例有所减少，但仍占到9成以上。中国光伏排名前五的企业，几乎90%以上产品都用于出口，而上游的硅料在很长时间内却只能从国外进口。在这样的市场格局下，一旦海外市场出现大的波动，中国光伏产业就将地动山摇。

"两头在外"的发展缺陷，终于在2012年酿成了中国光伏产业发展史上最惨烈的一次行业危机。其直接引爆点，源于美国针对中国出口光伏产品的"双反"（反倾销、反补贴）调查。其始作俑者，则是来自德国的欧洲最大光伏企业——Solar World。

1988年，工程师出身的德国人弗兰克·阿斯贝克（Frank Asbeck）创立了一家公司，主要从事可再生能源项目的产品供应。在前十年发展中，公司业务平平淡淡。随着20世纪90年代光伏产业在德国兴起，这家公司搭上了"顺风车"。1998年，该公司的所有业务都被转移到新成立的Solar World AG公司；1999年，Solar World在德国法兰克福证券交易所上市。

2000年，德国《可再生能源法》正式生效，政府开始大规模补贴光伏发电项目。一贯善于利用国家政策谋取财富的阿斯贝克，抓住了机会。据德国《明镜周刊》报道，为获得尽可能高的光伏补贴，阿斯贝克在德国一再游说政客，成功拿到总值超过1亿欧元的补贴。

借着政策东风，Solar World一跃成为德国光伏行业领军企业，阿斯贝克在德国甚至被称为"太阳王"。Solar World通过整合所有的太阳能产业链，从原料到模块产品，从太阳能电池板贸易、销售到电站施工建设，囊括了太阳能技术发展的各个层面，并且在全球开展光伏产品制造和销售。2007

年，Solar World 从日本小松公司手中收购了北美最大的太阳能电池制造工厂——希尔斯伯勒工厂。不仅如此，荷兰壳牌公司也将其晶体硅太阳能业务拆分给了 Solar World。

作为当时全球太阳能产业的巨头，Solar World 的实力毋庸置疑。但可惜的是，Solar World 并没有在市场风云变幻中成为持续的引领者。尤其是在降低制造成本方面，Solar World 进展缓慢，随着往后几年欧洲降低光伏补贴、全球光伏产能过剩，公司经营越发困难，负债持续上升。

2011 年，Solar World 经营亏损大约 2.33 亿欧元。2012 年 1~9 月期间，经营亏损近 1.9 亿欧元，流动资产损失率高达 60%。在 2012 年前三季度，Solar World 总亏损额已超过 10 亿欧元，公司股价一落千丈。

Solar World 的困境，与阿斯贝克的决策失误有关，但他却将中国光伏企业当作"替罪羊"。在各种场合，他总是大肆谴责来自中国的所谓"不公平竞争"，指责中国光伏生产商"非法低价倾销"，在欧盟、美国进行了大量的不公平竞争，他寄希望于打压中国光伏企业来挽救 Solar World 的危机。

阿斯贝克非常清楚如何利用政治形势为自己谋利，也很擅长渲染和引导"中国威胁论"。Solar World 在圣诞节向它的欧洲客户散发了一张画有一个特殊"圣诞老人"的贺卡。在贺卡上，"傅满洲"[Dr.Fu Manchu，英国通俗小说作家萨克斯·洛莫尔（Sax Rohmer）创作的东方人奸诈取巧形象的代表人物] 穿着圣诞老人的衣服，面带邪恶的微笑向西方推销光伏产品。

Solar World 将其他一些对中国光伏怀有偏见的公司组织在一起，试图整垮中国光伏企业。2011 年 10 月 19 日，Solar World 在美国的子公司联合其他 6 家美国光伏企业，向美国商务部和美国国际贸易委员会提出申诉，称"中国光伏企业向美国市场非法倾销多晶硅光伏电池，中国政府向国内生产企业提供包括供应链补贴、设置贸易壁垒等非法补贴"，要求

"联邦政府对来自中国的光伏产品征收超过 10 亿美元的关税"。

2011 年 11 月 9 日，美国商务部针对中国光伏产品的"双反"调查正式进入立案程序。经过近一年的调查，美国商务部在 2012 年 10 月 10 日公布了对中国太阳能光伏反倾销和反补贴的终裁结果，认定中国光伏企业向美国出口的太阳能光伏产品存在倾销行为，决定对中国光伏企业征收 23.75%～254.66% 不等的"双反"关税，其中天合为最低值 23.75%，尚德为 35.97%。

继美国之后，Solar World 在欧洲故伎重演，联合意大利、西班牙等国 20 多家光伏企业，成立了欧洲光伏制造商联盟（EU ProSun），Solar World 的市场和公共关系部主管任 EU ProSun 主席。2012 年 7 月 24 日，EU ProSun 向欧盟委员会就"中国光伏企业的倾销行为"提起诉讼。

2012 年 9 月 6 日，欧盟委员会发布公告，对从中国进口的光伏板、太阳能电池以及其他光伏组件发起反倾销调查，涉案金额超过 200 亿美元，是截至当时我国遭遇的最大规模的贸易诉讼。2012 年 11 月，欧盟又宣布启动针对中国光伏产品的反补贴调查。由此，欧盟针对中国光伏产品的"双反"调查也正式拉开帷幕。

在当时，我国 80% 以上的太阳能电池产品依赖出口，其中对欧美出口占了 70% 以上。美国、欧洲接连举起贸易保护主义"大棒"，给中国光伏产业带来沉重打击。高额惩罚性关税的征收，导致中国光伏产品出口量急剧下降。

2012 年，我国太阳能光伏产品出口额为 233 亿美元，同比下降 35%，出口价格同比下降 29.2%。从光伏产品结构上看，占据主导地位的太阳能电池片及组件出口同比降幅最大：2012 年出口额为 149.7 亿美元，占全部太阳能光伏产品出口额的 64.2%，同比下降了 42.1%，高于太阳能光伏产品整体出口降幅 7.1 个百分点。

从国际市场结构来看，2012年我国太阳能光伏产品对欧洲出口额为111.9亿美元，同比下降45.1%，出口总额占比48.0%。从出口国来看，中国对美国和德国出口额同比分别下降了30.5%和61.8%。

在"双反"危机中，中国光伏产业愁云惨淡，全行业开始了长达8个季度的全线亏损，这场危机给很多中国光伏企业带来了"灭顶之灾"。

尤其是那些规模大、产能高的领头企业，受损更加严重。堆积如山的货物卖不出去，只能在市场价格的持续下跌中一点点损失。一家行业领头的企业老总给自己算了一笔账，仓库库存的几十亿元产品，每天睡一觉醒来就要损失一百多万元，十天就是一千多万元，一个季度下来，一个多亿就蒸发掉了。

中国光伏行业哀鸿遍野、满目疮痍。市场统计数据显示，2012年中国光伏从设备制造、硅料生产到电池组件加工的全产业链上，破产和停产的企业超过350家。光伏企业债务危机深重，仅仅11家在美国上市的公司，负债总额就将近1500亿元，且其中大多数企业都在破产的边缘苦苦支撑。

在这场危机中，曾作为中国光伏产业旗帜的无锡尚德陷入破产危机，这成为当时这场"寒冬"中的标志性事件。

无锡尚德2012一季度财报显示，公司负债高达35.75亿美元，资产为43.78亿美元，资产负债率高达81.7%，公司股价一路暴跌至1美元/每股左右徘徊。2012年8月15日晚，尚德电力宣布创始人兼CEO施正荣去职，引起市场一片哗然。2013年3月20日，无锡市中级人民法院裁定，对无锡尚德实施破产重整。至此，曾经的尚德神话黯然谢幕。

继无锡尚德之后，另一家光伏巨头赛维LDK也走上破产重整之路，成为那一段中国光伏神话破灭故事的又一个注脚。

曾经的赛维LDK，成立两年时间就成功赴美上市，2010年成为全球最大的硅片生产企业，硅片产能达 3000 兆瓦，销售收入超过 200 亿元。自 2011 年下半年开始，形势开始急转直下，2011 年底，赛维 LDK 的负债总额达到 302.30 亿元。至 2012 年第三季度，赛维 LDK 拥有的现金和现金等价物仅为 1.119 亿美元，年内到期的债务却高达 20 亿美元。

2015 年 4 月 1 日，纽交所公告，停止赛维美国存托凭证（ADR）的交易。2015 年 11 月，经债权人申请，江西新余市中院裁定赛维 LDK 旗下 4 家公司进入破产重组程序。

截至 2016 年 4 月 20 日，4 家公司经管理人认定的债权累计多达 445.19 亿元，曾经的赛维荣光，彻底暗淡下去……

2. 中国光伏"保卫战"

2012 年 7 月初，时任中共中央政治局委员、国务院副总理王岐山前往江苏省常州、苏州考察进出口工作。此时，正值欧美对中国光伏"双反"贸易战打得如火如荼之时，相关部门特别安排王岐山前往天合光能等光伏企业考察调研光伏进出口情况。

2012 年 7 月 5 日，王岐山一行莅临天合光能，在天合国家重点实验室听取汇报。

高纪凡认认真真地做了汇报。高纪凡说，中国 80%～90% 的光伏产品都是外销，对海外市场依赖严重，如果"双反"贸易战把关税提得很高，80% 的海外市场就被封住了，中国大量的光伏企业将无法生存。高关税壁垒打击的不仅仅是中国光伏行业，中国光伏产品外销受阻，当地企业受到的竞争就少，价格肯定就会提起来，这对当地的消费者也不利。从更大方面来说，全球光伏和绿色环保产业发展将遭受重创，对于全球的环境保护、节能减排都会造成严重不利影响。希望政府层面尽可能和欧洲、美国展开对话，寻求双方的利益共同点，争取化解贸易争端，达成互利双赢。

通过这次难得的机会，高纪凡将中国光伏企业面临的困境与最关切的问题向中央领导做了全面汇报。后来，商务部等部门非常重视，就光伏等产品的贸易关税问题与欧洲方面展开了积极对话和磋商，而中国光伏企业也积极参与配合，力促贸易争端能够和平解决。

在经历了中欧双方多轮谈判和艰苦异常的外交磋商之后，2013 年 7 月 27 日，中国与欧盟终于就光伏贸易争端达成了最终"友好"解决方案：中方承诺出口到欧洲的光伏产品不低于某个最低价格，并设定具体时间期限。中方承诺将每年出口到欧洲的组件限定在一定的规模范围内，超出限额的中国光伏产品需交纳高额的反倾销税。作为交换，欧盟将不对中国光伏产品采取普遍性反倾销措施。

根据和解协定，94 家中国光伏企业（约占欧盟市场 60% 的份额）向欧盟做出了"价格承诺"，对欧出口光伏产品价格将不低于一定价格①，参与该"价格承诺"协议的中国光伏企业将免征反倾销税。而没有参与的企业将需要向欧盟缴纳高达 47.6% 的反倾销税。

至此，欧盟对华光伏"双反"贸易争端基本化解，中国对欧洲光伏产品出口受到限制但是并未完全关上大门。后来，随着市场行情的变化，多家中国光伏企业逐步退出了"价格承诺"协议。2018 年 8 月 31 日，欧盟委员会最终做出决定，针对中国光伏产品的"双反"措施于 2018 年 9 月 3 日到期后不再延长，恢复自由贸易，至此中欧光伏贸易争端延宕 5 年后最终烟消云散。

而另外一方，美国对中国光伏企业的高壁垒关税打压措施一直在持续。

---

① 根据欧盟有关法律规定，为了防止人为操控市场价格的行为，中欧双方将不会公布最低限价和出口年限额的具体数字。不过业界猜测，这两个数字分别为 0.56 欧元 / 瓦和 7 吉瓦 / 年。

在 2012 年的"双反"贸易争端中，美国商务部针对的主要是原产于中国本土的电池片、组件，逼得中国一些龙头企业只好去越南等地建厂，把这道关税规避掉。2014 年，美国又发动二次"双反"，对前次"双反"调查涉及产品以外的其他电池片、组件开展反规避调查，并将调查范围进一步扩大，这逼迫中国企业进一步扩大海外生产规模，产能布局延伸到马来西亚、泰国、巴西等地，这反而促使中国光伏逐步形成了全球化的产业链布局。

化解欧美"双反"的冲击，是在外部环境上支持中国光伏，而要真正解决"两头在外"的畸形问题，必须适时启动国内光伏市场。对此，政府高层领导的关怀还在继续，国务院层面支持光伏产业发展的高规格政策已在酝酿中。

3. 光伏"国六条"出台

在王岐山实地调研天合光能 5 个月后，天合光能又迎来了一位高层领导。2012 年 12 月 6 日，时任中共中央政治局委员、国务委员兼国务院秘书长的马凯莅临天合光能。调研天合光能，是马凯前往江苏专题调研光伏产业的其中一站。

2012 年 12 月 6 日一早，马凯考察了中能硅业、保利协鑫，下午三点来到天合光能。马凯参观了铸锭、硅片和电池车间，花了很多时间来了解光伏行业的境况，并坐下来认真听取公司董事长高纪凡的汇报。在汇报结束后，马凯问高纪凡对中国光伏产业走出困境有什么建议。

结合光伏行业实情，高纪凡提了两点意见。

第一点，光伏产业都是高价从国外进口硅料，做好产品之后基本上又都卖到国外，这么好的清洁能源产品中国自己却用得很少，最后还要被别的国家抱怨说我们低价恶性竞争。中国很有必要扩大内需，扩大国内光伏应用的规模，开拓中国国内的光伏应用市场。

第二点，光伏行业要想可持续发展，就要有行业的沟通和协调平台。中国光伏行业之所以危机深重，很重要的一个原因是行业自律不够，没有行业组织来起到规划、治理作用。在对外竞争中，也是一盘散沙，缺少统一协调，建议成立一个国家级的光伏行业协会。

在听完这两点意见后，马凯对高纪凡的建议给予了肯定，并表示回去以后会在工作会议上进行汇报和讨论。

在中国光伏产业陷入困境之时，来自党中央的关心和支持，给了全行业极大的信心。经过中央领导深入一线调研之后，光伏行业的心声得到传达并引起重视，支持政策很快出台。

2012 年 12 月 19 日，在马凯赴江苏调研天合光能等光伏企业两周之后，时任国务院总理温家宝主持召开了国务院常务会议，研究确定促进光伏产业健康发展的政策措施。会议认为，近年来我国光伏产业快速发展，已形成较为完整的光伏制造产业体系。当前的主要问题是：产能严重过剩，市场过度依赖外需，企业普遍经营困难。

会议强调，光伏产业是战略性新兴产业。发展光伏产业对调整能源结构、推进能源生产和消费方式变革、促进生态文明建设具有重要意义。我国光伏产业当前遇到的困难，既是产业发展面临的严峻挑战，又是促进产业调整升级的契机，特别是光伏发电成本大幅下降，为扩大国内市场提供了有利条件。要按照创新体制机制、完善政策措施、扩大消费市场、规范市场秩序、推进产业重组、降低发电成本的思路，统筹兼顾、综合施策，着力提升产业竞争力。

会议确定了支持光伏产业的五大政策措施：

（一）加快产业结构调整和技术进步。善加利用市场"倒逼机制"，鼓励企业兼并重组，淘汰落后产能，提高技术和装备水平。严格控制新上单纯扩大产能的多晶硅、光伏电池及组件项目。

（二）规范产业发展秩序。加强光伏发电规划与配套电网规划的协调，建立简捷高效的并网服务体系。建立健全技术标准体系，加强市场监管，对关键设备实行强制检测认证制度。

（三）积极开拓国内光伏应用市场。着力推进分布式光伏发电，鼓励单位、社区和家庭安装、使用光伏发电系统，有序推进光伏电站建设。加强国际合作，巩固和拓展国际市场。

（四）完善支持政策。根据资源条件制定光伏电站分区域上网标杆电价，对分布式光伏发电实行按照电量补贴的政策，根据成本变化合理调减上网电价和补贴标准。完善中央财政资金支持光伏发展的机制，光伏电站项目执行与风电相同的增值税优惠政策。

（五）充分发挥市场机制作用，减少政府干预，禁止地方保护。完善电价定价机制和补贴效果考核机制，提高政策效应。发挥行业组织作用，加强行业自律，引导产业健康发展。会议要求各有关部门抓紧制定完善配套政策，确保落实到位。

在中国光伏产业发展史上，由总理专门召开国务院常务会议来研究扶持政策，这还是第一次。这些政策措施的提出，条条扣住了光伏产业的痛点、难点，开拓国内市场、推出标杆电价补贴等措施，直接奠定了中国光伏产业此后连续数年高速发展的基础。往后的中国光伏扶持政策，都基本遵循了这次会议确定的大框架。

李克强总理上任后，全面落实中共中央绿色发展理念，继续延续了对光伏产业的支持政策。2013 年 6 月 14 日，李克强总理主持召开国务院常务会议，部署大气污染防治十条措施，并研究促进光伏产业健康发展，这是总理又一次在国务院常务会议上研究支持光伏产业。

会议指出，要围绕稳增长、调结构，陆续出台扩内需的举措，打造中国经济"升级版"。光伏产业是新能源产业的重要发展方向，我国光伏产业已具有相当国际竞争力，但受全球光伏市场低迷、国内市场应用不足等影响，目前出现生产经营困难，必须支持光伏产业走出困境并健康发展。要在努力巩固国际市场的同时，用改革的办法，发挥市场机制作用，着力激发国内市场有效需求，推动产业创新升级。为支持光伏产业发展，会议出台了六条具体措施：

一是加强规划和产业政策引导，促进合理布局，重点拓展分布式光伏发电应用。

二是电网企业要保障配套电网与光伏发电项目同步建设投产，优先安排光伏发电计划，全额收购所发电量。

三是完善光伏发电电价支持政策，制定光伏电站分区域上网标杆电价，扩大可再生能源基金规模，保障对分布式光伏发电按电量补贴的资金及时发放到位。

四是鼓励金融机构采取措施缓解光伏制造企业融资困难。

五是支持关键材料及设备的技术研发和产业化，加强光伏产业标准和规范建设。

六是鼓励企业兼并重组、做优做强，抑制产能盲目扩张。

这便是对中国光伏产业发展影响深远的光伏"国六条"，光伏产业由此上升到国家战略层面重点支持。光伏六条措施，无论是从保护环境还是从扶持战略性新兴产业的角度上，都具有重大意义，将深刻影响整个中国能源转型的历史进程，并为保护环境、减污降碳打下产业基础。

这六条措施意义非凡：第一条，是发展分布式光伏，拓宽了光伏发电的应用范围，有利于启动国内市场，让光伏走入寻常百姓家，让光伏惠民富农；第二条，全额收购光伏电量，保障企业的投资收益，给光伏企业吃下"定心丸";第三条，推出标杆电价政策，改变了此前补贴安装量的模式，改为对上网电量进行补贴，国家的补贴真正落到实处、起到时效，杜绝了骗补问题；第四条，缓解光伏企业融资难的问题，解决了光伏企业的燃眉之急，使资金压力大的光伏企业看到了新希望；第五条，加强标准规范建设，让整个光伏行业从杂乱走向规范，企业更加有章可循；第六条，鼓励企业兼并重组，抑制盲目扩张，让光伏行业摆脱低效、无序竞争，避免对社会资本的过度浪费。

2013年7月4日，国务院出台了《关于促进光伏产业健康发展的若干意见》(国发〔2013〕24号)，俗称"24号文"。文件进一步细化了国务院提出的刺激国内光伏需求的"国六条"，提出了2013—2015年，年均新增光伏发电装机容量1000万千瓦左右，到2015年总装机容量达到3500万千瓦以上，并首次明确电价和补贴机制以及光伏准入门槛。

这一系列规格高、针对性强的扶持政策，彻底打开了中国国内光伏市场的大门。力量强大的政策推力，让中国国内光伏市场从2013年起开始大爆发。2013年当年，中国光伏新增装机容量达到11.3吉瓦，同比增长22.9%，中国年度新增装机容量占全球总量的30.5%，新增装机容量飙升至全球第一。

从此，中国光伏产业开始领跑全球。2014年，新增装机容量约为11吉瓦，约占全球新增装机容量的五分之一；2015年新增装机容量约为15吉瓦，同比增长逾40%，全国光伏发电累计装机容量达到43吉瓦，首次超越德国跃居全球第一；2015年新增装机容量约为15吉瓦，占全球新增装机的四分之一以上，占中国光伏电池组件年产量的三分之一，为中国光伏制造业提供了强有力的市场支撑。2016年，中国光伏产业继续爆发性增长，全年新增装机容量约为35吉瓦，累计装机容量达到77吉瓦，新增和累计装机容量均为全球第一；2017年，中国光伏新增装机超53吉瓦，同比增长53%，累计装机容量超130吉瓦，新增和累计装机规模继续稳居全球首位。至此，中国光伏产业成为当之无愧的全球第一。

4. 光伏人有了自己的"家"

中国光伏行业协会的前身，是光伏联盟。

早在2010年，中国光伏行业刚刚走出了金融危机的阴影，"四万亿"计划的出台又使很多地方准备大干快上光伏产业园，这种大起大落很不利于行业的健康发展。中国光伏行业想要行稳致远，亟须一个由行业企业家和相关专家组成的商协会，这是全体光伏人的共同心声。

在工信部的支持下，在光伏企业的共同努力下，2010年5月17日，22家领先光伏企业在常州发起成立光伏联盟，常州天合光能有限公司、尚德电力控股有限公司、晶龙实业集团有限公司、英利集团有限公司与保利协鑫能源控股有限公司5家公司当选为联合主席单位；阿特斯阳光电力科技有限公司、洛阳中硅高科技有限公司、大全集团有限公司、中国电子科技集团公司第四十八研究所当选为联合副主席单位。

联盟成立后，在推动行业交流，促进政企沟通上做了不少工作，先后参与国家层面《多晶硅行业准入条件》《太阳能光伏产业"十二五"规划》等政策文件的起草工作。但是，联盟毕竟是企业自发成立的联合体，有必要适时升级为正式注册的全国性协会组织。

2010年11月，时任全国人大常委会副委员长的华建敏在常州视察天合光能，高纪凡专门向华副委员长汇报了要成立行业协会的意见建议。紧接着，中国光伏产业联盟向华副委员长提交了成立光伏行业协会的报告，5家联盟主席单位都在报告上盖章签字。

2012年，美国、欧盟对中国光伏产品的"双反"调查达到高潮。当年9月，工信部即会同商务部起草《关于欧盟对华光伏电池双反案应对工作的请示》并上报国务院，文件中提出了成立中国光伏行业协会的设想，得到了时任国务院总理温家宝的批示。后来，成立光伏协会的请示又得到了时任国务院副总理马凯的专门批示。

经过近两年的筹备，2014年6月27日，经中华人民共和国民政部批准，中国光伏行业协会在北京万寿宾馆成立。中国光伏行业协会是全国性、行业性、非营利性社会组织，是工业和信息化部为业务主管单位的国家一级协会。高纪凡当选为协会第一届理事长（2017年10月16日再度当选为第二届理事长，任期至2020年）。

在当选后，高纪凡发表了讲话。他表示：中国光伏行业经过十几年的发展获得全球领先地位，是中国光伏人的骄傲。然而光伏行业目前产能过剩没有化解、恶性竞争日益加剧、国际贸易争端此起彼伏，业内同仁不断呼唤和争取建立一个能够有效集合各方资源、汇聚众人智慧、统一散乱声音、理顺贸易争端、制定游戏规则的平台，中国光伏行业协会正是在各界的期待下应运而生。只有行业好，才能企业好，期望通过中国光伏行业协会的平台，让所有中国光伏人都能够站得高、看得远，团结合作，一起驾驭中国光伏产业的巨轮驶向主流能源的彼岸。

在中国成立"中字头"的国家一级协会非常不易，能在短短两年内就筹备成立，是特例中的特例。中国光伏行业协会的成立，标志着我国光伏行业开始逐步走上行业自律、协调可持续的发展之路。

在回顾协会成立的历史时，高纪凡表示：

"中国光伏行业协会的成立是大家齐心协力奋斗的结果，是国家领导人和有关部委深度关心的结果，是我们全体光伏人心血的凝聚，来之不易，大家要倍加珍惜！中国光伏行业协会在当时那个困难的时节，承载着我国各级政府和各个管理部门的期望，也承载着整个行业从业者包括企业家、专家们的重托。

"困难时期，光伏协会的成立使得光伏行业和企业有了自己的'家'，大家都希望这个'家'能使行业坚定信心，形成合力，实现共同发展。我有幸被选为首任理事长，当时觉得任重道远，步履维艰。结合实际，当选伊始，我就立下了要带领协会成为'行业有凝聚力，国内有权威性，国际有影响力'的行业机构这样一个目标，但说实话能不能做到当时心中也没底。"

协会成立之初，有 149 个成员单位参加，包括天合光能、英利、阿特斯、保利协鑫、国电光伏、黄河、晶澳、隆基、汉能等知名企业。截至2021 年年底，协会会员数量超过 480 家，协会会员单位业务规模覆盖了全国 90% 多晶硅、96% 硅片、90% 电池片、96% 组件、95% 逆变器，以及 70% 光伏玻璃、95% 封装胶膜、90% 背板等原辅材料和零部件的制造端产能；覆盖了全国光伏电站开发、投资、设计、施工、运维服务等 60%以上下游市场应用端力量。协会的会员单位代表着中国光伏产业界的骨干力量，具有广泛的代表性。

通过中国光伏行业协会这个平台，高纪凡积极为光伏行业发声代言。在高纪凡的领导下，中国光伏行业协会加强与政府主管部门和其他行业协会的交流沟通，及时开展与国际同行的交流合作，建立沟通协调机制，寻求共同点实现共同发展。中国光伏行业协会在工信部、发展改革委、能源局、民政部、商务部、财政部等相关部委领导的关心指导下，在行业企业的大力支持下，工作成绩获得了社会各界的广泛认可。

2021 年 3 月 18 日下午，中国光伏行业协会在合肥召开第三次会员大会及第三届理事会第一次会议，阳光电源董事长曹仁贤当选为新一届理事长，高纪凡在做了两届理事长后卸任。在会议现场，高纪凡做了题为《不忘初心 砥砺前行——推动光伏产业高质量发展》的总结发言。在发言中，高纪凡回顾了自己担任协会理事长 6 年来的历程，披露了在多个重大事项中光伏协会为中国光伏行业所做的重要贡献：

"行业协会最重要的一项任务就是为政府和企业搭建桥梁，推动产业上下游有效联动，引导行业健康有序发展。过去六年，也是我们光伏行业逐步走向规范，中国光伏市场走向全球第一的高速发展的六年。2012 年中国光伏新增装机不到 2 吉瓦，2020 年已近 50 吉瓦，增长超 20 倍，2012 年中国组件产量为 23 吉瓦，2020 年已近 125 吉瓦，这些是中央综合精准施策的成果，在其中协会作为重要的智囊，及时收集会员企业的情况和建议，不断推动政府政策更符合行业的实际发展，同时还就政策的具体落实发出权威声音，推动营造更加健康和良好的行业环境。

"记得 2015 年编写'十三五'规划时，我们就与相关部委做了密切沟通，当时我们会同中国可再生能源学会、中国循环经济协会可再生能源专业委员会联合起草《关于提高"十三五"光伏发电目标的建议》《光伏电站电费缺口情况及建议》《关于"十三五"期间支持光伏产业健康发展的建议》三份联名文件，反馈至各相关政府机构。当时定的'十三五'装机目标是 105 吉瓦，在我们的反复沟通和推动下，相关负责同志才表示 105 吉瓦是个底线目标，最终'十三五'光伏装机突破 253 吉瓦。

"2017 年中国光伏新增装机达到创纪录的 53 吉瓦，超过全球新增装机的一半。2018 年上半年这种迅猛的增长仍在持续，但是在光伏上网还未达到平价，补贴缺口持续增大的背景下，这种发展犹如火上浇油，很容易盛极而衰。果然，此后相关部委推出了'823 号文件'，当时由于市场没能预计到文件出台之迅速，措施之坚决，因此整个行业受到比较大的冲击。"

"记得我和协会的几位副理事长，包括阳光电源的曹仁贤董事长、通威集团的刘汉元主席、隆基绿能的钟宝申董事长、晶科能源的李仙德董事

长，还有阿特斯的熊海波副总裁等企业家赴相关部委，反映和汇报'823
号文件'出台对行业的影响并提出有关建议。行业协会秘书处一方面迅速
收集大量数据并做了精准调研，同时也多渠道同各个部门进行沟通，我记
得王勃华秘书长等秘书处的同志一周内两次到能源局向主管的局领导做汇
报，加之此后刘汉元主席等企业家也利用参加总书记座谈会的契机，结合
我们行业协会报告积极表达了非常好的意见。

"大家凝心聚力地沟通协调给予光伏行业的发展营造了新空间。现在
看，协会就'823 号文件'的沟通促使了相关部门更加重视行业商协会的
作用，为后续竞价、平价、户用光伏单独管理等更符合行业发展的政策出
台奠定了良好的基础，是协会凝聚行业共识，发出权威声音的重要案例。

"鉴于分布式光伏是东部地区的发展方向，而且户用光伏可以造福于
民，让广大老百姓受益，我向相关领导汇报要大力发展户用光伏，对户用
光伏单设规模，单独补贴。当时的户用光伏作为分布式光伏的一种类型，
年装机仅为 2 吉瓦，而且社会上还有着各种对户用光伏的偏见。为此，我
们一方面狠抓行业建设和自律，适时成立了光伏行业协会户用专委会，将
优秀的企业吸纳进来，引导用户选用可靠的优秀企业的产品。另一方面，
我们也一直同财政部、发展改革委、能源局沟通获取政策支持。

"我向相关领导汇报时，跟他们讲了我对户用光伏的亲身感受：有次
去装了户用光伏的农户家回访时，我看到这些农民朋友原来农闲时就打打
麻将打发时间，但自从装了户用光伏后，每天都要打开手机看看发电量，
几个用户之间还会相互比较谁家发的电多。他们还经常关注国家关于绿色
发展、节能减排的新政策，并不断地去和亲戚朋友宣传光伏的好处。简简
单单的一个户用光伏就使原来对国家绿色发展不闻不问的庄稼汉变成我们
发展可再生能源的宣传员。户用光伏在物质上帮助农民增收，促进乡村经
济振兴的同时，精神上也使农民得到升华，成为新能源的推广者，这件事

是典型的花小钱办大事，是利国利农利民的大好事，是促进农业现代化的大好事。

"当时这个观点得到了领导的高度认可。所以自 2019 年开始户用光伏有了自己的单独政策，同时政策还解决了 2018 年 5 月 31 日后户用光伏的遗留问题。仅仅两年时间，户用光伏就从 2 吉瓦增长到去年的 10.12 吉瓦。今年，户用光伏还将延续过去政策思路，预估装机容量也在 10 吉瓦以上。

"去年下半年，光伏玻璃的涨价使得组件'一片难求'，光伏玻璃价格上涨将近一倍，大家都说'光伏产业被玻璃划了一刀'。造成这种局面主要原因固然是前期光伏玻璃行业产能扩张不足，但是 2020 年 1 月相关部委将光伏玻璃列入玻璃产能置换的范围也是一个重要因素。看到有这个苗头时，我就带领协会秘书处和相关企业向工信部电子司做了汇报，同时也在电子司的支持下两次到主管产能置换的原材料司做汇报，建议不要把光伏玻璃列入产能置换范围内。此后协会秘书处做了大量的调研，形成了一本近 30 页的报告，非常详细地将光伏玻璃的产能产量和光伏的需求量做了对比，我们又拿这份报告同能源局新能源司、发展改革委运行局做沟通。我和钟宝申董事长代表协会专门与工信部材料司汇报光伏玻璃突破关键核心技术的情况和提出改进建议，包括阳光电源曹仁贤董事长在内的众多企业家也纷纷向上反映，李振国总裁和王勃华秘书长还专门到发展改革委产业司做汇报。

"因为很多司局对光伏的了解相对比较有限，加上政策已经出台，要扭转过来难度极大。所以我也指示协会秘书处要调动一切资源，发动一切力量，务必要使相关政策符合行业实际，为行业健康发展保驾护航。我们这些协会的理事长、副理事长跟相关司局长做汇报，秘书处的同志也不断地跟主管的处长、科长做沟通。非常感谢在座的很多企业提供了翔实的数据和建议方案。最后一次大规模行业沟通会是个周日，很多企业家和秘书处的同志们都放弃休假，我记得当时是隆基的李振国总裁专程来到北京代表协会做了汇报，协会秘书处的同志们也在会上同玻璃工业协会做了正面的交流。不负重托，2020年12月16日，工信部对《水泥玻璃行业产能置换实施办法（修订稿）》公开征求意见，已将光伏玻璃从产能置换中剔除。这两天我们也看到光伏玻璃的价格已经开始回落。

"朋友们，回想起这些具体的案例，充分说明协会的发展离不开大家的支持，而且大家对协会的支持越多，行业的环境就可能越好，我们企业的天地也就更广阔。去年国家提出了"双碳"目标，同时又明确提出到2030年我国风电、太阳能发电总装机容量达到12亿千瓦以上的宏伟目标。可以说中国光伏迎来了有史以来最好的发展时代，但正如前面所看到的那样，要使这些政策能够符合行业的真实发展情况，协会的作用非常重要。同时由于能源革命的推进将对既有利益格局重新构建，未来我们还将面对新的挑战。"

高纪凡在发言中还表示，"让光伏行业协会'更有凝聚力、更有权威性、更有影响力'，不是完成时，而是进行时，我们需要加倍努力，我们任重而道远。"在离任之际，高纪凡对未来光伏行业的高质量发展提出了三点意见：

一、光伏行业要更加有序发展，构建更加良好的行业生态，成为我国高质量发展的典范产业。中国光伏行业发展了二十多年，从"三头在外"变成三个第一，非常了不起。但是行业还没有建立以客户为中心的经营理念，行业上下游的协同发展生态没有形成，上下游企业之间博弈氛围严重，大冷大热的发展环境还没有发生根本改变，行业的无序竞争生态还在不断持续甚至扩大，偏离了高质量发展的应有方向。

二、光伏行业要实施更高水平的全球化发展，成为国内国际双循环发展的、在全球有更大更好影响力的典范行业。我国光伏行业在技术创新、产能布局和市场地位方面在全球占有领先地位，应该掌握和引领全球光伏产业和市场的高质量发展，积极参与和引导全球太阳能理事会的健康发展，促进光伏行业的全球治理走向更高水平，给全球光伏行业制定协同创新发展的规则，带动全球光伏行业协同高质量发展，摒弃过去简单的价格竞争的发展方式，要将以客户为中心的综合服务提升作为发展方向，让行业的总体盈利规模和客户满意度达到更高的水平。

三、光伏行业要更加注重协同开放创新。习近平总书记在中央财经委员会第九次会议上提出："要深化电力体制改革，构建以新能源为主的新型电力系统"，我们光伏行业也要与时俱进，在推进光伏技术创新的同时，要在储能、氢能和数字化智慧能源方面协同创新，构建电网友好型和用户感受型的新能源体系，并且进一步推进构建无碳的新能源世界。

除了中国光伏行业协会，高纪凡还积极参与国际性行业组织的各项工作，参与全球光伏行业治理，推动中国光伏与国际社会的交流对话。

2015 年 12 月，巴黎气候变化大会期间，天合光能成功推动了全球太阳能理事会的成立，高纪凡作为中国光伏行业协会理事长，代表着全球最大的光伏制造大国和光伏应用大国，当选为全球太阳能理事会联席主席（2017 年 9 月 12 日，在全球太阳能理事会美国拉斯维加斯年度会员大会上取得连任），站在更高的、全球性的平台上来推动全球光伏行业的对话磋商和交流合作，为促进全球光伏行业的自由贸易和公平竞争而努力。

5. 不一样的"瘦身"

在"双反"引发的中国光伏危机中，天合光能也不能独善其身。

天合光能 2012 年全年财报显示，报告期内，公司实现营业收入 13 亿美元，同比下降 36.7%；净利润巨亏 2.66 亿美元，是 2011 年净利润亏损的 7 倍；综合毛利率为 4.4%，尚维持在正值，但与 2011 年相比，已减少了 11.8%；实现毛利润 5720 万美元，同比下降 82.8%。

2013 年天合光能一季度财报显示，报告期内，公司实现营业收入 2.602 亿美元，环比下降 14%，同比下降 25.6%；净利润亏损 6370 万美元，而去年同期其净利润亏损为 2980 万美元，经营状况依然非常严峻。

不过，与其他企业相比，天合光能受到的冲击较小，经营状况虽然不佳，但是并没有到伤筋动骨的地步，这得益于公司提前进行的战略性调整，更得益于公司在市场燥热时没有盲目跟风扩充产能。

在高纪凡看来，危机的到来反倒给了公司进一步调整战略、转换思路的机会，很多之前想干而不能干的事情，在这一时期都能推行下去了，比如说人员精简和结构调整。

在光伏行业迅猛发展的时候，由于人才奇缺，人员工资水涨船高。各家公司为了挖人，往往开出高价钱，除了工资待遇大幅提高，还要再分配不少股权，很多人跳槽后工资翻倍，这导致行业内工资水平在一段时期内普遍偏高。对于有些人来讲，拿到高工资并非个人能力和贡献突出，而是享受到了行业快速发展的红利。

这样的问题，在天合光能招人、用人上同样存在。在 2010 年公司赚了二十几亿的时候，大家的奖金和各种福利都很高，但是到 2012 年整个行业步入寒冬、公司陷入亏损之时，公司员工尤其是不少高管人员的思维还停留在 2010 年阶段，居功自傲，自我感觉良好。在公司快速扩张时，引进的管理人员过多，导致有的部门"官多兵少"，一些高管整天就在职务和头衔上争来争去……

高纪凡看出了问题的严重性。在公司内部会议上，高纪凡指出：大家现在仍然沉浸在前两年行业火爆的成功感里，这很危险。部分高管对市场波动无感，对于新的行业环境缺乏敏锐性，这样的团队是缺乏狼性和战斗力的，大家的思维必须转换过来，要有危机意识。

这样的话强调了多次，用高纪凡的话来讲，就是花了将近大半年时间给高管层谈改变观念，收益甚微。这让高纪凡下定决心必须进行改革，才能让公司内部重新树立起艰苦奋斗意识和强烈的竞争意识，才能让整个团队具有战斗力，让员工重拾为梦想而战的精神。

最终，天合光能对外宣布，精简机构以提高效率，部分裁员以节约费用。大约有200名管理人员被辞退，占公司管理层的12%，占全部员工的1.5%左右。这引起了外界的极大关注，普遍解读为天合光能裁员过冬。这在天合光能内部则是一场"地震"，人员和组织结构调整在"瘦身"之后得以顺利推进。

2000年，华为年销售额达220亿元、利润达29亿元，位居全国电子百强首位，这个时候任正非却大谈危机和失败，发表了一篇流传甚广、备受推崇的经典文章——《华为的冬天》。

在文章一开头，任正非写道："公司所有员工是否考虑过，如果有一天，公司销售额下滑、利润下滑甚至会破产，我们该怎么办？我们公司的太平时间太长了，在和平时期升的官太多了，这也许就是我们的灾难。泰坦尼克号也是在一片欢呼声中出的海。而且我相信，这一天一定会到来。面对这样的未来，我们该怎样来处理，我们是不是思考过。我们好多员工盲目自豪、盲目乐观，如果想过的人太少，危机也许就快来临了。居安思危，不是危言耸听。

"我到德国考察时，看到第二次世界大战后德国恢复得这么快，当时很感动。他们当时的工人团结起来，提出要降工资，不增工资，从而加快经济建设，所以战后德国经济增长很快。如果华为公司真的危机到来了，是不是员工工资减一半，大家靠一点白菜、南瓜过日子，就能行？或者我们就裁掉一半人是否就能救公司？如果是这样就行的话，危险就不危险了。因为，危险一过去，我们可以逐步将工资补回来，或者销售量增长，将被迫裁掉的人请回来，这算不了什么危机。如果两者同时都进行，都不能挽救公司，该怎么办？

"十年来我天天思考的都是失败，对成功视而不见，也没有什么荣誉感、自豪感，而是危机感。也许是这样才存活了十年。我们大家要一起来想，怎样才能活下去，也许才能存活得久一些。失败这一天是一定会到来，大家要准备迎接，这是我从不动摇的看法，这是历史规律。"

与任正非的危机意识一样，高纪凡做人员优化的出发点也是在这里——转换思维，迎接危机。

天合光能颇具创新性地在公司内部成立了"人才流转中心"，被调整的人员自动进入流转中心，如果有其他部门愿意接收就安排到新的岗位，如果没人要，就在流转中心接受培训和学习，符合要求后重新上岗，如果还不符合要求则会被辞退。

如果某人被调整至"人才流转中心"，那就说明其在工作上的表现严重不符合公司要求。这样的人才流转创新，破除了员工的"铁饭碗"思维，员工立刻有了危机感，人员上的"大企业病"问题得以解决。

提及往事，高纪凡长舒一口气："2012 年的这次人员体系大改造效果立竿见影，人们的观念变了，行为方式就会变。行为方式变了，工作成效自然不一样。后来到 2013 年其他企业还在光伏寒冬中挣扎的时候，我们很快就恢复了盈利。所以，人的问题是一个公司的核心，市场环境不是问题，真正优秀的公司一定是超越市场波动性的。"

在应对危机方面，除了危机意识和人员思想体系建设外，天合光能还有一项自己的创新做法——成立风险管理委员会。这成为天合光能在历次行业危机中能够平安渡过的法宝之一。

在经历了多次行业危机后，高纪凡问了自己两个问题：光伏行业为何总在上上下下地折腾？天合光能如何才能避免陷入危机？在对这两个问题的思考中，高纪凡明确，必须要有一套完善的管理体系来管控风险。

那么，这套体系该如何建立？风险管控应该遵循什么样的方法论？高纪凡请来了一家全球顶尖的咨询公司来帮忙建立体系。在了解完企业情况后，对方充满疑问地问了这样一个问题：建风险管理体系的都是资产几千亿的银行、财团等大企业，你这个营收一百亿的小企业要建什么风险管理体系呢？你的制造业体系，就搞好一个产品就可以了。

高纪凡并不认可这一说法，双方合作未果。于是在摸索中，天合光能自己建立了风险管理委员会，打造了一套适合天合的风险管理体系。风险管理委员会由公司内部不同部门的几十位高管组成。对于公司可预见的重大风险和重大决策，由风险管理委员会集中进行专门的"把脉问诊"，大家从行业风险、汇率风险、市场风险、贸易风险、资金风险、经营风险等各个层面提出风险点，搜集上来若干需要防范的问题。然后，公司核心管理层再开会讨论，依据重要性判断筛选出最为重要的若干个风险，再分派给对应主管领导负责专项管控，主管领导要对重要风险提出完善的解决办法并执行落实。

通过这样自下而上、再由上至下的风险排查和危机处置，公司内部此前积累的一些危机得到排解，多个重大风险由红色等级降到黄色等级，再由黄色等级降到绿色等级，矛盾慢慢都化解掉了。

对重大风险进行专项管理，在危机爆发之前就将其消弭于无形，成为天合光能独步于行业的独创性、创新性做法。这套体系保证了天合光能在往后的发展中步伐更稳健、更从容，在行业大起大落时做到平稳发展、顺利前行。

通过这一系列的调整，天合光能变得更强健了。在 2013 年的国内市场大爆发中，天合光能没有缺失，因为早于市场做出了布局调整，恰到好处地发挥了效力。

"风险管理建设，让我们没了包袱，当其他公司还在忙着解决自己的包袱时，我们已经轻装上阵往前走了。在 2012 年的瘦身减员、机构改革后，整个团队进入了一个新的起点，大家不再一天到晚地争名夺利，全公司的观念完全变了，当然激励机制也都变了。2013 年后，中国光伏产业进入了新的发展阶段，正好我们的创新平台搭起来，科技助力我们的市场开拓。经历了这个大转变，天合光能开始走得更好。"高纪凡总结说。

6. 登顶全球第一

2014 年，天合光能完成了自己的"加冕礼"。

这一年，天合光能光伏组件出货量同比提高 41.9%，达到创纪录的 3.66 吉瓦，超过英利的 3.36 吉瓦，成为全球第一。英利是 2012 年、2013 年连续两年的全球出货"霸主"。这一年，天合光能净收入为 22.9 亿美元，毛利润为 3.856 亿美元，在"双反"危机中行业领先，实现大幅度盈利。

2015 年，天合光能再度"折桂"，全年光伏组件出货量总计 5.74 吉瓦，较 2014 年增长 57%；净收入为 30.36 亿美元，同比提高 33%。强劲的增长，奠定了天合光能的头把交椅地位。

对于 2015 年取得的成绩，高纪凡总结说："对于天合光能而言，2015 年在很多方面是强劲的一年，我们每个季度在季度同比和年同比上都达到了创纪录的业绩。2015 年，我们进军印度市场及许多其他新兴市场，这有助于将我们的全球足迹从 43 个国家扩大到 63 个。我们还在全球产能扩张计划方面取得进展。我们在越南和马来西亚的合作工厂，采用相对轻资产的模式，这有助于满足海外市场对于我们产品日益增长的需求，预计我们在泰国的电池和组件厂将在 2016 年投入运营。在中国竞争激烈的环境中，我们的下游业务也经历更多增长。所有这些努力巩固了我们的基础，使我们能更好地迈入 2016 年。"

2014 年、2015 年，对于天合光能来说是无比荣耀的高光时刻。在中国光伏产业风雨变幻十数年，沉沉浮浮几易"霸主"之后，高纪凡成为真正最具实力的"执牛耳"者。

这一成绩的取得，有着太多的艰难和来之不易，有着太多的智慧和因时而变。从 1997 年选择进入光伏产业，十几年来对"用太阳能造福全人类"这份初心的坚持，其中的艰难困苦，或许只有高纪凡自己心里最清楚。

这份成就的取得，是高纪凡对自己十几年奋斗不息、艰苦创业的最好回报，是送给 15000 名天合人手中最好的一份礼物。奋斗着，成功着，这或许是一个男人最值得走过的青春岁月吧！

光伏，是一个神奇的行业。在持续数年的爆发性增长中，诞生了太多的神话。有的人，几乎是一夜成名，在很短时间就完成了从籍籍无名到登上福布斯富豪榜的跳跃；有的公司，起步是无技术、无资金、无人才的"三无"厂家，在抓住机会后乘风而起，迅速发展成为员工数万人、产能规模排名全球前列的国际性企业，不仅超越了国内的竞争对手，更将那些曾经仰望难及的国际巨头远远甩在了身后。

但是，万事万物皆有法，万事万物皆循规。

这世间没有随随便便的成功，更没有毫无来由的失败。成功背后，一定是做对了很多事，并且是尽量少犯错误；失败背后，一定是做错了很多事，或者是在少数关键问题上犯了致命错误。对与错，对身处其中、身处其时的人来说往往是参不透、看不明的，只待走过之后才能回味一二。

那么，天合光能为何能成功？天合光能还能不能继续成功？

这两个问题，成为高纪凡和公司高管在登顶全球第一之后静下心来认真思考的大问题。第一个问题的答案，是对过去的复盘，对成功经验的总结；第二个问题的答案，是对未来的展望，对明日蓝图的描绘。

为此，高纪凡在天合光能内部特别召集核心高管进行了回顾和反思："做了第一，大家感觉怎么样？我们现在的全球市场占有率大概是 8%，假如 10 年之后我们翻 3 倍，市场占有率提升到 25%，继续保持全球组件出货量第一的位置，大家对这个目标兴奋不兴奋？"高纪凡问向一众高管。

大家不置可否，或摇头不语，并没有多少热血沸腾、欢呼雀跃的感觉。

很明显，仅仅是数量上的增长意义并不大。光伏行业风风雨雨 20 多年，好的时候大家都赚钱，坏的时候都亏钱，如果老是无法避免这种随波逐流的状态，企业规模再大又有什么意义？天合光能虽然做到了在组件领域全球第一，但并不是所有的领域都是最强的，营收、利润、技术、管理、服务各个维度，都还有数不清的领先者在前面等着被超越。高纪凡和高管们，并没有被第一冲昏头脑，反而是更加冷静与沉着。

在高纪凡看来，第一并不是个好事情，甚至可以说就是个"圈套"，贪恋虚名的人往往只看到光环，想尽办法拿到它，实际是在作茧自缚却还不自知。在光伏行业，所有的第一几乎最终都出了问题，不仅仅是中国企业，包括海外的 Q-Cells 等巨头也概莫能外，这似乎成了一个打不破的"魔咒"。企业一旦跑到第一后，要么继续扩张以求保住第一的宝座，要么过度价格竞争以应对身后第二、第三名的挑战，这些东西一定会成为未来的包袱。

"第一不好做，做第一很头疼。所有的人都来瞄准你，你的人才被人家挖，你的技术被人家学，你所有的东西都被人家盯着，所谓是'木秀于林，风必摧之；行高于人，众必非之'。光伏行业发展很快、变化很快，中途去争第一没有意义。这就好比一场马拉松，不要比拼一时之速，一定要找到适合自己的跑步节奏，盯准远方的目标一步步靠近它。"高纪凡说。

有了这样的深思熟虑和统一思想，天合光能在2015年后开始转变策略，对内、对外有意识地淡化谁是第一、谁是第二的概念。

2016年，天合光能以约6.43吉瓦的组件出货量排名全球第二，略少于晶科能源的6.65吉瓦；2017年，天合光能再度屈居第二，9.1吉瓦的出货量只比排名第一的晶科能源少600兆瓦。这么小的差距，在外界看来是惜败，但天合光能显然不是真的被比下去了，而是一种经营智慧和竞争策略。

不做第一，甘居第二？当然不是。在高纪凡心中，自然有他的选择和安排。

"做成全球组件出货量第一，就像成长为长江里的一条大鱼。如果我们优哉游哉，自我感觉良好，那空间与格局就太小了。在长江里你可能是最大的一条鱼，一旦到了东海肯定就不是了，再跑到太平洋里就更不是了。我们不能在舒适区待得太久，要顺流而下，到东海去，到太平洋去，走向更大的区域，这是一片新天地。只有不断变化，持续进化，才能走出一条新路，才能打破光伏行业各领风骚三两年的魔咒，达成我们下一个十年的战略目标。"高纪凡说。

回首高纪凡的创业史和天合光能的发展史，天合光能是在不断地转型和进化中才一步步走到今天的。从最开始的铝板幕墙生意，到转型进入光伏行业；从光伏行业最领先的垂直一体化企业，到全球第一的光伏组件制造商，再到全球领先的太阳能光伏发电整体解决方案提供商，天合光能每一次转型都走向了一个更大的空间。

当时光的年轮走完公元2016年，天合光能也迈向了自己的第三个十年。那么，新一次的转型升级将走向哪里？天合光能的下一个十年又能走到什么样的高度？

走向未来，必然少不了对未来趋势的深刻把握，正所谓"顺势而为"。在这方面，高纪凡有着自己的深刻思考。在刊发于新华社杂志上的一篇署名文章中，高纪凡对于未来的能源革命做出了自己的判断：

如何科学、合理地利用能源，有效应对全球气候变化可能带来的环境灾难，是我们全人类需要共同应对的问题。全世界每一位有责任、有担当的人士，尤其是政商领袖们，需要超越利益分歧，站在几十年后的未来考虑这个问题。

在人类文明发展史上，很长时期处在薪柴时代，那个时候能源利用效率低，污染排放也少。

18 世纪开始，蒸汽机的出现掀起了产业革命，煤炭开始大规模开采使用，截至 1920 年煤炭在世界一次能源消费结构中占比达到了 62%，世界进入了"煤炭时代"。

1965 年，石油取代煤炭，占据了人类能源消费的首位，世界又进入了"石油时代"。截至 1979 年，石油在世界能源消费结构中占比 54%，石油取代煤炭完成了能源的第二次转换。直到如今，石化能源依然占据着主导地位。

在这几次能源时代转换中，能量密度和能源效率得到了极大提升，但由此也带来了严重的环境污染问题。未来的能源体系，必须是清洁的、低碳的，这是人类文明进步的必然要求。站在未来看现在，我们很可能正处在能源时代转换的门槛上，再努力向前走一步，我们的未来会很美、很干净。

面向未来的能源体系，应该是这样一幅图景：

第一是低碳化。

化石能源的利用，离不开燃烧，燃烧必然带来污染和排放，我们现在的工业利用水平已经很高，但并不能做到对环境没有伤害。并且，清洁化利用的成本很高，很多经济水平欠发达地区的国家根本负担不起，继续以污染环境的方式来利用能源成为现实选择。

光伏则是未来完美的解决方案，不仅清洁，未来还能做到更便宜。科技创新助力下，太阳能成本下降速度非常快，从 2005 年到 2015 年 10 年间，太阳能成本降到原来的 1/6。未来不用太久，太阳能会在全球范围内成为比火电更便宜的电力能源，以光伏等清洁能源替代传统能源，是能源革命的主要演进方向。

第二是能源独立和能源互联。

现有的电力能源体系，是典型的工业时代产物。在资源富集区集中修建大型的水电厂、火电厂，再以电网传输运送至消费集中区，这样的模式不仅投资巨大，在电力生产端还很容易造成严重的环境问题。

面向未来的能源体系，将以区域为中心，以可再生能源为主体来构建。每一个地区都有自己的能源供应体系，以区域电网构建起一个全新的系统。每一个区域电网之间又互通互联，以系统平衡来保障每一个地区的能源供应，这样的能源体系将比现有的模式优化许多。

第三是能源共享。

当太阳能光伏发电走进千校万厂，当太阳能光伏发电走进千家万户，未来的能源供应体系将发生革命。每个学校、每个工厂、每一家庭都是一个小微型清洁能源发电站。每一个学校、工厂、家庭，既是能源消费者也是能源生产者。构建一个以大数据、智能互联为平台的能源共享机制，是能源革命的未来方向。

在德国，这样的图景在局部地区已经成为现实。大量的家庭修建了太阳能屋顶，现在他们已经在构建能源分享的体系，某个家庭的电用不了，可以供给区域的供电网络，分享给其他家庭来用。共享体系的建立，将进一步降低新能源成本，也实现了能源共享和经济共享的新模式。

第四是在不发达地区推动能源利用方式的跨越发展。

当发达国家努力从化石能源向清洁能源进行转型时，这个世界上还有大量的地区能源利用方式还很落后，对于这些地区，没有必要走老路，可以直接跨越到新能源时代，建立起新的能源体系。

目前全球还有14亿人没有用上电，仅亚洲就有5亿无电人口，因为技术创新和经济发展水平的问题，在过去没有办法解决这些地区的问题。未来，用太阳能为主体来构建一个新的能源供给体系，以分布式和能源微网，努力在2030年前解决所有无电人口的用电问题，这完全符合联合国21世纪议程中倡议的能源普及的主题，这样的能源革命才有全球价值和普世意义。

人类社会的几次产业革命，其实也是能源利用方式的革命。每一次能源时代的主角变换，都是一场革命，最终都极大地推动了产业革命和社会进步。面向未来的能源革命，正在技术革新的助力下加速来临，光伏平价上网时代会比我们大家想象的快很多。

前几次能源革命，是人类技术进步下对自然的索取，人类显示了自己的科技强大，大自然却以环境的恶化向人类做出惩罚。未来的清洁能源革命将完全不一样，人类显示的将是智慧和友善，将是人与自然的和谐相处，将会用科技创造天人合一的人居环境。

在高纪凡看来，第四次工业革命必然伴随着能源革命，清洁化、电力化、去中心化、智能化将是未来能源的发展方向。清洁化就是可再生能源将成为未来的主体能源；电力化就是电力在终端用能所占比例快速提升；

去中心化就是分散化的能源如分布式光伏等越来越多；智能化就是发电、储能以及用能等通过数字化技术联系在一起，形成一个智能管理体系。

基于这样高屋建瓴的战略思考，天合光能向着未来十年，资本重构、组织再造、业务升级等一系列重大布局一步步展开。2017年，天合光能走向3.0时代的大门，开启了。

PART 4

第四部

3.0 时代　合创未来

（2017—）

虽有智慧，不如乘势；虽有镃基，不如待时。

——中国古代思想家、教育家
孟子（约前 371 年—前 289 年）

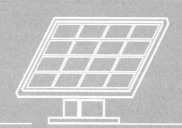

第七章
挺进科创板

1. "退市回 A"：天合的取与舍

2017 年 3 月 13 日，天合光能在即将迎来自己 20 岁生日时，对外宣布了一个重磅消息：公司已向纽交所提出了终止交易和退市申请。在证券与交流委员会收到申请文件的 90 天之后，申请将自动生效，天合光能将从纽交所退市。

这一消息的宣布，在光伏圈和资本圈引起了极大关注。作为最早一批赴美上市的老牌光伏企业，天合光能的上市引领了一波中国光伏企业海外上市的浪潮。如今又退市，其中的不同寻常耐人寻味，高纪凡究竟是怎么想的呢？

实际上，美股退市对于光伏中概股来说并不陌生，宣布退市是天合光能筹备了好几年的一件大事。

在美国资本市场，纽交所和纳斯达克均规定了非常严格的退市制度，上市公司如果不满足相应标准，就会被强制退市。例如，纽交所的"价格标准"就规定：若上市公司股票连续 30 个交易日收盘价低于 1 美元，将被视为低于标准。在收到通知后，公司必须在 6 个月内将股价和平均每股价格恢复到高于 1 美元的水平，否则将被强制暂停或终止上市。

此前，已有多家中国光伏企业因为股价等原因收到交易所退市警告。例如在 2012 年 9 月 22 日，尚德电力就收到来自纽交所的退市警告，原因是截至当年 9 月 10 日的连续 30 个交易日，公司收盘价连续低于 1 美元，不符合纽交所的上市规定。这也是海外上市的中国光伏企业历史上收到的第一份退市警告。

但是，天合光能的退市并不相同。在提出私有化方案时，天合光能的股票收盘价在 9.55 美元左右，此前连续 90 个交易日的平均收盘价在 9.65 美元左右，均高于纽交所设定的挂牌"价格标准"。

实际上，天合光能的退市是主动行为，是第一家主动从海外退市的中国光伏企业。十年前，天合光能是首批成功征战海外资本市场的光伏企业；十年后，天合光能又主动下市。这一进一退之间，是高纪凡在资本市场布局上的舍与得。

"天合这样一家全球光伏行业的领军企业，在资本市场的布局，主要出于自身发展的需要。一家企业，在资本市场和产业市场要懂得协同发展。中国企业原来的光伏市场主要在欧美，天合的客户也是在欧美，在中国挂牌人家不可能认为你是顶级公司，觉得你不够国际化，所以我们当初选择了去美国上市。"高纪凡解释说。

借船出海，赴美上市，回顾这十年海外之旅，天合光能收获了很多。

成功上市，打通了通过资本市场发行股票和发行债券的通道，为天合光能带来了便捷的融资渠道和丰富的资金来源。2006 年首次公开募股（IPO）上市时，天合光能首期发行股票 530 万股，成功募资 9800 万美元；2007 年 6 月 6 日，天合光能又成功在短时间内完成增发，以比 IPO 上市价高出近 150% 的增发定价，募资超过 2.43 亿美元。2010 年 3 月，天合光能又增发了 790 万股美国存托凭证（ADS），此次增发大约募资 1.5

亿美元。

这些募资，让天合光能以较低的成本获取了扩大再生产所必需的资金支持，在发展关键期起到了非常重要的补血作用。

此外，海外上市给天合光能带来了巨大的品牌价值。从一家起于常州的土生土长的中国企业，一步跃升为纽交所上市的国际公司，天合光能收获到了全球知名度和业务声誉，更收获了极好的公司形象、市场份额和竞争地位，这些无形价值让公司增益良多。回头来看，当初竭尽全力圆梦IPO，是非常成功的一步棋。

时移而事易，事易而备变。在天合光能美国上市后的十余年间，全球光伏产业发生了翻天覆地的变化，中美资本市场对于光伏股、对于中概股的看法也发生了巨大变化。天合光能的因时而变，也就是自然而然的事情了。

十几年前，光伏股票与当时的互联网概念股一样受到华尔街的热捧。但是，随着光伏市场的巨变，投资机构的口味变了，光伏概念股一路疲软，甚至遭到了美国资本市场的整体性遗弃，无论是在 PE（市盈率，股价除以年度每股利润，评估股价水平是否合理的最常用指标之一）、PB（市净率，每股股价与每股净资产的比率）还是总市值上，光伏中概股都被严重低估。

在天合光能最早提出私有化邀约的 2015 年 12 月中旬，虽然公司已连续六个季度实现盈利，虽然公司无论是产能规模还是营收能力都已经走到了全球光伏行业的领先位置，但公司总市值只有 60 亿元左右，这与天合光能的实际价值严重不匹配。

相比之下，那些在国内资本市场上市的同行们，则要"幸福"很多，即使是业务规模和行业地位都跟天合光能不在同一个级别的公司，市值都要高很多。公开数据显示，截至 2015 年 12 月 14 日，向日葵（300111）、东方日升（300118）与航天机电（600151）的市值分别为 70.1 亿元、95 亿元与 149 亿元，即使是有退市风险的 *ST 海润（836583）也获得了高达 136 亿元的市值。天合光能的其他同行，阳光电源（300274）和福斯特（603806）市值分别是 169 亿元和 177 亿元，而协鑫集成（002506）的市值更是高达 305 亿元，是天合光能的好几倍。

美国资本市场的"偏见"，使得天合光能很受伤。低估值，意味着再融资能力完全丧失，无论以超低估值"失血"定向增发还是做股权质押贷款，实际都筹集不到多少资金，这对于时常需要大量资本投入来快速扩产的光伏企业来说，是严重不利于企业发展的。正因为如此，这才有了天合光能在上市十年之后的退市之举。

2015 年 12 月 15 日，天合光能董事长兼 CEO 高纪凡联合上海兴晟股权投资管理有限公司，向公司发出了初步无约束性收购提议书，拟以 0.232 美元每股普通股，或 11.6 美元每股 ADS 收购所有流通股，由此正式启动了天合光能的私有化进程。

2016 年 8 月 1 日，天合光能宣布，与 Fortune Solar Holdings 和 Red Viburnum 达成最终协议和合并计划，天合光能将被投资者财团以全现金模式收购，交易价格约 11 亿美元。投资者财团包括高纪凡以及上海兴晟股权投资管理有限公司、上海兴景投资管理有限公司、中欧盛世资产管理（上海）有限公司、安徽六安信实资产管理有限公司等。

七个月后，天合光能提交退市申请，正式结束了 10 年的海外之旅。

在高纪凡看来，舍弃美股非但不是在资本市场的撤退，反而是另一种进步，是在全球资本大格局下的战略选择。退市之后，高纪凡的指向非常明确：天合光能将丢掉过去的光环，取道未来的世界，在中国大陆主板市场重新上市。

"我们决定要从美股退市，并集中精力用 3 到 4 年的时间完成转型所需的奠基工作。之后，天合光能会以一个崭新的，更好的姿态拥抱资本市场。但是，现在在中国挂牌还是美国挂牌又不一样。2006年，中国A股市场在全球排什么位置？很靠后。现在中国A股市场的位置还是比较靠前的，中国资本市场的地位高了。天合再回来，也是希望通过中国的资本平台，更好地为全球服务。"高纪凡说。

在上市路径上，A股市场可以借壳上市（未上市公司通过收购、资产置换等方式取得已上市公司的控股权，利用其上市公司地位使本公司资产得以上市，通常上市完成后壳公司会被改名），也可以IPO上市，选择这个路径就需要按照注册发行的程序一步步走。

两者对比，借壳上市门槛相对较低，审批手续简便，信息披露的要求低、时间短、效率高，最快9~12个月就能完成上市。IPO上市则需要经过漫长、复杂的审核程序，排队时间长，很多公司需要3~5年甚至更长时间才能上市成功。当然，借壳上市也有劣势，壳资源本身存在一定的风险性，如果有仲裁、负债、税务等问题会对上市产生难以估量的潜在威胁。

在两种路径选择上，天合并不愿意走捷径，而是按部就班地一步步、一关关走注册发行程序。

2017年底，天合光能完成股份制改造，从有限责任公司变更为股份有限公司，完成了上市五大步的第一步；2018年1月8日，天合光能向江苏省证监局递交了辅导备案申请并成功备案，开始上市辅导阶段，步入上市第二步。按照一般上市流程，天合光能后续还将经过上市材料申报、证监会发行审核委员会"过会"、发行批文发布与交易所申请正式挂牌等步骤。

从公司实力和行业地位来看，天合光能A股再上市应该毫无悬念。但是在新股发行扩容、注册制改革落地前，上市难度极大。上市监管部门屡次重申"坚持依法全面从严监管，主动防范化解风险，全力维护市场稳定运行"的政策精神，上市的每一个环节都要求极高、极严，没有哪家公司敢确保一定能成。回归 A 股直接上市，对天合光能来说是一段充满未知的旅程。

"我们肯定要继续在中国资本市场上市，这对于天合再融资、提升品牌影响力都是有好处的，具体时间也要看整个资本市场大环境。当然我们希望在符合监管要求下，尽可能早地登陆 A 股市场。"在媒体问询天合何时能够再上市时，高纪凡说道。

2. 科创板"光伏第一股"

我国资本市场起步于 20 世纪 90 年代。1990 年 11 月 26 日上海证券交易中心成立，4 天后深圳证券交易中心成立，两大交易中心的成立奠定了中国资本市场发展的基础。经过三十多年发展，中国已形成三大股票交易所、四层股权交易板块构成的资本市场体系。

早在 2003 年，中央就提出建立多层次资本市场体系。2017 年 7 月，第五次全国金融工作会议提出，要紧紧围绕服务实体经济、防控金融风险、深化金融改革三项任务，完善金融市场体系，把发展直接融资放在重要位置，形成融资功能完备、基础制度扎实、市场监管有效、投资者合法权益得到有效保护的多层次资本市场体系。当年 10 月，党的十九大报告对进一步推进资本市场发展改革进行了战略部署，提出要提高直接融资比重，促进多层次资本市场健康发展。

2018 年 11 月 5 日，中国多层次资本市场体系建设在顶层设计上取得重大突破，宣布将在上海证券交易所设立科创板并试点注册制。

科创板是独立于原有主板市场的新设板块，主要服务于符合国家战略、突破关键核心技术、市场认可度高的科技创新企业，定位于重点支持新一代信息技术、高端装备、新材料、新能源、节能环保以及生物医药等高新技术产业和战略性新兴产业。2019 年 6 月 13 日，科创板正式开板，"中国版纳斯达克"扬帆起航。

科创板的设立，是中国多层次资本市场建设的一座里程碑。新的变革催生新的机遇，新的机遇给天合光能带来新的可能。面对资本市场建设的新变革，高纪凡审时度势，及时做出了策略性变化——冲刺科创板！

"从中国资本市场本身来说，也需要一些非常良好的领军企业来发展。天合光能是战略性新兴产业的龙头企业，是全球化的企业，也是一个实体经济的主体企业，目前各个方面对于我们在国内资本市场上市是很欢迎的。"高纪凡说。

2019 年 5 月 16 日，天合光能向上交所科创板提出上市申请并获得受理。天合光能上市标准选择的是"标准（四）"，即预计公司市值不低于人民币 30 亿元，且最近一年营业收入不低于人民币 3 亿元。天合光能计划融资 30 亿元，拟投向"铜川光伏发电技术领跑基地宜君县天兴 250MWp 光伏发电项目""晶硅、太阳能电池和光伏组件技改及扩建项目""研发及信息中心升级建设项目"和补充流动资金。

很快，天合光能上市团队和保荐机构华泰联合证券就共同见识了交易所近乎到苛刻的严谨与细致。在接下来 6 月 14 日到 12 月 12 日的半年时间内，天合光能先后收到三轮问询，在首轮问询中，上交所从核心技术、业务、研发等方面提出了 76 个问题；第二轮问询中，上交所再从实际控制权、关联交易、电站业务等方面提出了 26 个问题；第三轮问询中，上交所提出了会计处理、信息差异、商誉等 8 个问题。

对这些问题，天合光能上市团队和保荐机构一起做了精心的准备和详细解答。工作异常繁重且复杂，但是为了上市这件大事，大家齐心协力，排除万难，各相关职能部门也积极配合，做好支持工作。

2020年1月8日，上海证券交易所科创板股票上市委员会召开2020年第1次审议会议，这对天合光能是一个重要日子，公司将与另外一家公司上海三友医疗器械股份有限公司一起上会，成为新年"第一审"。

这一天，天合光能上市团队和保荐机构在静静地等待审议结果。按照一般的成功过会经验，在下午就会接到审议通过的电话通知和后续工作安排。但是，这个电话一直没响，这让全体上市团队成员忐忑不安。

最终，大家等到了上交所官网公告的审议结果：暂缓审议天合光能股份有限公司发行上市（首发）。

科创板股票上市委员会还对天合光能提出了4个问询问题，主要内容包括：针对公司董事长与厦门国际信托签署的《信托贷款合同》，要求说明其中的质押安排、信托承诺的有效性、保证控股权不受影响的措施以及实际控制人还款计划的可靠性；针对存在多处项目用地和经营用房法律瑕疵的情形，要求说明保障公司经营和资产不产生重大不利影响的措施，以及风险提示是否完整；针对发行人与远晟投资签署《股权转让协议》，要求披露更多细节，以及是否存在关联关系；针对发行人存在多起尚未了结的诉讼案件、针对发行人电站补贴的收入确认情况，说明会计处理是否合规。

同时，科创板股票上市委员会还对天合光能提出了四点审核意见：

一、请发行人进一步说明如实际控制人发生违反《信托贷款合同》约定的情况，如何保证其控股权不受影响，并说明相关承诺和措施的可靠性。请保荐机构和发行人律师核查并发表明确意见。

二、请发行人进一步说明在发行人存在多处项目用地和经营用房法律瑕疵的情形下，除实际控制人所做的经济补偿承诺外，是否已履行了完备的集体用地相关经营权流转手续，是否已安排了其他措施保证对发行人的经营和资产不产生重大不利影响。请保荐机构和发行人律师核查并发表明确意见。

三、截至 2019 年 6 月 30 日，发行人应收与可再生能源补贴款相关的账款余额为 2.9 亿元，其中有九个电站的补贴收入还未进入国家补贴名录。请发行人补充披露尚未进入国家补贴名录的补贴收入的详细情况，并明确说明该项收入的确认是否符合《企业会计准则》的规定，相应的坏账准备计提是否充分。

四、发行人收购 Nclave 公司产生了商誉 1.4 亿元。请发行人进一步说明预计 Nclave 公司在 2019—2023 年期间销售收入增长 2.4%～39% 的依据，并披露商誉减值测试是否符合《企业会计准则》的规定。

当看到"暂缓审议"的结果时，全体上市团队成员闷坐在一起，个个垂头丧气。这是科创板开市以来，第三家遭到暂缓审议的申报企业，对天合光能的上市进程来说是不小的挫折。

这一天，天合光能正在常州隆重召开 2020 年度全球供应商大会，大会主题为"不忘合作初心 继续携手前进"，来自常州、盐城、宿迁、义乌市政府和供应商代表 400 余人参会，高纪凡出席大会并做了主题演讲，为全体供应商分析了光伏行业发展趋势，介绍了天合光能战略与品牌定位，并就与供应商未来合作进行展望。

一直忙到晚上的高纪凡，拖着疲惫的身体，来到上市团队中间为大家加油鼓劲。虽然上市受挫，但高纪凡依然很乐观，他告诉大家："现在只是暂缓审议，不是终止发行，还有希望，大家不要灰心。大家要坚信我们的企业质地是优良的，没有硬伤，否则就直接被否了。我们重新复盘一下工作有没有做得不到位的地方，在材料准备上更细致一些，在问询回答中更全面具体一些，再上会时一定没有问题！"

在高纪凡的鼓舞下，上市团队放下思想包袱，鼓足精神，重新投入到上市准备工作中去。

2020 年伊始，全球新冠肺炎疫情暴发，疫情影响到了天合光能的上市进程，IPO 资料整理、审核及问题答复等工作都有诸多不便。后来，上交所为应对抗疫需求，将上市审议会议改成了现场＋视频方式召开，天合光能又很巧地成为科创板第一家"云上会"的企业。

2020 年 3 月 11 日，上交所科创板股票上市委员会在 2020 年第 4 次审议会议上，审核通过了天合光能的上市申请。消息传来，上市团队爆发出一阵欢呼声，三年没日没夜地努力，终于等到了圆满的结果。在这一刻，付出的所有辛苦与汗水都是值得的。

2020 年 4 月 29 日，证监会公告称：按法定程序同意天合光能股份有限公司科创板首次公开发行股票注册，企业及其承销商将与上海证券交易所协商确定发行日程，并刊登招股文件。这意味着，天合光能顺利走完了挂牌上市前的所有程序，开市交易步入倒计时。

3. 市值千亿"压舱石"

2020 年 6 月 10 日，天合光能正式在上海证券交易所科创板挂牌交易（股票简称"天合光能"），成为第一家在科创板上市的涵盖光伏产品、光伏系统以及智慧能源的光伏企业。从这一天起，万千股民拥有了一串值得期待的财富密码"688599"。

上市仪式的现场氛围一片红红火火，高纪凡戴着红围巾，系着红领带，在现场嘉宾的共同见证下，敲响了开市铜锣。当集合竞价首笔交易开出来，现场一片欢腾——开盘价报 16.65 元 / 股，相比 8.16 元 / 股的发行价大涨 104.53%，总市值 344.3 亿元。

高纪凡在致辞讲话中，再一次回顾了天合光能的成长史。他说道："1997 年，受《京都议定书》签订以及美国'百万太阳能屋顶计划'的启发，我创建了天合光能。20 多年来，我们深耕光伏行业，以创新、品牌、全球化和数字化为发展方向，逐步成长为领先的光伏智慧能源整体解决方案提供商。"

在这一刻，高纪凡内心感慨万千。秉持一颗永远滚烫的初心，20 多年来历经千难万苦、跨越千山万水，带领公司一步步走到今天。在这个过程中，他的眼界在不断提升，内心也在不断升华，他为之奋斗的梦想，早已不是个人财富的增长，也不仅仅是天合光能这家公司的成功，而是更宽更远的世界。

"当今世界，全球气候变暖和环境污染等问题日益严峻，能源转型迫在眉睫。如何平衡好环境效益、经济效益和社会效益之间的关系，实现全面协调可持续发展，是关系到能否为我们的子孙后代留下美好生存环境的大事！"高纪凡在致辞讲话中说道。

成功登陆科创板，标志着天合光能揭开了创新进取的新篇章。天合光能将在保持光伏组件业务优势的基础上，进一步研发超高功率产品的商业化应用，发展光伏系统及智慧能源，不断为客户创造更大的价值，持续开拓创新，布局全球，洞察市场机遇，以更加优良的业绩回报股东、回报投资者、回报客户、回报社会。

天合光能成功上市，无论是对公司发展，还是对科创板市场建设来说，都是双赢的一件事情。

一方面，对天合光能来说，重新打通了融资渠道，公司能够以较为合理的估值水平，以较低的资金成本，在资本市场进行融资。在随后到来的行业扩产潮和专业一体化建设中，天合光能也正是因为有了顺畅的融资渠道，才能够及时跟上节奏，不被资金问题拖后腿。

在挂牌上市阶段，天合光能共发行新股 31020 万股，共计募集货币资金 25.31 亿元，扣除与发行有关的费用 2.2 亿元，公司实际募集资金净额为 23.11 亿元。

上市半年后，天合光能再次募资，发行 52.65 亿元可转债，用于"盐城年产 16 吉瓦高效太阳能电池项目""年产 10 吉瓦高效太阳能电池项目（宿迁二期 5 吉瓦）""宿迁（三期）年产 8 吉瓦高效太阳能电池项目""盐城大丰 10 吉瓦光伏组件项目"和补充流动资金及偿还银行贷款等。2021年 7 月 13 日，该发债计划获得证监会注册批复。这也是科创板获批的第三支可转债，是当时科创板募集金额最大的可转债项目。

2022 年 6 月 24 日，天合光能又拿出了 88.9 亿元的可转债募资计划，用于"年产 35 吉瓦直拉单晶项目"、补充流动资金及偿还银行贷款。11月 14 日，上交所科创板股票上市委员会审议通过了该发债申请。2023 年2 月 13 日，"天 23 转债"申购，募集资金总额 88.65 亿元。

通过发行新股和两次发债，天合光能共计募集资金 166.61 亿元，募资效率和募资规模远远超过当初在美国上市的时候，这也基本符合从美国"退市回 A"的初衷。顺畅的募资，及时解决了天合光能的资金需求，很好支撑了公司的产能建设计划和对高效高功率产品的布局。

另一方面，天合光能上市对科创板市场建设也有极大的价值。天合光能以实实在在的新能源、高科技概念，夯实了科创板的"硬科技"基础。2016 年至 2018 年，天合光能研发投入分别为 12.33 亿元、12.05 亿元与9.68 亿元，三年合计投入 34.06 亿元。2019 年至 2021 年，天合光能的研发投入分别为 13.32 亿元、16.28 亿元、25.55 亿元，连续三年增长。

从成长性来看，天合光能上市后的表现也完全符合科创板的高成长要求。

2019 年，上市前一年，天合光能实现营业收入 233.22 亿元，净利润为 6.41 亿元，扣非净利润为 6.11 亿元。

2020 年，上市第一年，天合光能实现营业收入 294.18 亿元，同比增长 26%；净利润为 12.29 亿元，同比增长 92%；扣非净利润为 11.12 亿元，同比增长 82%。

2021 年，天合光能实现营业收入 444.80 亿元，同比增长 51%；净利润为 18.04 亿元，同比增长 46.77%；扣非净利润为 15.48 亿元，同比增长 39%。

2022 年，天合光能继续保持高速增长。公司财报显示，2022 年实现营业收入 850.52 亿元，同比增长 91.21%；实现归母净利润 36.80 亿元，同比增长 103.97%。2022 年全年，天合光能光伏组件出货量达 43.09 吉瓦（据 InfoLink Consulting 数据显示，排名全球第三），相比上一年增长了近 20 吉瓦，连续八次获评 PVEL 全球"最佳表现"组件制造商。

从投资回报上来说，天合光能的表现没有辜负广大投资者的期待。

2019 年度，天合光能向全体股东每 10 股派发现金红利 1 元（含税），合计派发总额为 2.07 亿元。2020 年度，天合光能向全体股东每 10 股派发现金红利 1.8 元（含税），合计派发总额为 3.72 亿元。2021 年度，公司再向全体股东每 10 股派发现金红利 2.3 元（含税），合计派发总额为 4.99 亿元。三年都在分红，分红额逐年上升，三年合计分红 10.78 亿元。

在上市之后，天合光能的股价走势相对平稳，在 2020 年第四季度出现了一波最高 80% 的上涨，后来又震荡回落。到了 2021 年 6 月初，天合科创板上市一周年，天合光能的能量开始大爆发，一路从每股 17 元左右上涨至每股 87 元左右，这让资本市场惊呼不已，看好天合、坚定持有天合的投资人，收获了可观的投资收益。

上市之后，天合光能总市值最高增长至约 2000 亿元，成为结结实实的"大块头"。2022 年股价虽有震荡起伏，总市值也稳定在 1500 亿元上下，在科创板 500 多只股票中，市值规模位列前五，是稳定市场交易的"压舱石"。天合光能以优异的表现，成为科创板一颗闪耀的明星。

CHAPTER 8

第八章

零碳时代引领者

1. "3060 双碳"大潮开启

在天合光能的创立史上，1997 年联合国通过的《京都议定书》是照进梦想的一束光。正是受此启发，高纪凡看到了人类应对气候变化、保护地球家园的重要性，更看到了由此而来的能源变革和产业未来。高纪凡由此找到了自己的创业方向，并将其确立为一辈子的事业，用二十多年的奋斗，带出了一家千亿规模的行业龙头企业。

站在当下回望过去，不得不惊叹高纪凡的眼光，这是一种能够穿越沧海桑田的战略穿透力。

在这二十多年里，人类为应对气候变化汇聚出了一股席卷全球的洪荒之力，成为 80 亿地球居民共同的价值追求。从当初的《京都议定书》，到如今的《联合国气候变化框架公约》第二十八次缔约方大会（COP28），碳达峰、碳中和正成为改变全球政治经济格局和人类生产生活方式的一场浪潮。

把时针拨回到 20 世纪 70 年代。

当时，由化石能源消耗驱动的传统工业依然繁荣，处于最后的黄金期，美国、英国的人均能源消耗量达到了顶峰；因第四次中东战争、伊朗伊斯兰革命导致的两次石油危机，使国际油价从 1970 年的 2.7 美元 / 桶涨到 1979 年年底的 40 美元 / 桶，涨幅接近 14 倍，高油价让世界经济遭受重创。这使国际社会的精英们清醒地看到，高能耗的工业增长方式不可持续。

在这样的背景下，科学家们带来了更加不好的消息：由于人类大量使用化石燃料，地球大气层中的二氧化碳（CO_2）浓度持续激增，这将导致全球变暖，引发严重气候灾难，人类生存环境将越来越恶化，地球将变得不适合人类生存⋯⋯

从这个时候起，应对气候变化、控制碳排放开始成为国际社会广泛关注的焦点问题。1992 年 6 月，"全球首脑会议"（也叫"联合国环境与发展大会"）在巴西里约热内卢举行，会上通过了《联合国气候变化框架公约》，提出全球各国在应对气候变化问题上"共同但有区别的责任"。

1997 年，在日本东京，经过艰苦卓绝的谈判，149 个国家和地区的代表通过了旨在限制发达国家温室气体排放量以抑制全球变暖的《京都议定书》，该议定书的通过，把应对气候变暖提升成了有法律约束力的国际公约，也成为人类历史上首次以法规的形式来限制温室气体排放，具有划时代的意义。

经过几十年的争吵，《京都议定书》在人类历史上首次达成共识：要将大气中的温室气体含量稳定在一个适当的水平，进而防止剧烈的气候改变对人类造成更大的伤害。《京都议定书》约定，发达国家从 2005 年开始承担减少碳排放量的义务，而发展中国家则从 2012 年开始承担义务。截至 2005 年 8 月 13 日，全球已有 142 个国家和地区签署了该议定书，其中包括 30 个工业化国家，批准国家的人口数量占全世界总人口的 80%。中国于 1998 年 5 月签署并于 2002 年 8 月核准了该议定书。

2015 年 12 月，197 个国家在法国巴黎通过了又一个里程碑式的文件——《巴黎协定》，成为《联合国气候变化框架公约》下继《京都议定书》后第二个具有法律约束力的协定。《巴黎协定》提出，在 21 世纪末要将全球气温升幅限制在 2℃以内，同时寻求将气温升幅进一步限制在 1.5℃以内的措施。

在这往后的十几年里，发达国家和发展中国家就气候变化问题进行了多轮谈判，达成了《巴厘岛路线图》（2007 年）、《哥本哈根协议》（2007 年）、《巴黎气候变化协定》（2015 年）等重要协议。这个过程充满曲折和艰难，甚至在一些时点上出现倒退（如 2017 年 6 月时任美国总统特朗普突然宣布美国退出《巴黎协定》），但整体的趋势是向前的，全世界共同努力应对地球变暖，成为不可逆的历史潮流。

中国作为负责任的大国，一直在积极推动全球应对气候变化进程，并主动承担相应的减排责任。2020 年 9 月 22 日，在第七十五届联合国大会一般性辩论上，中国国家主席习近平向全世界郑重宣布："中国将提高国家自主贡献力度，采取更加有力的政策和措施，二氧化碳排放力争于 2030 年前达到峰值，努力争取 2060 年前实现碳中和。"

习近平在讲话中指出，人类需要一场自我革命，加快形成绿色发展方式和生活方式，建设生态文明和美丽地球。人类不能再忽视大自然一次又一次的警告，沿着只讲索取不讲投入、只讲发展不讲保护、只讲利用不讲修复的老路走下去。

应对气候变化《巴黎协定》代表了全球绿色低碳转型的大方向，是保护地球家园需要采取的最低限度行动，各国必须迈出决定性步伐。

这是中国首次在国家层面明确了"减碳时间表"。"双碳"战略目标的提出，是以习近平同志为核心的党中央统筹国内国际两个大局做出的重大战略决策，是着力解决资源环境约束突出问题、实现中华民族永续发展的必然选择，是构建人类命运共同体的庄严承诺。中国的大国担当，更是赢得了国际社会的普遍赞誉和高度认可。

在"双碳"目标提出后，在党中央和国务院层面出台了一系列政策措施来推动落地。2020 年底，中央经济工作会议首次将"做好碳达峰、碳中和工作"列为 2021 年重点任务之一。《2021 年国务院政府工作报告》明确提出，"扎实做好碳达峰、碳中和各项工作，制定 2030 年前碳排放达峰行动方案"。2021 年 3 月 15 日，中央财经委员会第九次会议指出，"实现碳达峰、碳中和是一场广泛而深刻的经济社会系统性变革，要把碳达峰、碳中和纳入生态文明建设整体布局，拿出抓铁有痕的劲头，如期实现 2030 年前碳达峰、2060 年前碳中和的目标。"

2021 年 9 月 22 日，"双碳"目标提出一周年之际，印发了《中共中央 国务院关于完整准确全面贯彻新发展理念 做好碳达峰碳中和工作的意见》。意见提出了明确、详细的发展目标：

——到 2025 年，绿色低碳循环发展的经济体系初步形成，重点行业能源利用效率大幅提升。单位国内生产总值能耗比 2020 年下降 13.5%；单位国内生产总值二氧化碳排放比 2020 年下降 18%；非化石能源消费比重达到 20% 左右；森林覆盖率达到 24.1%，森林蓄积量达到 180 亿立方米，为实现碳达峰、碳中和奠定坚实基础。

——到 2030 年，经济社会发展全面绿色转型取得显著成效，重点耗能行业能源利用效率达到国际先进水平。单位国内生产总值能耗大幅下降；单位国内生产总值二氧化碳排放比 2005 年下降 65% 以上；非化石能源消费比重达到 25% 左右，风电、太阳能发电总装机容量达到 12 亿千瓦以上；森林覆盖率达到 25% 左右，森林蓄积量达到 190 亿立方米，二氧化碳排放量达到峰值并实现稳中有降。

——到 2060 年，绿色低碳循环发展的经济体系和清洁低碳安全高效的能源体系全面建立，能源利用效率达到国际先进水平，非化石能源消费比重达到 80% 以上，碳中和目标顺利实现，生态文明建设取得丰硕成果，开创人与自然和谐共生新境界。

2021 年 10 月 24 日，国务院印发的《2030 年前碳达峰行动方案》提出，要加快实现生产生活方式绿色变革，推动经济社会发展建立在资源高效利用和绿色低碳发展的基础之上，确保如期实现 2030 年前碳达峰目标。"十四五""十五五"期间主要目标为：

——"十四五"期间，产业结构和能源结构调整优化取得明显进展，重点行业能源利用效率大幅提升，煤炭消费增长得到严格控制，新型电力系统加快构建，绿色低碳技术研发和推广应用取得新进展，绿色生产生活方式得到普遍推行，有利于绿色低碳循环发展的政策体系进一步完善。到 2025 年，非化石能源消费比重达到 20% 左右，单位国内生产总值能源消耗比 2020 年下降 13.5%，单位国内生产总值二氧化碳排放比 2020 年下降 18%，为实现碳达峰奠定坚实基础。

——"十五五"期间，产业结构调整取得重大进展，清洁低碳安全高效的能源体系初步建立，重点领域低碳发展模式基本形成，重点耗能行业能源利用效率达到国际先进水平，非化石能源消费比重进一步提高，煤炭消费逐步减少，绿色低碳技术取得关键突破，绿色生活方式成为公众自觉选择，绿色低碳循环发展政策体系基本健全。到 2030 年，非化石能源消费比重达到 25% 左右，单位国内生产总值二氧化碳排放比 2005 年下降 65% 以上，顺利实现 2030 年前碳达峰目标。

两个重要文件的相继出台，共同构建了中国碳达峰、碳中和"1+N"政策体系的顶层设计。在这两个文件的指导下，重点领域和行业的配套政策陆续出台，一场声势浩大的、深刻全面的大变革开始全方位、多层次地推进……

在这场变革中，新能源产业面临着空前的历史机遇，制约光伏发展的"天花板"被彻底突破，光伏大发展的时代真正来临。根据国际能源署（IEA）发布的《2050年净零排放：全球能源行业路线图》，到2050年，全球近90%的发电量将来自可再生能源，其中风电和光伏发电合计占近70%。为了如期实现净零排放目标，到2030年全球光伏年新增装机容量达到630吉瓦，风电年新增装机容量达到390吉瓦。这意味着，到2030年，全球光伏年新增装机容量将蹿升至2020年的四倍，相当于每天有1吉瓦的光伏电站实现并网。

大时代、大机遇下，天合光能的发展潜力也被彻底释放。立足产业变局，面向"双碳"未来，天合光能全面进行业务升级，丢掉电站包袱开启轻资产化运营模式，加快布局分布式光伏，启动了天台的"百万太阳能屋顶计划"，推动建立"600W+光伏开放创新生态联盟"带动全行业向着210产品变革，重拾垂直一体化战略进入上游硅料环节……一系列在光伏3.0时代影响深远的战略业务布局渐次展开！

2. 重启"百万太阳能屋顶计划"

在碳达峰、碳中和的大潮下，家用光伏板块是在天合光能企业平台上率先成长起来的一棵树苗。这棵树苗承载着高纪凡创业起点上的初心梦想，更是天合光能"创团+平台化"改造的一个"标杆"。

当初，受原美国总统克林顿（Willam Jefferson Clinton）"百万太阳能屋顶计划"的启发，高纪凡选定了太阳能作为一辈子的奋斗事业，并立下了"用太阳能造福全人类"的誓愿。在最开始的设想中，是要让太阳能走入寻常百姓家，光伏与屋顶相结合，让普通老百姓都能用上光伏清洁能源。

但是，与美国、德国光伏发展方向完全不同，中国的地面光伏电站先期爆发，成为光伏装机容量的主力，而分布式光伏则发展相对缓慢。有一组数据可以说明差别有多大：德国光伏发电装机中，户用分布式占比高达80% 左右；中国截至 2016 年年底，分布式光伏装机 10.38 吉瓦，在光伏发电总装机容量（77.42 吉瓦）中仅占 13.4%。

所谓户用分布式光伏，是指在用户场地附近建设，运行方式以用户侧自发自用、多余电量上网为主，且在配电系统能平衡调节的光伏发电设施。相对于大型地面光伏电站，分布式光伏发电具有"小型分散、因地制宜、就地接入、就近利用"的特点，是更适合太阳资源特点的发电利用形式。

从中国国情来看，发展分布式光伏也是更优选择。中国的资源分布和市场利用呈现出很典型的不均衡特点，西部、北部地区土地辽阔，资源丰富，无论是煤炭、油气还是太阳能资源均非常丰富，但是市场需求不大，消纳是巨大难题。中国东部、南部地区经济发达，用能需求量高，但却欠缺资源，也缺少建大型地面光伏电站所需的宽阔的场地。要解决这个矛盾，在东部负荷中心大规模建设分布式光伏是完美的解决方案，也可以看到国家在政策层面也在积极鼓励，多次发布政策文件对分布式光伏给予补贴优惠和并网便利。

对于这个大趋势，高纪凡有着清醒的认识。

高纪凡认为：光伏产业经过 20 多年努力逐渐走向"平价时代"以后，未来发展方向应该是光伏和各种应用相结合，把光伏能源和基础设施、其他应用以及老百姓的生活连在一起。光伏最大的特征是分散性的，也可以说是"天赐的无所不在的能源"，所以未来光伏的发展一定是分布式的、互联式的、智能交互式的、分享式的体系。

"我们做了初步调查，中国居民家里能够装光伏的超过 1.5 亿户，如果这 1.5 亿户都装上光伏，年发电量将达到 2 万亿度，差不多相当于全国年总发电量的三分之一（据国家统计局数据，2017 年全国总发电量 6.5 万亿度），所以中国的光伏应用市场是巨大的。"高纪凡说。

趋势已明，但是"风口"未到，市场感觉良好的高纪凡一直在静静地等待时机，酝酿启动天合的"百万屋顶计划"。

截至 2015 年年底，中国光伏累计装机容量达到 4318 万千瓦，其中集中式光伏电站达到 3712 万千瓦，占比 86%，分布式光伏电站达到 606 万千瓦，占比 14%。但是，消纳不足带来的"弃光"问题不容忽视，全国全年光伏发电平均利用小时数为 1133 小时，西北地区弃光严重，甘肃全年平均利用小时数 1061 小时，弃光率达 31%；新疆维吾尔自治区全年平均利用小时数 1042 小时，弃光率达 26%。

2015 年成为了"分水岭"，跨过这一年后，分布式光伏开始成为市场"新宠"。2016 年，分布式光伏迎来风口，当年新增装机容量为 424 万千瓦，比 2015 年新增装机容量增长 200%。中东部地区分布式光伏开始快速增长，浙江（86 万千瓦）、山东（75 万千瓦）、江苏（53 万千瓦）、安徽（46 万千瓦）和江西（31 万千瓦）位列新增装机容量前 5 位。

实际上，看好分布式光伏未来的，还有另一位光伏老兵——张兵。

张兵 2008 年进入光伏行业，职业履历包括通威、汉能等业内知名企业。早在 2014 年，张兵就带领团队在西南地区开始开拓家用光伏市场，那时候几乎扮演了"拓荒者"的角色。虽然局限于市场时机未到，进展异常艰难，但张兵坚信自己的判断，光伏的未来在分布式，光伏一定会走向多场景、全天候的应用。

因为业务上的关系，高纪凡与张兵在很多年前就熟识。2016 年，当高纪凡决定开始大举进入分布式光伏时，张兵也正在寻找一个好的平台来大展拳脚。于是，在 2016 年年中的某天，张兵与高纪凡有了一番深谈，对分布式光伏痛点的洞察，对市场风口和未来趋势的判断，两人可谓是"英雄所见略同"，会谈异常畅快。

2016 年 10 月，张兵正式加盟天合光能，领衔刚刚成立不到一个月的家用光伏事业部，任天合光能有限公司副总裁、家用业务价值群总裁。

在天合这个平台上，张兵开始了一次全新的创业。天合家用光伏业务已不是一个事业部的概念，而是重新注册了独立公司，独立财务核算，核心团队成员拥有股权。家用光伏事业部得到天合光能母公司的前期启动资金支持和品牌支持，而其他一切则几乎从零开始，全新的业务、全新的体系，与天合光能原有业务板块按照市场化价格来商谈供应和采购价格。

在开动之前，张兵向高纪凡提交了商业计划书，定下了未来 5 年的发展目标：安装户用光伏一百万套，公司规模做到一百个亿。高纪凡看后非常认可，没有做任何改动直接同意按这个方案执行。

公开数据显示，2015 年全国户用分布式光伏装机两万套左右，2016 年达到 15 万套。天合提出 5 年 100 万套和 100 亿元的目标非常之宏大，那么该如何做到呢？与众多竞争对手相比天合如何做到差异化？

在当时，户用光伏市场可谓乱象丛生。没有统一的行业标准，缺乏专业的技术指导，用户也不了解产品。安装商把持着终端市场出口，他们说什么就是什么，这就与十几年前的电脑市场一样，攒机拼装占比很高。这一家的逆变器，那一家的组件，哪个便宜用哪个，不管效果怎么样先拼一起装到农户屋顶上再说。

天合进军户用光伏的最初定位，也是在卖产品，这是最直接也最容易的路子。但是，张兵对户用光伏市场的调研，改变了他的想法。

在一户农户家里调研时张兵了解到，他们家花了 16 万元装了一套 20 千瓦的光伏发电系统，而建房子只花了五六万元，整个房子还没有光伏系统贵。房子在外面看很好看，但屋里几乎没有任何装修，家具也很简陋。

"你为什么愿意花这么大的代价来装光伏发电系统？"张兵问。

"装光伏电站国家有补贴，可以挣钱的。"农户答。

当认真查看过这家的光伏电站后，张兵发现了很多问题。电站产品用的是"杂牌子"，电站现场连最基本的接地线和防雷设施都没有，设计和安装也不规范。"如果这套系统出了质量问题，或者出了问题没人管怎么办？"张兵疑虑重重。

后来张兵又走访经销商，张兵问："你们是怎么卖光伏系统的？如何选择材料？"经销商回答说："市场上可供选择的组件产品很多，买回来只要固定好装在屋顶上就可以了。"张兵问："你们有没有接受过专业的培训？"经销商回答说："参加过行业的一些会议，也看过一些专业书籍，这个东西很简单。"

这次调研让张兵发现了问题的严重性："这样做存在巨大的风险。拼装低质产品，发电量会低很多，如果出现故障经销商管不了，设备厂家也很难负责。光伏电站使用寿命是25年，我也是农村人，看到农村的大爷大妈就像我的父母一样，他们花了那么大的代价投资光伏电站，出了问题如何解决？"

调研回来之后，张兵清楚了天合家用光伏究竟要做什么——"原装"品牌光伏！而这也与高纪凡的想法不谋而合。

2017年3月，天合家用光伏与鉴衡认证中心共同发布"优质光伏系统原装标准"；开启全国招商，在石家庄、常州、济南等地举办招商会。

2017年4月，天合家用光伏率先在全国启动"家用光伏千县万镇科普行"活动。

2017年6月，天合家用光伏在全国近千个县城上万个乡镇率先发起行业内最大规模的质量巡检行动……

在一系列紧锣密鼓的筹备之后，天合成立20年来首次推出的子品牌——天合富家，即将应运而生。

3. 原装光伏开创者

2017 年 8 月 17 日，北京国家会议中心，高朋满座、胜友如云，天合光能主办的户用光伏品牌发布会盛大举行。

面对台下的数百位嘉宾，高纪凡亲自登台演讲：

"20 年前，我就曾梦想将光伏和屋顶结合，让每一个房子都是一个电站，让每个老百姓都享用太阳能发电。现在'天合富家'就是在实现这个梦想，我们计划用五年时间来实现天合光能的'百万太阳能屋顶计划'。我们将帮助我们的客户在精神财富和物质财富上都有收获，这也符合我们'成就客户'的企业核心价值观。"高纪凡充满激情地说道。

在发布会上，天合光能正式推出全球首个家用原装光伏品牌——天合富家，这也是光伏行业内首个原装家用光伏系统品牌，引起行业震动。天合富家推出了具有核心竞争力的原装家用光伏系统新品——电多多 S。

针对这款全新发布的新品，天合光能副总裁、天合家用光伏总裁张兵在发布会上做了全新的解读：全新的电多多 S 原装家用光伏系统，以更优质的硬件系统实现了更强劲的性能表现；以更专业的设计方案，提升了发电效率、安全结构及建筑美观性；以更可靠的质量交付，实现了从仓储、运输、安装到检测各环节的标准化流程；以更完善的售后运维，快速响应客户需求，打造更好的用户使用体验。

与普通的家用光伏不同，天合原装家用光伏系统有四重保障：

第一重，光伏组件、光伏逆变器等关键设备都是天合品牌的，从设备来源上杜绝了拼装电站带来的质量隐患，避免出现质量问题后买卖双方的互相扯皮、推诿。

第二重，设计环节。一套系统的发电效率除了和硬件本身的品质和匹配性相关，还与屋面朝向、组件安装角度、周边环境遮挡等相关，且每户家庭的屋顶都有其自身特点，朝向、所处的地理环境、气候等都并非千篇一律，因此，安装稍有偏差，发电效率就会大打折扣。为了让每一套安装好的天合原装家用光伏系统都能达到最佳的发电效率，天合会现场勘测，采用三维优化设计方案，根据实际环境为每户屋顶量身打造属于自己的最佳安装方案。

第三重，产品交付过程管理。除产品自身质量外，光伏产品从出厂到屋顶安装，会经过运输、卸载等多个环节，整个环节中如果有一环操作不当，都会对核心部件造成损坏。对此，天合原装家用光伏系统将产品整个过程管理纳入天合的监管体系。这样就可以避免电站安装过程中出现"野蛮安装""暴力安装"等现象。

第四重，电站安装完成之后所有的系统将接入天合云平台，通过实时采集数据，监控每套系统在用户屋面的发电状况和运行效率情况。

除却"四重保障"之外，天合光能还和中国人民财产保险股份有限公司（PICC）签署了战略合作协议，包括安装工程一切险、家用光伏系统财产综合保险、家用光伏系统产品责任险以及家用光伏系统产品质量险等条款，涵盖了系统产品从质量、安装到后期使用过程中可能发生的所有预估风险保障。

天合原装家用光伏系统的推出，将中国家用光伏市场由混乱无序的拼装阶段带向了日益规范的原装时代。原装光伏是一套严格的过程质量控制标准，是有实力的企业对终端用户的质量承诺，承载了天合人的情怀和梦想。该系统的推出，在市场上杀出了一条"血路"，在与同行的竞争中迅速走到前列。

2017年，天合原装家用光伏系统一路高歌猛进，成效卓著：创造性地提出原装 4T 标准，为整个行业树立标杆，斩获行业奖项 21 项，在全国做了 2000 多场科普行活动，开拓建立 8 省市经销商渠道，实现销售收入近 10 亿元，在老百姓心中初步建立了"天合原装才是我们最信赖的屋顶银行"的品牌认可。

2017 年，中国分布式光伏集中爆发。国家能源局公布的官方数据显示，全国新增装机容量为 53 吉瓦，其中，分布式光伏为 19.44 吉瓦，同比增长 3.7 倍。截至 2017 年 12 月底，中国光伏发电累计装机容量达到 130 吉瓦，其中分布式光伏 29.66 吉瓦，占比约 23%。

对于分布式光伏的未来，光伏行业内一致看好，天合家用光伏事业部也摩拳擦掌，准备在 2018 年大干一场。

"2017 年，家用光伏并网超过 50 万户，增速达 250%，同比增长超 7 倍。'自发自用、余电上网'正在老百姓的认知中普及，2018 年市场容量将突破 100 万套，有望冲刺 150 万套。从 2018 年家用光伏市场终端来说，消费者的行业认知度在提高，品牌意识也不断提升。单单卖产品已经不能满足市场，我们要做的还是坚持提供家用光伏整套解决方案，保持质量与服务的迭代与进化，真正形成质量与服务的闭环。互联网时代，赢家通吃，成功 = 正确的选择 × 行动力。"在某次大型行业论坛上，张兵慷慨激昂地说道。

但是，天有不测风云。因政策而起的中国光伏产业，在高速发展十几年后，在 2018 年的夏天迎来了"成人礼"。

5 月 31 日，国家发展改革委、财政部、国家能源局联合发布了《关于2018 年光伏发电有关事项的通知》（因落款日期为 5 月 31 日，以下简称"531 新政"），文件明确规定：

"规范分布式光伏发展。今年安排 1000 万千瓦左右规模用于支持分布式光伏项目建设。考虑今年分布式光伏已建情况，明确各地 5 月 31 日

（含）前并网的分布式光伏发电项目纳入国家认可的规模管理范围，未纳入国家认可规模管理范围的项目，由地方依法予以支持。

"自发文之日起，新投运的、采用'自发自用、余电上网'模式的分布式光伏发电项目，全电量度电补贴标准降低 0.05 元，即补贴标准调整为每千瓦时 0.32 元（含税）。采用'全额上网'模式的分布式光伏发电项目按所在资源区光伏电站价格执行。分布式光伏发电项目自用电量免收随电价征收的各类政府性基金及附加、系统备用容量费和其他相关并网服务费。"

这两条政策意见，第一条是对分布式光伏做规模限制，相比之前不限制规模的做法，是戴上了"紧箍咒"；第二条是降低补贴标准，相比之前对分布式发电的优待，这次与普通电站一样一视同仁地降低了补贴。新政一出，可谓"一石激起千层浪"，光伏行业"一夜入秋"，火热发展的分布式光伏被踩下了"急刹车"。

"531 新政"，给刚刚开始爆发增长的中国分布式光伏产生了重大影响，在这场严峻考验之下很多企业都陷入困境，甚至出现了破产倒闭，天合富家也受到影响，这对张兵团队和家用光伏这棵小苗都是不小的挑战。

不过，天合富家团队反倒转危为机，通过持续的创新杀出一条血路，在家用光伏市场一路走到领先位置。2019 年年底，天合富家原装家用光伏系统累计出货量已超 1 吉瓦，稳居行业前列；县级经销商超过 1700 家，乡镇服务网点超过 15000 个，渠道之强冠绝行业。

2021 年，天合分布式光伏业务系统出货量超过 2 吉瓦；2022 年上半年，出货量超过 2.2 吉瓦。据国信证券发布的研究报告称，天合前三季度分布式光伏系统出货高达 3.7~4.2 吉瓦，其中第三季度约 1.5~2 吉瓦，这意味着 2022 年天合富家业务继续高速增长，连续在翻倍，稳坐中国家用光伏头把交椅。

在张兵看来，家用光伏未来将成为家电化的产品，真正"走入寻常百姓家"。顺应这个大势，天合富家将通过持续创新，重新定义家用光伏的未来：

其一，数字化。随着5G、数字高速公路等新基建的推进，光伏产业数字化进程将大大加快，户用光伏的销售、服务、运维等都将在线上实现，智能运维将成为户用光伏的重要组成部分。

顺应这一趋势，天合富家加速数字化转型，打造了全面移动互通的信息系统来连接客户与天合的沟通交流。终端用户以天合富家App为接入口，可以做日常的电站监控、享受天合原装的售后服务、查询到所有跟电站有关的信息；渠道商可以通过天富通App实现所有系统的操作，比如对终端客户的销售掌控、经销商与分销商之间的账务往来，以及经销商与天合总部的购销关系等；加上天合内部的天信App，三者使用同一后台，实现三端即时信息沟通。

其二，品牌化。光伏产业经历了初期的杂乱和急躁之后，用户培训工作已经完成。在新的发展阶段，老百姓会更加注重品质和性价比，企业也会更加注重品牌建设，市场份额也将逐渐向品牌过硬的大企业集中。

在这方面，天合富家投入重金，不断强化品牌建设。2021年5月1日，天合富家同时在央视综合频道、财经频道、国际频道、体育频道上线户用光伏广告，在中国顶级媒体如此大面积地投放光伏广告，这在光伏行业还是破天荒头一回。通过央视这样的强势媒体加持，让户用光伏"出圈"，进入更多人的视野，打开更大的世界。

其三，优质化。伴随着户用光伏的平价化、低价化，光伏产品将更加注重高效、优质，此前用于大型地面电站的光伏技术与产品，会更多地用到户用光伏市场。随着TOPCon（隧穿氧化钝化接触电池）、IBC（全背电极接触晶硅光伏电池）、HJT（异质结电池）等光伏技术的进步，户用光伏产品的迭代也会层出不穷。

在这方面，天合于 2020 年 11 月推出至尊小金刚组件，首次将基于 210 技术的超高功率组件应用于分布式光伏，将全行业最领先的技术应用于户用光伏市场，在屋顶场景上做到功率、尺寸、美观、重量多维度的平衡最优，既满足终端用户对更高功率的需求，又推动了整个分布式光伏行业的升级。

2021 年 6 月 3 日，天合在第十五届国际太阳能光伏与智慧能源大会暨展览会（SNEC 2021）首日，发布"天合蓝天·天能瓦"BIPV 原装系统解决方案。该解决方案从中国传统建筑结构中汲取智慧，将工匠精神与现代科技完美结合，引起行业强烈关注。该解决方案可根据客户需求提供一体化专业定制，通过参与建筑前端设计，将光伏系统与建筑深度结合，真正做到设计、施工、服务一体化。光伏，不再是屋顶的附属物，而是与建筑美学融为一体。

4. 探路能源物联网

对于 2018 年"531 新政"之后中国光伏产业的发展走向，高纪凡有如下判断：

短期来看，"531 新政"对于行业是一个考验，行业阵痛不可避免。但从长远来看，"平价上网"是必然趋势，在政策倒逼下会比大家预期的时间更早来临。在走向平价上网的路上，未来中国光伏产业一定会呈现出前所未有的"两低、一高、一多"发展局面。

低成本，是未来光伏产品的必然趋势。

低成本包括技术成本和非技术成本两个方面。在技术成本上，目前光伏企业通过持续的技术革新，产品的技术成本已降至很低，可以满足平价上网的要求；在非技术成本上，当下的状况是在总成本中占比较高。随着国家和地方的政策支持、税费改革以及投资环境的改变，非技术成本有望进一步降低，且降低空间很大。这方面期待各级政府主管部门更大力度的支持和部门间的相互协同。

低碳，甚至是零污染，这将在未来光伏生产的全产业链中成为现实。

光伏的最大特色就是绿色、可持续。在产业发展初期，光伏产品尚未能实现完全的清洁生产。而未来，光伏产品的上下游生产都将会实现低碳、零排放、零污染，用清洁能源生产清洁能源。

高效，是光伏产业未来发展的关键。

一方面，光伏产品在原料利用率、发电转化率上的提高，使得光伏发电成为最具竞争力的发电方式；另一方面，光伏产业会为用户带来高效益。无论是大型光伏电站还是家庭分布式光伏，都能实现较高的产出比，为用户带去更多利润的同时，也能为国家扶贫工作做出更大贡献。

多元化，是光伏企业转型的另一个发展方向。

在光伏产业发展初级阶段，企业依靠单纯的产品出货量盈利，事实证明风险极高。在未来，光伏企业可以成为一个多元化主体，从产品生产、设备解决方案、资源优化配置、资本运作等各个层面，实现国内、国际化路线兼顾，建立起多元立体、抗风险能力强的企业体系。

在"两低、一高、一多"的大趋势下，光伏等清洁能源将逐步发展成为未来的主力能源，这必将对现有的以化石能源和集中式为主的能源体系做出重构。在未来，能源体系将是互通互联的、多能互补的清洁能源体系。

这便是天合光能步入"3.0 时代"后的业务目标所向——致力于成为

全球能源物联网的引领者。这是高纪凡带领天合光能期望走到的另外一个更大更辽阔的新天地。

物联网，是新一代信息技术的重要组成部分，也是信息化时代的重要发展阶段，其英文名称是："Internet of Things"（IoT）。1999 年，美国麻省理工学院建立的"自动识别中心"（Auto-ID），首次提出了"万物皆可通过网络互联"，物联网就是物物相连的互联网。这有两层意思：其一，物联网的核心和基础仍然是互联网，是在互联网基础上的延伸和扩展的网络；其二，其用户端延伸和扩展到了任何物品与物品之间，进行信息交换和通信，也就是物物相联。

物联网通过智能感知、识别技术与普适计算等通信感知技术，广泛应用于网络的融合中，也因此被称为继计算机、互联网之后世界信息产业发展的第三次浪潮。物联网是互联网的应用拓展，与其说物联网是网络，不如说物联网是业务和应用。因此，应用创新是物联网发展的核心，以用户体验为核心的"创新 2.0"是物联网发展的灵魂。

能源物联网，则是物联网、大数据、云计算以及人工智能等技术在能源领域的综合运用。随着分布式能源、新能源汽车、储能等能源技术的进一步发展，基于电力等能源市场化改革的深入推进和用户需求的深度挖掘，能源物联网将会实现大发展。能源物联网有望从能源到信息、从供应到需求、从规划设计到建设运营等多个维度，构建起一种新的以需求为导向、因地制宜的清洁高效能源体系。未来 20 年，能源物联网将带来革命性影响。

在国家发展改革委发布的《关于推进"互联网 +"智慧能源发展的指导意见》明确指出，"互联网 +"智慧能源是一种互联网与能源生产、传输、存储、消费以及能源市场深度融合的能源产业发展新形态，具有设备智能、多能协同、信息对称、供需分散、系统扁平、交易开放等主要特征。在全球新一轮科技革命和产业变革中，互联网理念、先进信息技术与能源产业深度融合，正在推动能源互联网新技术、新模式和新业态的兴起。

能源互联网是推动我国能源革命的重要战略支撑，对提高可再生能源比重，促进化石能源清洁高效利用，提升能源综合效率，推动能源市场开放和产业升级，形成新的经济增长点，提升能源国际合作水平具有重要意义。根据北京研精毕智整理的市场数据显示，2020 年中国能源互联网市场规模为 1.02 万亿元，到 2025 年，其市场规模将有望突破 2 万亿元。

这意味着，天合光能业务升级所指向的能源物联网，将是一个万亿级市场。相比光伏制造，能源物联网更加高科技，更有张力，也更有未来想象空间。

2018 年 3 月 22 日，"天合光能发展大会暨能源物联网论坛"在常州举行，正式发布天合光能能源物联网品牌——TrinaIoT，吹响了向着新目标和新方向进军的"号角"。

TrinaIoT，是"发－储－配－用－云"一体化的能源物联网解决方案。在这个能源物联网体系中，其基本构架分为云、管、端三部分，分别涵盖信息收集对象和服务对象的设施层；采集能源基础数据的感知层；包含服务园区和智能微网的天中能量管理平台 TrinaMOTA 的网络层；以天能云 TrinaAurora 智慧能源云为基础的平台层，以及为终端用户提供各类智慧、高效的能源服务的应用层。

"三位一体"的能源物联网体系，将彻底打通能源领域中发电、储能、配网、用电终端各环节，让能源流、信息流、价值流与能源设备在互动、共享的智慧能源网络里相互连接，从而实现能源互联一体化管控，最终为发电企业、储能企业、配电网企业、售电企业提供各类智慧、高效的能源服务，全面降低能源成本。

在能源物联网这个更高层级的架构之下，天合光能现有各大版块的业务完全涵盖了进去,包括:天合优配 TrinaPro 智能光伏发电方案、天合商用光伏整体解决方案、天合富家 TrinaHome 中国户用光伏第一品牌、天合智慧储能 TrinaBess、天中能量管理平台 TrinaMOTA 以及智慧能源云平台天能云 TrinaAurora 等一系列代表光伏产业前端技术和发展趋势的天合光能解决方案。

那么,能源物联网的商业模式有哪些?天合光能的盈利空间在哪里?

天合光能的能源物联网解决方案围绕客户需求设计,既有模块化套餐服务,也可以定制化设计,主要包括核心服务、基础服务、增值服务以及为客户带来的潜在价值,主要有以下四个方面:

一是多能互补:立足地区资源跟踪,有效使用三联供、地源水源热泵和相变储能等多项技术,因地制宜提供最优化的能源一体化解决方案,结合相变储能,充分利用能源价格的峰谷差,最大限度地提高微网能源消费的经济性。

二是光伏 + 储能:一流的硬件产品 + 领先的系统集成 + 专业的运维团队,最大限度利用太阳能资源降低峰时电价。为发电侧提供调频、电能质量保障与备用能源服务,同时也可以为分布式发电系统平滑输出提供保障。

三是智能微网:立足区域能源供需和分布式能源就地消纳的特点,针对项目定制化设计基于"发 – 储 – 配 – 用 – 云"的一体化解决方案,为区域内用户提供高效、稳定、优惠的能源供应服务。

四是增值服务:包括售电代理、需求侧管理、运维托管、能源金融、资产管理等服务。

目前,天合光能的能源物联网体系建设已经初具规模,相比行业竞争对手大多只是在某款硬件、某个领域的单独解决方案,天合光能的综合解决方案具有很强的比较优势。在实际市场表现中,天合光能做了几大落地项目：

在常州，天合光能重磅打造了能源互联网整体解决方案经典案例——天合工厂智能微网项目。该项目以"热（冷）定电，冷、热、电联供"以及以大数据、智能互联为平台的能源共享机制，与原有的冷热源系统形成多能互补，满足天合光能（东南厂区）自身的冷、热、电需求，建设成为多能互补、智能高效、绿色低碳的现代工厂能源示范体系。

天合光能能源物联网解决方案还走出了国门，落地知名旅游胜地马尔代夫，打造了"光储柴"（光伏－储能－柴油机发电）相结合的微电网经典应用案例。

马尔代夫是印度洋上的一个因旅游业而闻名的岛国，也是世界上最大的珊瑚岛国，由 1200 余个小珊瑚岛屿组成，其中 202 个岛屿有人居住。德国波茨坦气候影响研究所的海洋学家斯特凡·拉姆斯托夫（Stefan Rahmstorf）预测：如果各国仍然按照目前的速度和数量排放二氧化碳，到 2100 年全球海平面将上涨 1.4 米。在不到 80 年的时间内，马尔代夫的绝大部分岛屿都会被淹没在印度洋底。

立足环境保护和能源问题，针对马尔代夫迫切的发展现状，天合光能提出了 27 个岛的能源物联微网解决方案。由光伏、储能与现有的柴油发电结合供电，通过系统管理，协调负载，对能量进行调配控制，保持能量平滑输出，完美解决了此前完全依靠柴油发电，给居民带来供电不稳定的情况，以及严重的环境污染问题。该方案解决了当地约 11000 户居民的生活用电问题，每年可节省柴油 5000 升，每年可减排二氧化碳 12.5 吨。

该项目实现了用电安全稳定与绿色发电目标，对于像马尔代夫这样深受气候变暖、海平面上升困扰、被专家预测会在 80 年后消失的海岛国家而言，具有重要的社会价值。该项目对许多岛国政府来说，是很好的可供借鉴的榜样，具有广阔的推广应用前景。

站在一个万亿级的大"风口"上，天合能源物联网已整装出发。

天合的做法，显然不会局限在单打独斗上，而是在平台化战略支撑下，以更加开放的心态拥抱更多合作伙伴，共同构建一个开放合作的能源物联网生态圈。在这个生态圈中，天合光能更多的是扮演"赋能者"角色。

2018 年 3 月 22 日，在 TrinaIoT 品牌发布现场，天合光能与西门子、IBM、华为、清华大学、阿里云、国网（苏州）城市能源研究院、埃森哲以及朗新等多家战略伙伴，共同启动了天合能源物联网产业发展联盟。紧随而至的 6 月，天合能源物联网上海紫竹基地也正式启动。

2018 年 8 月 17 日，天合光能联手华为、阿里、IBM 等国内外 16 家单位，成立新能源物联网产业创新中心，打造出一个突破新技术、探索新机制、实现新跨越的产业创新平台。12 位国内外专家教授加盟创新中心专家委员会，该中心规划在未来 3 年投入研发经费 10 亿元，通过构建新能源技术、智能终端、能源管理和能源云的创新技术，攻关行业共性技术和难点，引领全球能源技术和产业的发展。

通过这些生态圈建设举措，天合光能的未来目标是，利用大数据、人工智能、区块链等先进技术，连接数以亿计的太阳能板、发电、储能、配网和用电终端，让每个家庭、社区、甚至每个城市的各类能源设备协同运行，实现对负荷的精准监测和管理，推动全球能源转型，使太阳能等清洁能源成为主流，用科技承载天合光能"用太阳能造福全人类"的使命。

"未来能源体系中的新玩家必将是能够将新能源、新材料、新技术和能源物联网深度融合的企业。我们虽然从组件制造开始，但是在天合光能的 3.0 时代，我们的目标是探索出新能源的数字化、智能化转型之路，致力成为全球能源物联网的引领者。"高纪凡说。

5. 600W+，生态的力量

在降本增效的大逻辑下，科技创新是光伏行业最核心的驱动力，而技术路线之争就成为常变常新的主题。从薄膜与多晶硅路线之争，再到单晶硅与多晶硅之争，光伏各个阵营、流派的技术之争总在搅起风云。

薄膜与多晶硅路线之争，在主推薄膜发电技术路线的汉能集团与多晶硅光伏企业之间展开。汉能掌舵人李河君从水电行业起家，主导建设了国内最大的民营水电站——金安桥水电站。手握水电"印钞机"，汉能来势汹汹，结果却惨败。2019年10月，汉能爆发"欠薪危机"；2021年8月，汉能在北京奥林匹克公园的BIPV项目被拆除。汉能之败，一方面与公司战略失误有关，更重要的是，成本居高不下的薄膜光伏技术并不适合市场需求。

单晶硅与多晶硅之争，一方是以隆基绿能、晶澳科技为代表的单晶硅阵营，另一方是以协鑫集团、阿特斯为代表的多晶硅阵营。在光伏发展早期，成本更低的多晶硅占据市场主流，2016年时多晶硅片在市场上占比高达80%左右。随着隆基绿能在单晶硅效率上的提升和成本降低上不断取得突破，单晶硅的市场份额快速提高，到2020年单晶硅市场占比高达90%，占据绝对的领先地位。

技术路线之争，是一个行业发展过程中的必然现象，甚至会产生恶性竞争。但是，有序、合理的竞争却是一个行业想要进步成长必不可少的，没有竞争、没有危机感，很多人就不思进取了。实际上，光伏行业的每一次路线之争也确实推动了行业上升到更高阶段，胜出的路线更多是市场选择的结果，它们代表了更低成本、更高效率的产业未来。

业界想不到的是，光伏行业的第三次大论争，会是在硅片尺寸上打响的；业界更想不到的是，这一次论争与天合光能关系如此密切。而这一次，与以往的论争也完全不一样。

硅片是光伏产业链上的重要一环，用于制造光伏电池。在设备生产与人员搬运允许的前提下，硅片的尺寸应尽量做大，这样可以更多地降低电池组件成本，并节省系统 BOS（Balance of System）成本。

2010 年以前，单晶硅片主要以对边距 125mm 的小尺寸硅片为主，并有少量对边距 156mm 的硅片。2010 年以后，156mm 硅片成为行业主流。2013 年年底，隆基、中环、晶龙、阳光能源、卡姆丹克 5 家企业联合发布了 M1（边距 156.75mm，直径 205mm）与 M2（边距 156.75mm，直径 210mm）硅片标准，在不改变组件尺寸的情况下，M2 通过提升硅片面积使组件功率提升了 5Wp（太阳能电池峰值功率）以上，迅速成为行业主流并稳定了数年时间。

到 2018 年下半年，因市场竞争加剧，龙头企业再次把目光投向硅片，希望通过扩大硅片尺寸提升组件功率以获得产品竞争力。2019 年 6 月，硅片龙头企业隆基绿能推出了 166mm 硅片（M6），将硅片尺寸推到当时电池产线的冗余极限；2019 年 8 月，与隆基并称"硅片双雄"的 TCL 中环发布基于 12 英寸长晶技术的 210mm 尺寸硅片（M12），将大尺寸推到了极致。

2020 年 6 月 24 日，以隆基、晶科、晶澳为首的 7 家企业联合发布《关于建立光伏行业标准尺寸的联合倡议》。倡议指出，由于各家企业采用的硅片尺寸不统一，造成光伏产业链制造成本上升，并对客户的产品选择、光伏系统的安装、上下游协同等造成较大困扰。因此倡议建立几何尺寸为 182mm×182mm 的硅片标准（M10），并在行业标准组织中将这一尺寸纳入标准规范文件，减少资源浪费，促进光伏产业的健康发展。

"我们共同倡议并呼吁广大同仁与我们一道，将以本倡议中的硅片尺寸作为研发下一代硅片、电池、组件产品的标准尺寸，以推动整个行业建立基于统一标准的供应链体系，实现装备制造体系和客户应用体系的标准化，推动整个行业的良性发展。"联合倡议指出。

182mm 尺寸硅片（M10）的价值很大，但天合光能、TCL 中环等企业并不认为是最优尺寸，更大面积的 210mm 尺寸硅片才是。在这方面，高纪凡有自己的深度思考：

"光伏行业每一次的产品迭代，都要淘汰很多东西，这是巨大的浪费。硅片从 125mm，到 166mm，每一次都是这样。硅片升级能不能不要一点点地往上走，而是跨越一步走到未来更高的水平上去？硅片大小有没有最佳尺寸？定下这个最佳尺寸，以后一二十年都不用再改了。往远了说，这对行业所有参与者都有利。"

"通过跟上下游企业的深入沟通，大家基本达成共识：从技术成本、物流成本、配套成本、安装成本等各个方面综合考虑，210mm 是最优尺寸。增加硅片尺寸以提高组件功率，降低制造与发电成本是技术进步的必然趋势。硅片尺寸标准化，可以给产业链带来规模化效应，帮助上下游企业提高生产效率，优化供给，推进技术创新，降低度电成本。"

"做 210 大硅片，只靠一家或者几家企业不行，要靠全产业链的配套升级，这事才能做成。上下游企业要互相信任，坚定不移地合作，发挥各自所长，在产业链每一个关键技术点上形成突破。怎么才能合在一起形成 1+1>2 的效应？我们想到要做一个生态，对客户有利，对生态伙伴有利。"

生态，是一个系统的概念，所以也称作生态系统，是指在自然界的一定空间内，生物与环境构成的统一整体，在这个统一整体中，生物与环境之间相互影响、相互制约，并在一定时期内处于相对稳定的动态平衡状态。做生态，是顶级企业想要干，也只有顶级企业才能干的事，正所谓"三流企业做产品，二流企业做品牌，一流企业做标准，顶级企业做生态"。

在商业史上，曾信誓旦旦要打造生态的企业一抓一大把，但大多是有名无实，以失败告终，比如三星、微软在移动应用生态上的尝试，再比如乐视提出的"生态化反"概念。当然也有不少成功的案例，比如腾讯系构建的社交生态，阿里系构建的商业生态，头条系构建的数字内容生态等，它们的成功来自经过很多年的积累，且都是在各自领域内处于绝对的领导地位。

但是，有价值的事情往往都很难，因此才越要做难而正确的事情。这个时候的高纪凡，再次显示出了作为一个行业领袖所具有的强大号召力和良好社交关系，他给产业链各环节的头部企业领导人挨个打电话沟通想法，一步步完善细节架构问题。虽然收到的疑问很多，但大多数的意见是，这个事情有价值，值得做。

2020 年 7 月 9 日，由天合光能牵头，来自硅片、电池、组件、跟踪支架、逆变器、材料及设备制造商等光伏产业链上、下游共 39 家企业宣布，共同组建"600W+ 光伏开放创新生态联盟"。这是一个全新的概念，也是一次前无古人的探索，光伏企业第一次丢掉了你死我活的竞争，坐下来，携手为行业的进步而努力。

在联盟成立仪式上，39 家企业发出如下宣言：

"600W+ 光伏开放创新生态联盟" 宣言

中国光伏，一个年轻的产业，却有着举世瞩目的成就！它，已成为中国创新和产业化当之无愧的世界名片。中国光伏技术水平和实际应用均在世界范围内遥遥领先。随着全球光伏平价时代的到来，光伏将成为推动能源变革的最大动力。为了进一步提升客户价值，为促进光伏产业可持续发展，开放创新是根本法宝！

在机遇与挑战并存的时刻，建立一个开放创新的光伏生态体系已是大势所趋！为了加速推进光伏产业迈入下一个具有突破意义的新时代，以技术创新驱动产品和系统价值转化为客户价值，由硅片、电池、组件、跟踪支架、逆变器、材料及设备制造商等产业链上下游 39 家企业联合发起的"600W+ 光伏开放创新生态联盟"正式成立。

开放创新生态联盟成员前瞻性洞察到：600W+ 超高功率组件和系统集成新技术平台是光伏行业未来发展的重要方向。"600W+ 光伏开放创新生态联盟"旨在通过开放共赢的合作模式，协同产业链的优势资源，彻底打通研发、制造及应用等核心环节，营造开放协同创新的新生态。联盟企业将通力合作，共同构建基于全新技术平台的产品、系统和标准，致力于600W+ 超高功率组件和解决方案在应用端价值最大化，建立共创共生共赢新格局。

惟改革者进，惟创新者强，"600W+ 光伏开放创新生态联盟"诚挚邀请更多企业加入。让我们一起携手共进，以创新为驱动力，以合作共赢为纽带，以价值创造为准绳，共同实现光伏行业的可持续发展。

600W+ 光伏开放创新生态联盟

2020 年 7 月 9 日

"600W+ 光伏开放创新生态联盟"宣言的发出，让人耳目一新，光伏行业为之震动，好评如潮。不过很快，有好事者就把这个宣言与隆基牵头发出的联合倡议联系起来，解读为以"隆晶晶"（隆基，晶科，晶澳）为主力的"182 阵营"与以"天天升"（天合光能，天津中环，东方日升）为主力的"210 阵营"成立，光伏行业的第三次大论争开始了。

不过，在高纪凡心中，成立联盟的本意并非要打击竞争对手，而是要集合行业上下游的力量一起推动行业升级。生产 182 尺寸的产品，只需要在 166 尺寸产线上做升级改造即可，210 产线是全新的跨越式升级，必须要集全行业的力量，在全产业链上做好配套，才能实现行业整体提升的目标。联盟是开放的，敞开双臂欢迎全行业企业加入；联盟的目标是建立起良好的行业生态，协同进步，共生共赢。

基于这样的目标，"600W+光伏开放创新生态联盟"受到行业企业的认可，在成立1个月之后，就又有17家企业集体加入。目前，联盟成员进一步扩充至99家，集合了光伏产业链上的主要骨干企业。在联盟成员企业的共同努力下，210系列高效高功率产品逐步向着行业主流迈进，光伏行业的技术升级、效率升级再往前推进了一大步。

据行业研究机构集邦咨询的统计数据，2022年全球已有超52家组件企业产线兼容制造210尺寸产品，企业数量占比超8成，各大企业新建产能基本都兼容到210及以下尺寸。在最直接反应市场需求的出货量数据上，210尺寸组件出货量快速提升，2022年前三季度出货量约50吉瓦，全球累计出货量超76吉瓦。预计2023年，大尺寸组件（182尺寸与210尺寸）产能陆续完成布局，占比将达89%；其中210尺寸产能预计可达466吉瓦，占比达到57%，成为主流。

面对这样的行业盛况，高纪凡是满心欢喜的。"600W+光伏开放创新生态联盟"从客户价值最大化出发，重构产业链新生态，开启了光伏度电成本下降的新通道，伴随着210产品的大面积推广使用，将为我国及全球碳中和进程带来助力。这是生态共生、行业共赢的结果，摆脱了光伏行业很多年的各自为战局面，进入到一个更高级别的良性竞争阶段。

2022年初，在一次行业会议上，高纪凡袒露了自己的心声：

210产品和生态经过两年多的发展，通过整个行业和企业一起参与和推动，现在已经成为大尺寸的标杆。这里大家可以看到整个行业的欣喜和努力，每个环节都做出巨大的贡献才抵达这样的程度。

今天，210组件也成为天合光能最主流的产品，累计出货量已超16

吉瓦，在所有大尺寸的电池组件企业中毫无疑问排在首位。这对天合是一个里程碑式的节点，也是全体"600W+光伏开放创新生态联盟"成员取得的丰硕成果。

目前，整个600W+产业链从原材料畅通供给，到210组件尺寸率先实现标准化，逆变器、跟踪支架全面适配，电站系统安全及效率等，都得到极大的提升，系统成本也得以有效降低。产业链围绕210技术进行产能扩建，600W+联盟成员数量激增到89家，都是源于认可和信心。经过两年时间，210组件已经成为光伏业坚定明朗的新方向。

210组件和技术突破挑战、实现大发展，开启600W+大功率时代，是行业每个环节做出巨大贡献的结果，是整个产业携手闯关的成就。第一个要感谢600W+联盟的不懈探索。中环将半导体行业成熟的12英寸硅片技术导入光伏行业，带来巨变；通威、爱旭等企业在电池方面持续突破；此外还有组件、逆变器、支架、玻璃等一系列结合光伏行业带来的创新——其中各个环节变化是巨大的。只有行业携手、自我调整、通过创新实现突破，210技术才能带领大尺寸在两年时间内成为行业的主流。

天合光能自身在载荷性能、集装箱运输、项目地存放及转运、安装各细节方面也逐一攻克。天合很重视行业里对210组件抗风载荷能力提出的质疑，所以我们和世界领先的风洞机构合作研究测试210组件的载荷能力。结果显示，经过精益结构设计的210组件，抗风荷载能力不比任何一款产品差，甚至更优秀！所以我们也非常感谢行业里质疑的声音。

从这点我们能看到，企业创新、行业进步要有开放变革的思维。不管是哪家企业，不管是哪个新品，都是在挑战中突破。只有勇于挑战和创新突破，才能迎来新的技术和发展。

天合光能和各领先企业一路挑战一路创新，一路携手一路开拓。我也感动、佩服于光伏同仁创新的勇气和耐心，明知不易也一往无前，再次感谢联盟生态伙伴们的携手和信任!

同时也要感谢行业里对210技术提出的不同意见。所有对210技术关心的人,都是支持者。支持的力量是营养,不同意见也是营养,210技术和600W+联盟吸收了这些营养得以快速创新,使得210技术成长得这么顺利。如今,进入600W+时代,210技术和产品的生命力更是得到大幅度提升和充分释放。

这世界只有一种商业模式可以获得真正的成功——"利他",这也是天合每次抉择和前行的原动力。以利他为初心,天合选择210技术的根本原因有两个:

一是减少迭代成本、拥抱未来。

从125、156、158.75到166,光伏产业每一次跨越式发展的背后都面临设备的全面迭代。光伏行业追求平价电力,以降本为导向,如何让新的产线未来尽可能少地被迭代,让行业新的产能在一定阶段能够持续得到价值最大化?这是我和天合一直在思考的问题。当时我们做210组件,并不是想要替代某个产品,而是在思考哪个尺寸是未来的根本方向。我们希望站在未来看当下,寻找一定期限内的终极尺寸。210技术诞生是拥抱未来的发展,去定义一个基于本质和多因素结合的平台性技术,让所有企业都能持续发展,让行业更好。

经过近2年的努力,今天我们可以看到,210技术是被行业信任的。根据PVinfo的预测,兼容210尺寸的产能达到了50%以上,因为电池组件企业都选择了以210技术为基础的产能扩建,这样可以避免产能被快速淘汰。这对企业也是好事,让行业上下游之间的合作更好,让所有产能生命周期更长。

二是通过技术创新实现行业升级。

光伏企业创新能力很强,由于大家看到基于210技术的组件和系统能够给终端用户带来更大的价值，因此建立"600W+光伏开放创新生态联盟"的时候，一呼百应，虽然知道挑战很大，但是大家都愿意加入。上下游之间形成了新的氛围，相互形成共创、共享和共发展的局面。经过整个行业的共同努力，210技术发展的速度远超当初的预测。协同，让我们感受到行业凝聚创新的力量，这是"独行"没有的局面。

每个企业都是希望自己发展得更好，希望有更多的利润，这个可以理解。但是天合更认同利他中利己，只有利于客户，才会持续发展；只有利于行业生态，才有更多的伙伴。所以多贡献一点，多付出一点，多为同行和客户考虑一点，多一点联合，少一点博弈，这个行业还会有更大的发展。

守正出新，行稳致远。天合光能坚守核心价值，不断延伸解决方案的边界。未来才是开始，技术也有很多的路要走，还有很多的事要做。天合光能将继续秉持"用太阳能造福全人类"的使命，希望与大家携手合作，行稳致远，让很好的光伏变得更好。

6. 一体化重构产业链

在企业发展战略中，专业化、一体化与多元化，是三种不同的路线选择。

所谓专业化，是选择产业链的一段来做深做精，产业链上下游分工协作、优势互补；所谓一体化，是在现有业务基础上向上下游延伸，形成供产、产销或供产销一体化，把全产业链的利润"吃干榨净"；多元化，则是跳开现有领域跨界转型，实行跨产品、跨行业的经营扩张，多元化可以分散企业单一经营的风险，但也面临着隔行如隔山的问题，失败风险骤增。

无论在哪个行业，都存在着三种道路的分野，互相之间的争议与辩驳，此起彼伏，连绵不绝。到底孰优孰劣？至今未有定论。实际上，选择哪种道路，没有绝对的对错之分，不同的企业在不同背景、不同环境下，往往会是截然不同的结果。

在光伏行业，专业化与一体化的争议持续了十数年。第一波的高峰期，在 2008 年前后。当时，国际硅料价格大涨到接近 500 美元每千克，席卷全球的金融危机还没到来，意气风发的光伏领袖们选择了大胆扩展产业链。

2008 年 2 月，彭小峰带领下的赛维 LDK 砸下 25 亿美元成立苏州 BestSolar 公司，进入电池片领域；2009 年 12 月，苗连生决定将英利的版图再扩大一步，收购六九硅业有限公司开始生产多晶硅，补上了"垂直一体化"产业链的最后一块拼图；长期专注于光伏下游组件制造的阿特斯，也在洛阳投建了大型硅片厂向上游渗透；饱受"无米下锅"之苦的无锡尚德，在施正荣的运作下，筹建并参股了亚洲硅业（青海）有限公司。2008 年 12 月 31 日，亚洲硅业出炉了第一炉多晶硅。

在当时看来，这些举措并无不妥。但随着 2008 年国际金融危机开始波及我国，让光伏行业形势急转直下，使这些一体化扩张的企业尝尽了苦头。这就好比是洪水滔天下的堤岸一般，堤岸越长，遭受的冲击越大，决堤的风险就越大。反倒是那些固守一点，将堤坝修筑得足够厚、足够高的企业，抗冲击的能力更强。

于是，在往后 10 余年的发展历程中，中国光伏企业逐步放弃了垂直一体化模式，纷纷选择了专业化分工，在硅料、硅片、电池、组件、应用系统与配件（电站、逆变器、背板、支架）等 5 个产业链环节里，都诞生了全球性的龙头公司。光伏行业普遍性的共识是，没有谁能一统天下，贪多求大的企业都死得很惨，把自己擅长的一两个领域做好，与上下游分工配合是最优选。

但是，这世界上没有什么是一成不变的，尤其是在日新月异的光伏行业。"拿着旧地图，找不到新大陆"，当初的一些经验和方法，在经过 10 余年的产业变迁后已经不适用了。

首先，经过十余年的磨炼，很多光伏企业的规模已经足够大，资金、人才、管理各方面具备了走一体化道路的实力；其次，则是碳达峰、碳中和战略下光伏新能源面临的系统性风险解除，迈过平价门槛的光伏产业在成长性和市场需求上具有很强的确定性；最后，光伏行业市场供需不平衡、产业链上下游不均衡的问题异常凸显，光伏企业需要延伸产业链保障供应不中断，在上下游之间实现冷暖互济避免出现业绩大起大落。

从 2020 年前后，在硅料、硅片、光伏玻璃轮番涨价的刺激下，一场新的垂直一体化浪潮卷土重来。隆基绿能在硅片和电池、组件上不断扩充产能，尤其是硅片环节；天合、晶科偏重电池环节；晶科、晶澳在硅片、电池和组件环节加速一体化；东方日升在关注电池和组件端产能平衡的同时，还把目光盯上了硅料和胶膜；阿特斯则重点布局了金刚线和银浆。

作为搞一体化的"鼻祖"之一，天合光能没有急于冲进去延伸产业链，高纪凡深知这里面的风险。

"光伏行业的发展状况，总的来说是各自发展、各自创新、各自跑得快。上下游之间没有紧密的合作关系，大家采购的时候不管新厂、老厂，谁的东西质量不错、谁的东西便宜就买谁的，相互之间市场化到极致。说这样不好也不对，市场化的本质，就是谁有本事谁上。但这也使得行业各环节的利润波动性极大，每个环节都想要自己的利润最大化，不顾人家，看不见未来。实际上，成熟行业的做法值得借鉴，比如汽车行业，上游企业就给零部件企业百分之多少的毛利，定死之后就签长单稳定合作，中途不会随意换人。"高纪凡说道。

面对行业现实，高纪凡的选择是，与行业龙头公司做深度绑定，在专业分工的大框架下发挥各自所长,以强强联合来应对市场行情大幅波动的风险。"通威是上游做硅料做得最好的企业,在汉元主席的带领下公司经营管理很优秀,我们彼此合作的时间也很长,那就加大力度合一合,把半条命交给对方。"

2020年11月17日,天合光能董事长高纪凡与通威集团董事局主席刘汉元的手紧紧握在了一起,两家公司联合宣布:双方总计投资150亿元达成项目合资合作,并签署一项长单采购合作框架协议。

具体而言:天合光能与通威股份下属四川永祥股份有限公司、通威太阳能有限公司分别签署《合资协议》,就合作成立项目公司并共同投资年产4万吨高纯晶硅项目、年产15吉瓦拉棒项目、年产15吉瓦切片项目及年产15吉瓦高效晶硅电池项目,项目总投资额约为150亿元。在合资公司中,天合光能的参股比例均为35%,通威股份为65%。

其中,年产4万吨高纯晶硅项目的生产地点设在内蒙古自治区包头市,其拟于2020年12月启动,2021年5月开工建设,2022年6—9月底前竣工投产,高纯晶硅产能达到4万吨。上述高纯晶硅产品,优先保障对双方合资的拉棒项目公司的供应。项目公司的高纯晶硅产品定价,在同等质量、同等商务条件下采用市场化原则。

年产15吉瓦的拉棒项目设立在四川省乐山市五通桥区,总投资50亿,拟于2020年11月启动,2021年3月开工建设;项目拟于2021年9月底前完成首期7.5吉瓦竣工投产,2022年3月底前完成第二期7.5吉瓦竣工投产,产能达到15吉瓦。

双方合资的年产15吉瓦高效晶硅电池及切片项目,位于四川省成都市金堂县,预计总投资约60亿元,其拟于2020年11月启动,电池项目拟于2021年10月底前竣工投产,投产后电池产能达到15吉瓦;切片项目拟于2021年9月底前完成首期7.5吉瓦竣工投产,2022年3月底前,使切片产能达到 15 吉瓦。

在采购协议上，天合光能与通威方面约定，2021 年 1 月—2023 年 12 月期间，天合光能向通威股份下属公司采购多晶硅合计约 7.2 万吨。通威方面称，预计本次合同约定的多晶硅销售量将产生净利润合计约 19 亿元。

这无疑是光伏"大合作时代"的又一次重磅合作，媒体纷纷冠以"通天联盟""强强联合""天价大单"等词汇来报道这次合作。

天合光能董事会秘书吴群表示：上述几大项目投资是天合光能战略发展规划的需求，天合光能和通威股份在产业链相关环节都有着突出的优势，在 210 产品上也已达成共识，本次系列合作将进一步强化双方的战略合作关系。天合光能在 2021 年年底进行的光伏组件产能规划是不低于 50 吉瓦，其中绝大部分是 210 组件产能，未来公司将继续夯实基于大尺寸电池的先进组件产能规模优势。

与通威的强强联合，很好地解决了天合光能对于上游原材料供应的需求，在随后两年光伏原材料大幅涨价、很多产品供应困难的情况下，确保了天合的供应链不中断，保证了对客户的服务承诺。此外，天合光能也享受到了原材料涨价的红利，合资公司贡献了很好的利润回报，平滑了上下游利润不均衡的问题。

在天合与通威 150 亿元合作推进过程中，光伏行业也在发生着巨变：

首先，硅料供需不平衡的问题更加突出。2021 年年初，硅料价格在 8.4 万元 / 吨左右，前两个季度翻倍上涨，到第三季度稳定在 21 万元 / 吨左右，第四季度又一度涨至超过 27 万元 / 吨。2022 年，硅料价格继续"高烧不退"，最高点一度突破 33 万元 / 吨。硅料企业连续两年取得历史难得的好业绩，下游企业却无米下锅、苦不堪言，甚至有企业实名举报硅料企业囤积居奇、赚取暴利。

其次，光伏技术从 p 型时代向 n 型时代转换，行业面临新的重构。

光伏 n 型和 p 型技术的区别主要在于：掺杂的元素不同（n 型是掺磷，p 型是掺硼）；导电不同（n 型是电子导电，p 型是空穴导电）。经过多年发展，p 型 PERC 电池技术已经逼近 24.5% 的理论极限。相比之下，n 型电池具有转换效率更高、双面率更高、温度系数更低、无光衰、弱光效应更好、载流子寿命更长等优点，具有绝对的性价比优势。n 型电池技术路线主要有 HJT（高效异质结电池）、TOPCon（隧穿氧化层钝化接触电池）以及 IBC（全背电极接触电池）三类。

最后，欧盟等国在不断推动碳边境税（碳边境调节机制），将对中国的光伏产品出口造成显著冲击。政策落地后，欧盟将对出口到欧盟的商品碳排放量的碳价差，征收额外的关税，这就要求中国光伏企业生产的产品，碳排放量是全程可追溯的，全链条每一个环节都要足够绿色环保（2023 年 2 月 9 日，欧盟正式通过了碳边境税，2023 年 10 月 1 日起开始生效）。

在这几方面的形势变化下，高纪凡思考要进一步加强天合光能的绿色生产链、绿色供应链建设，从源头的硅料环节开始做起，这也成为必然要走的一步棋。

不过，此事虽有必要性，但对行业伙伴的冲击却是不可避免的。天合自己做硅料、硅片了，此前建立的合作关系怎么办？从伙伴关系变成竞争关系吗？面对这些疑问，高纪凡很详细地向合作伙伴们做了解释说明工作：天合对现有供应商的采购量不会减少，还会增加。天合自己做的只是满足一部分增量需求，更多的增量需求还是靠大家满足。生态协作的概念没有变，大家不用紧张！

做完这些工作后，2022 年 3 月 14 日，天合光能的一体化动作开始大踏步推进。天合光能与青海省政府签署战略合作协议，双方将共同打造"源网荷储一体化零碳产业园"，时任青海省副省长杨逢春与天合光能董事长高纪凡出席签约仪式并共同见证合作协议签署。

高纪凡在签约仪式上致辞表示，青海省提出打造两个与能源相关的千亿级产业集群，这为我们来青海投资发展增强了信心。青海是中国乃至全球最先能够实现零碳能源体系的地方，有着良好的清洁能源资源优势。天合光能在青海打造"源网荷储一体化零碳产业园"，是天合光能的重大战略举措，青海也将成为天合光能最重要产业基地之一，为青海"打造国家清洁能源产业高地"贡献天合的智慧和力量。

三个月后，战略协议中的投资协议落地，天合光能与青海省工业和信息化厅、西宁市人民政府、西宁经济技术开发区管理委员会签约，计划在西宁经济技术开发区投资建设天合光能（西宁）新能源产业园项目，包括年产 30 万吨工业硅、年产 15 万吨高纯度多晶硅、年产 35 吉瓦单晶硅、年产 10 吉瓦切片、年产 10 吉瓦电池、年产 10 吉瓦组件以及 15 吉瓦组件辅材生产线。从工业硅，到高纯度多晶硅、单晶硅、切片，再到电池、组件以及组件辅材生产线，天合光能真正从头做到尾，覆盖整个光伏制造产业链，是完全彻底的"一体化"。

项目位于西宁经济技术开发区南川工业园区和甘河工业园区，项目分两个阶段进行。

第一阶段：建设年产 10 万吨工业硅、年产 5 万吨高纯度多晶硅、年产 20 吉瓦单晶硅、年产 5 吉瓦切片、年产 5 吉瓦电池、年产 5 吉瓦组件以及 7.5 吉瓦组件辅材的生产线及其配套基础设施。计划于 2023 年年底前完成。

第二阶段：建设年产 20 万吨工业硅、年产 10 万吨高纯度多晶硅、年产 15 吉瓦单晶硅、年产 5 吉瓦切片、年产 5 吉瓦电池、年产 5 吉瓦组件以及 7.5 吉瓦组件辅材的生产线及其配套基础设施。计划于 2025 年年底前完成。

　　这 7 个单体项目于 2022 年正式开工建设,预计到 2025 年年底全部建成。各单体项目的产能规模及实施进度将根据市场情况进行适度调整。

　　2022 年 7 月 1 日,天合光能青海基地 20 吉瓦单晶硅项目开工建设。经过紧张、繁忙的施工,2023 年 2 月 17 日晚,天合光能青海基地首根 210+n 单晶硅棒——n 型 210R 单晶硅棒产品成功下线,长度为 3800 毫米,重达 542 千克,在生产技术、品质、规模等方面均属全球领先水平,天合光能开始收获一体化成果。

　　从此以后,天合光能不再仅仅是一个组件电池企业,而是真正的全产业链一体化企业,其打造出来的"护城河"足够深、足够宽,无论市场环境怎么变,天合光能可确保供应链不中断,不会受制于人。这样规模的企业,在中国光伏史上是从来没过有的,天合光能如果走通、走顺这条路,将创造新的历史。

第九章
天合的鲲鹏之变

1. 可怕的"大企业病"

管理的本质是什么？如何做好管理？这是每一位企业家在创业过程中都会问自己无数遍的问题。

决定企业成败的因素很多，但从根本上来讲，关键还在公司领导人身上。如果公司领导自己是个庸才，他就不可能带领一群人成大事；如果公司领导丧失了进取心，更不可能带领公司走得很远。俗话说："火车跑得快，全靠车头带。"领导就是带动公司前行的"火车头"。

但是，只有领导是不够的。如果团队跟不上领导的步伐，业绩照样起不来。对于很多不成功的公司，典型情况是"老板加油干，员工拍手看"。这些公司领导人总是想不明白的一件事是：我如此勤奋努力，为何就是做不好公司？

问题的关键在于，公司领导人没有带出团队，尤其是管理体系建设和团队激励。正如现代管理学之父彼得·德鲁克所言，"管理的本质是激发善意和潜能"。如果激发出了团队的激情和潜力，那么每一个单元都会贡献前行的动力，而不是被动地依靠"火车头"来带，这样的公司定会爆发出惊人的战斗力。

好公司和差公司的差别，就好比火车与高铁的差别。传统的蒸汽机火车，车头牵引车厢运行，一般速度为 60 千米 / 小时，跑不快；高铁则是每节车厢都有独立的动力系统，运行时不只是机车带动，车厢自己也会"跑"，所以时速能高达 300 千米以上。

在天合光能的发展过程中，打造一列员工自我驱动的"高速动车"，是他们一直努力的方向。

2012 年，天合光能以主动瘦身的方式，做了一次人员优化和理念重建，让公司管理层丢掉自大和惰性，为公司两年后组件出货量全球第一打下了基础。但是，一次"整风运动"并不能改变人心和人性，一个 2.3 万人的庞大组织，在成为行业老大后，各种"大企业病"逐渐显现出来。

这些糟糕的现象，高纪凡看在眼里，急在心里。让他焦虑的细节和问题很多：（1）每个部门做年度计划的时候，最刺眼的部分就是计划增加人员和计划提拔干部。以前每年升职一次，后来半年一次。一个部门里各层级的干部占一大半，组织不断膨胀。组织膨胀了，领导变多了，运营费用增加了，但真正干事的人却少了。中间的"传令兵"很多，一层一层往下传，效率严重受损，一件工作分派很多层，就是出不来成果。（2）KPI 绩效考核制度流于表面，日益僵化，无法真实反映员工创造的价值。员工凡事以 KPI 为导向，推三阻四，官僚作风严重，是 KPI 考核范围内的事情就做，完成指标了有奖金又能升职；不是 KPI 范围内的事情就不做，很多工作推行不下去，部门之间更是互相扯皮，这都是 KPI 导向惹的祸。（3）公司里存在"办公室政治"问题，协调困难，决策困难。

高纪凡看到这些问题，对高管们说："这样下去肯定要出大问题，必须彻底做出改变！"

从 2015 年起，高纪凡就开始思考解决问题的办法，探索一种新型的公司管理模式，以求在新商业时代能够使公司真正做到"基业长青"。高纪凡四处取经，多次前往海尔、腾讯等知名企业考察学习，去意大利、美国的先进企业寻方问道，还专门前往清华大学、中欧国际工商学院等知名学校学习研修。

2016 年 3 月，高纪凡在中欧国际工商学院听了知名管理学家杨国安先生讲授"杨三角理论"，深受启发，由此有了平台化建设和组织能力再造的初步思路。

杨国安教授 1990 年获美国密歇根大学企业管理学博士学位，专修策略与人力资源管理，曾任宏碁集团首席人力资源官，现为中欧商学院飞利浦人力资源管理教席教授、管理学教授、副教务长，人力资源与组织管理研究中心主任，美国密歇根大学商学院工商管理学教授。

杨国安讲授认为：企业持续成功的方程式是"成功 = 战略 × 组织能力"。一个组织的成功，只有好的战略或方向是远远不够的，还需要强大的组织能力来支撑。无论制定正确的战略，还是打造合适的组织能力，关键在于企业领导团队的能力、判断和坚持。

组织能力指的不是个人能力，而是一个团队（不管是 10 人、100 人或是 100 万人）所发挥的整体战斗力，是一个团队（或组织）竞争力的基因，是一个团队能够超越竞争对手、为客户创造价值的能力。真正的组织能力具备以下特点：独特性、深植于组织内部、不依赖于个人、可持续性；为客户创造价值；超越竞争对手。

杨国安讲授提出了组织能力建设的三角框架：员工能力、员工思维模式、员工治理方式。这便是"杨三角"的理论模型。这三个角分别解决的是企业员工会不会、愿不愿意和容不容许的问题，是企业组织能力建设的三大支柱。

在听杨国安教授的讲解时，高纪凡发觉很多问题天合光能都存在，这更加坚定了他要对公司进行改造的决心。高纪凡特别邀请了杨国安做指导，并邀请了中欧国际工商学院另外一位知名教授陈威如做平台化战略改造设计咨询。

陈威如是美国普渡大学战略管理学博士，中欧国际工商学院战略学副教授，2017 年 8 月至 2020 年 7 月担任阿里巴巴旗下菜鸟网络首席战略官。陈威如研究方向为竞争分析、商业模式创新和企业转型等。他开创了"平台战略"理论，2013 年出版的《平台战略：正在席卷全球的商业模式革命》一书广受好评，对企业从传统商业模式升级到平台商业模式的路径及方法做了深入研究。

陈威如认为，平台战略是近十年来商业模式上最大的创新，全球市值前十的企业中大部分为平台型企业。在今天的生态圈时代，只做产品的思维已经落后了，企业需要从产品做到服务，最终做成平台。

"不是说做产品不重要，而是要思考做完产品以后你要做什么？当你的产品已经进入千家万户后，你还要继续做产品吗？何时是你的终点？能否通过一个畅销的产品，转变商业模式，搭建一个平台生态圈。对企业管理者来说，需要理解平台商业模式，建立平台思维。"陈威如认为。

这些知名专家的前沿理论，给高纪凡带来的冲击是前所未有的，很多思路对于解决天合的"大企业"病都是对症良药。于是，高纪凡下定决心，要尽快展开新一轮的企业组织改造。2016 年 5 月，高纪凡带了几十个高管到中欧国际工商学院培训学习，并召开了三天的管理层会议，正式向大家提出了创团和平台化改造的想法。天合光能将进行全面的升级改造。

（1）组织再造。打破金字塔结构，砍掉中间层级，彻底实现扁平化。变事业部制为价值群，变多级管控为两级协同：前端业务部门改造为自主经营、独立核算的创团经营体，后端整合为质量、人力、财务、品牌等服务平台。

（2）权责再造。赋予创团充分的自主经营权，创团主领取公司设定的经营目标任务，对价值创造负责。在完成目标任务后，创团享有大部分超额利润的分配权，充分调动每一位创团成员的降本增效积极性。

（3）流程再造。价值链各流程环节做内部市场化改造，采购、制造、销售上下游各环节实现价值传导，彻底改变"做面包的只管做面包，不管面粉贵贱，不管面包能不能卖出去"的问题；价值链各环节协调配合，共同降低成本。

（4）边界再造。打破公司内外部边界，打造新型创新平台，终极目标是让终端用户和社会各种力量都汇聚到平台上发挥作用、展现智慧。

一石激起千层浪。

很多高层管理人员都很难理解，不明白高纪凡到底要干什么。很多人都觉得，天合光能现在的组织结构就挺好，为啥要折腾？平台是互联网公司的做法，天合光能这样一家以制造为主业的公司，怎么可能做成平台？

问题和疑问很多，但高纪凡没有"强推"，而是首先问了大家几个问题：天合光能是光伏行业第一名，是继续做第一名还是做平台？如果继续做第一名，有没有前途？如果决定做平台，大家有什么建议？高纪凡希望通过开放式讨论的方式，来统一思想，群策群力往前走。

针对高纪凡提出的问题，管理层展开了大讨论，甚至是激烈的争论。在头脑风暴中，公司存在的很多问题暴露出来，大家毫不客气地进行了批评与自我批评，同时还提出了许多平台化改造建议，例如：

"公司一切要以创造价值为中心，而不是此前的以 KPI 为中心，每个人都要创造价值。光会说不行，必须要干成事儿才行。工作报表变成经营报表，个人工资、晋升与个人价值贡献挂钩。"

"平台化公司应该打破集中管控模式，给予每个部门、每个团队充分授权，形成一个个价值中心。大家对创造价值负责，而不是对上级负责。创造价值之后，每一个成员要能分享成果，要拉开收入差距，坚决砸掉大锅饭。"

"研发不是创新，研发成果变成市场价值才是创新。研发部门花一个亿把技术干出来了，把产品做出来了，但是都放在仓库里，没有用！这是浪费资源，不是创新，创新就要创造价值。"

……

三天会议中，大家讨论得热火朝天，争论得面红耳赤，一直到会议结束，不同意见之间的交锋还没停息。高纪凡给大家布置任务：回来继续讨论。这是一场从灵魂深处的蜕变，大家做好思想准备！

步入 3.0 时代的天合光能，一场脱胎换骨的自我变革开始了。

"之前也进行过管理变革，大家基本都是跟'船'走，后来发现'船'开到一半很多人都没有上来，到头来还是你一个人在前头带。这样的组织变革是不成功的。管理一个企业，我认为最重要的是要把人心管好，把人内心深处的潜力激发出来，这就是我们 3.0 阶段公司变革的实质。"高纪凡说。

2. 创团 + 平台：培养 100 个高纪凡

高纪凡从自己多年管理企业积累的丰富经验出发，结合知名专家的建议，充分借鉴在各地考察学习到的优秀做法，最终确定天合光能平台化改造的大方向。高纪凡自创了一个新词，叫"创团"，其核心理念就是一句话：创造价值的团体，以创业的精神创新和创造价值。

创团的主要做法是，内部模拟市场化，以创团为主体来自主经营，创团成员与公司分享目标任务之外的超额利润。创团是前端的战斗单元，负责经营、管理、创造价值；平台是后端的支撑部门，负责监督、赋能、服务。平台与创团，共同构建了全新的公司治理体系。

这是一场没有先例可供借鉴的改革，蕴含着高纪凡创业 20 多年的管理思想，更是一场开创性的公司组织模式探索。

纠结，痛苦，抱怨，争论……

面对变革，每一个人都感受到了巨大的压力，充满了对未知结果的天然恐惧。为了减少阻力、降低风险，高纪凡决定先行试点，再扩大范围。

"大家刚开始有点怕，想慢慢干，方案只报上来了一个试点部门。我说一个干不了，这一个万一死掉了怎么办？我们要拿四个部门做试点，如果都死掉了，那是这个制度不好，如果四个里三个干得不错，有一个干得不怎么样，那就是那个团队的问题，不是制度的问题。"高纪凡说。

为了让试点具有代表性，首批选定了电池、晶硅、组件等四家工厂。2016 年 9 月 7 日，天合光能盐城组件工厂作为首批第一家试点单位，召开了自主经营启动会，创团试点正式启动，天合光能平台化改造由此拉开序幕。

天合光能盐城组件工厂位于江苏省盐城市，由天合光能与盐城市国能投资有限公司共同投资建设，是全球最大的单体双玻组件制造基地，一期、二期共 1.5 吉瓦产能。在试点创团后，工厂上上下下立刻感受到了变革的巨大威力。在这方面，时任盐城工厂总经理、创团负责人感受最强烈。

在酝酿创团变革前，高纪凡与盐城工厂总经理有过一次长达 3 小时的谈话。高纪凡问：你还能不能进一步降低制造成本？总经理面露难色，直陈实情："在组件制造成本里，材料和固定资产我不管，唯一管的是电费、人员工资、边角辅材，这些只能占到总成本的 10% 左右。我即使实现了 50% 的制造成本下降，实际也只是在组件总成本里降低了 5%，影响不大。"

盐城工厂总经理的这一意见，引起了高纪凡的深思。

在创团之后，高纪凡将权限大幅度下放，事情就完全不一样了，盐城工厂总经理可管、要管的事情就多了。盐城工厂几乎做到了完全的自主经营，质量、标准、流程全部自行设定，采购、销售全部自己谈，人员规模自己定，整个工厂除财务外所有的部门全都自己管。甚至是总部平台上提供支持的质检、人力部门同事，也进入到创团内部，接受盐城工厂总经理的领导，变成创团作战单元的一分子。

创团的自主经营模式全面调动了大家的积极性，每一个人都想尽一切办法来降本增效。看似毫不起眼的双玻组件封边胶带，就是一个很典型的例子。

在创团前，盐城工厂所需胶带由集团采购部门集中采购，无论贵还是便宜都得用。即使是有便宜的采购渠道，大家谁都不愿意管这事儿。当时，盐城工厂的胶带采购价是158元/卷，每卷200米，每年需要花费约2500万元。

创团后就完全不一样了，降本关系到每一个人的利益，压减的成本就是大家可以分配的超额利润。创团后不久，材料损耗组负责人数次商谈价格，实现降本增效，仅此一项一年就节省了大约1300万元。

然而，创团挖潜并未就此止步。经过摸索试验，组件封边一半用有孔胶带、一半用无孔胶带，胶带的宽度减少1/3，再将胶带长度增加到每卷700米，节省卷芯用量，又节省了一大笔成本。再后来，创团成员又找到了新的降本方法，采购的无孔胶带的母卷自行分切，同时在全自动封边机的滚轮上安装打孔针自动打孔。这样一来，胶带成本相比最开始可降本80%左右，一年下来节省成本高达2000多万元。

按照创团的利润分配方法，完成公司目标之后的超额利润，50%归公司，10% 提取出来做质量保证金，10% 留存为创团利润公积，剩下的 30% 就是创团奖励。这 30% 的利润，在创团内部根据每个人的实际贡献大小进行分配，当期兑现。

第一个季度下来，盐城工厂创团成员吓了一大跳，奖金收入是过去的 2～2.5 倍，一个季度干好了，拿到的奖金比之前一年还多。另外大家还发觉，同事之间的收入差距拉大了，贡献大的创团核心人员，拿到的奖励是辅助人员的好几倍。

当然，收益更大也意味着需要承担的责任更多。创团工作方式后，该工厂的所有人都感觉比之前忙了，压力大了。但每个人都在干劲十足地奔跑，因为大家真真切切地感受到是在为自己而工作！而那些动力不足、贡献不大的员工突然发现，在创团里不仅吃不成"大锅饭"，就连"中锅饭""小锅饭"也吃不成了。如果不努力创造价值，就无法立足，会被淘汰。

创团试点起到了良好的示范效果，当初大家的不解、反对、迟疑，全都烟消云散。同时，在试点中也试出来很多问题。放权之后带来的负面效应，第一是短视，为了拿到奖励可能会出现急功近利的做法；第二是自利，自扫门前雪，别人我不管。针对这些问题，由平台来解决处理，赋予平台上的安全健康和环保部门很大的处罚权。创团如果触犯底线问题，就可以罚款几十万元甚至几百万元，直接把这个创团的超额收益全扣了。

2017 年第一季度，天合光能的制造板块全面开始创团，市场板块开始试点，紧接着商用光伏板块、家用光伏板块也开始推进创团。在不到一年的时间里，天合光能进行了大规模的平台化转型。

这是一场深度的公司变革，更是一场高纪凡管理思维的实践。创团很容易让人联想到中国改革开放进程中的"包产到户"，以家庭为单位搞承包责任制。但在高纪凡看来，二者有着天壤之别：包产到户是农业时代的生产管理模式，创团则是互联网时代的经营管理模式。

"公司里搞包产到户容易，只管自己吃饱就行，这样的公司做不大，可以视为公司组织的1.0模式；2.0模式时期是大规模生产集中化，是工业经济时代的公司组织形式；天合光能独创的3.0模式，是前面有充满活力的作战单元，后面有强大的平台支撑，是两者的结合。创团是在平台上的创团，各创团之间市场化协同合作，有协同的经营任务分配和责任权限分割。天合的创团，是万物互联网时代的'自我驱动'模式。"高纪凡总结说。

创团变革带来的影响是巨大的，同事与同事之间的关系、员工与公司之间的关系、部门与部门之间的关系被重塑。在这个过程中，没有人感觉轻松。这都是蜕变中需要经历的痛苦，成长中需要经历的磨难。

2017年一整年，很多高管和创团主周末也在忙工作，公司上上下下处在一种全员创业的状态中。

高纪凡作为老板，依然没有轻松多少，但他实实在在地感受到了公司治理上的变化。

"以前每年都要优化流程，每次都很费劲，改10%都很难，下面总是在抱怨、在骂人，说你定的这个制度不好、那个流程不好。现在创团主拥有了管理权、用人权、流程制定权，总部定好方向和目标，剩下的由创团主自己去弄。"高纪凡说道。

在高纪凡看来，一个企业的成长最后是管理人员的成长，管理人员成长了，这个企业就成长了。就怕管理人员不成长，那这个企业就没有希望。"创团和平台化改造，对权、责、利进行重新分配，造就一个新的生态环境，让每个人都变成'老板'，让大家不断地去成长、去进化。创团的目标是要培养一百个高纪凡。企业只有一个高纪凡不行，如果有一百个高纪凡，企业自然就行了。如果天合光能团队有一百个高纪凡，那一定能成为一家了不起的企业！"

如果用比喻的方法来定义天合光能，3.0 时代之前，天合光能是一棵稳重、顽强的松树，在 20 年的创业期里栉风沐雨、蓬勃向上，一路长成中国光伏树林里最高的一棵，制造业务是这棵树的根基，组件业务则是它挺拔的树冠。这棵松树虽枝繁叶茂，但风刀霜剑、洪涝干旱都是其巨大威胁，长得越高面临的风险挑战越大。

3.0 时代的创团和平台化，将这棵大树进行了基因改造，把独干向上的松树变成了枝蔓繁茂的榕树。每一根树枝都有母体的滋养，还都垂下了根须，在大地里吸取养分，共同培育着协同向上的力量。这棵大树强大了许多，每一片枝叶都可以迎接风雨。

在高纪凡的构想中，天合光能将在环境变化中做持续的改变，轻资产、平台化。公司会支撑平台上的小树一步步成长为大树，最终连成一片，变成一片郁郁葱葱的森林。森林型企业建立起来的将是一个完整的生态，这才是 3.0 时代公司组织模式变革的核心。

到那时，天合光能将不再局限于制造业的思维概念，在森林生态下，这片地种苹果还是种葡萄都已经不重要，只要与天合光能整体发展战略相吻合，全世界的人才与创新成果都可以进入这个平台来创业。对外无界开放，对内自我驱动，这是一个生生不息、天地人和的大生态。

以组织变革为动力，步入 3.0 时代的天合光能开始了新一轮的生长。如果以 5 年为一个周期，从 2017 年到 2021 年，天合光能的经营业绩实现了稳步提升。

这五年营收分别是 261.59 亿元、250.54 亿元、233.22 亿元、294.18 亿元、444.80 亿元，五年增长了约 70%，仅有 2018 年、2019 年出现了营收下降，这两年受行业政策波动的外因影响较大。

这五年的净利润，分别是 5.42 亿元、5.58 亿元、6.41 亿元、12.29 亿元、18.04 亿元，五年增长了 232.84%，增幅明显更大，且没有出现利润同比下滑的年份。

净利润增幅超过营收增幅，很显然，是公司加强管理、优化流程的结果。这五年，恰恰就是天合光能推动创团变革的五年。机制活了，员工积极性高了，经营思维培养出来了，创团创造出了更高的利润、更大的价值。

3. 鲲鹏变革：再造新天合

彼得·德鲁克在阐述管理本质时说，管理是一门真正的博雅艺术（Liberal Art），"管理是一种实践，其本质不在于知，而在于行；其验证不在于逻辑，而在于成果；其唯一的权威性就是成就。"

创团经过5年的实践探索，在取得成绩的同时，也暴露出来很多不足。

在高纪凡看来，创团带来的最大价值，是公司上下彻底把经营思维构建起来了。"经营思维和管理思维是两码事。经营思维以应对市场变化、获取最大利润为中心；管理思维以指标为导向，指标做好就行了，至于赚不赚钱只有公司领导知道。我们之前会出现这样的情况，每一个部门的指标都完成了，但公司是亏损的。大家都说尽了最大的努力，指标做得很好，最后永远都怪到公司领导头上。"

在创团之后，高管团队实现了从管理思维到经营思维的转换，但是，又出现了新的问题。一个是各自为战，缺少协同。每个价值群都要完成利润目标，要实现价值最大化，就会出现"自扫门前雪"的情况，甚至会出现内部之间的恶性竞争。第二个问题是缺少体系化，影响系统整体战略。创团好比是小分队，动力是变强了，但如果各个团队水平不高、没有体系，最后也无法成功。一个简单的道理是：不是"小而美"的小企业都能成功，大企业抗风险能力才更强，因为大企业有体系作为保障。

实际上，天合光能遇到的是个人执行力与组织执行力有偏差的问题。个人使命必达、敬业负责，没有任何借口地完成工作任务，但公司的战略目标不一定就能达成。在公司管理中，个人执行力必须形成合力，并且指向公司战略目标才有意义，否则个人执行力再强，也只是杂乱无章的"布朗运动"。

企业执行力是指贯彻战略意图、完成预定目标的能力。组织执行力正是针对上述问题，通过把公司战略意图澄清为明确的业绩目标和关键任务，再分解到各业务和职能部门分工承接，进而继续逐层分解落实到员工个人的日常工作，从而把企业战略切实转化成为效益成果。

在发现问题后，高纪凡思考如何在创团基础上做全面的变革升级。经过去优秀企业考察取经、向知名管理学者学习讨教，华为的 BEM 模型（Business strategy Execution Model，业务战略执行力模型）进入了高纪凡的视野。

BEM 模型最早是由三星电子提出的，是一套系统高效的战略解码方法，后来被华为推广使用。

在 SP 环节（Strategy Plan，中长期发展规划），华为采用 BLM 模型（业务领先模型）；到了 BP 环节（Annual Business Plan，年度业务规划），华为则通过 BEM 模型进行战略解码。BEM 模型的核心，是通过对战略逐层解码，导出可衡量和管理的战略 KPI，以及可执行的重点工作和改进项目，并采用系统有效的运营管理方法，确保达成战略目标。

BEM 模型分为 6 个步骤：① 明确战略方向及其运营定义；② 导出关键成功因素；③ 导出战略衡量指标；④ 导出目标；⑤ 目标分解；⑥ 导出年度重点工作。BEM 模型是让战略解码从无序变为有序的过程，是华为实现超强执行力的秘密武器之一。

天合引进了这套模型，并邀请知名管理变革咨询公司入驻，吸收了华为、IBM 以及其他优秀企业的成功实践经验和管理思想，结合光伏行业的特点和公司具体情况，构建了一套模型体系，开始在内部推动一场新变革，并将其命名为"鲲鹏变革"。

2021 年 8 月 7 日，天合光能"鲲鹏变革"项目正式启动，高纪凡登台做了题为《变革求进，共创辉煌——在蜕变中进化，在奋斗中领先》的演讲，对变革目标和战略落地做出安排。

（1）经营管理体系大变革：建立以客户为中心、业务与管理高效协同的经营管理体系，实现业务流程和管理流程大变革，促进经营管理效率大幅提升，以数字化打造高效的经营管理体系，创建数字化流程支撑公司跨越式发展。

（2）组织人才氛围大提升：构建高效协同的组织能力，创建自我驱动的组织氛围，形成持续熵减的组织生态，激发艰苦奋斗的组织活力。改变天合的人才文化环境，提升天合的组织竞争力，让天合成为奋斗者乐于奋斗的平台。

（3）经营业绩指标大跃升：通过变革项目的持续推进，在营业收入、毛利率、净利润、现金流等各核心经营业绩指标方面每年实现持续的大跃升。

鲲鹏变革以高纪凡为项目集总负责人，公司各部门负责人为项目群组长，分为公司治理、战略管理、销售服务、集成供应链、产品与解决方案、财经服务、人力资源、质量流程及数字化八个项目群推进。

项目群组长是项目群目标达成的第一责任人，负责搭建项目群团队，推动落地的副组长与组员人力到位；主导变革方案设计，负责项目群的进度、质量、成本控制和目标达成；负责根据项目群的目标，制订项目计划、团队运作规则及职责分工等工作。与此同时，公司积极保障鲲鹏变革的资源和赋能支持，组建了专门的变革管理组织，在经营管理绩效考核体系之外，还单独建立了变革管理绩效体系，两套绩效体系相互配合，并结合摸索出的天合光能变革项目管理机制，一起保障鲲鹏变革的有效开展。

在高纪凡看来，目前鲲鹏变革落地的重点是加强数字化建设，因为只有数字化才有高效性。为此，天合投入了大量的资金和人力来做数字化建设。在数字化平台上，把最好的经验和流程体系沉淀下来，让没有经验的人在平台上也能顺畅地"跑"起来，实现高效性。

"天合未来搞完数字化建设以后，一个刚毕业的大学生和一个在公司工作 10 年的员工，工作效率会是一样的，这就是数字化的力量。"高纪凡说。

经过半年的摸索，"鲲鹏变革"各个项目组逐渐找到了工作方法，变革规划、变革目标与变革重点工作越发清晰。2022 年，"鲲鹏变革"再提出四大目标：

（1）提升战略能力：打造高水平的战略体系、变革方法和组织能力，具有前瞻性的洞察、分析和设计，提前布局天合整体竞争力。

（2）提升管理能力：通过逐步完善天合光能的治理体系、组织架构及管理能力的建设，分层分级以体系化的方式构建管理体系，提升管理能力和决策水平，培养管理团队。

（3）提升运营效率：通过以客户为中心、业务成功为导向、平台全面赋能的经营管理理念，全面开展流程数字化体系变革，促进业务高效开展，形成协同高效的运营体系。

（4）提升干部能力：不断赋能、培训和共商共创，完善干部梯队，并培养干部能力，做好核心和关键干部团队的优化升级，持续推进人才年轻化策略。大力发现、培养和重用奋斗者。

变革是为经营管理服务，变革要支撑经营管理。天合光能的"鲲鹏变革"，就是要在新能源行业的巨大机遇面前，加速提升战略能力、组织能力、体系能力、数字化能力，让公司的内部能力和公司的发展规模相匹配，建设一个可以驾驭未来、走向全球的综合团队，成为一个可持续发展的基业长青的企业。

"鲲鹏"一词，来自战国时期哲学家、文学家庄周的代表作《逍遥游》，是道家经典《庄子》的首篇，文章主题是追求一种绝对自由的人生观。

《逍遥游》写道："北冥有鱼，其名为鲲。鲲之大，不知其几千里也；化而为鸟，其名为鹏。鹏之背，不知其几千里也；怒而飞，其翼若垂天之云。是鸟也，海运则将徙于南冥。南冥者，天池也。"由鲲而鹏，代表的是一种完全、彻底的变革，追求的是更加自由、远大的未来。

在项目启动会上，高纪凡激情满怀地说道："'鲲鹏变革'的目标，也是我们天合人的目标，要把自己从鲲变成鹏，能够在任何环境下展翅翱翔，应对外部所有的变化。构建核心能力去应对所有的不确定性和外部变化，这就是'鲲鹏变革'的根本意义。"

"作为天合人，我们要有像鲲鹏一样的志向，展开智慧的双翼翱翔天际，在大风大浪里自由飞翔；我们要树立使命必达的信念，坚定乘风破浪的勇气，发扬团结共创的精神；我们相信：我们定会展翅翱翔于蓝天，创造属于天合人的新辉煌！"

如今，"鲲鹏变革"还在稳步推进中，在变化中完善，在积淀中升级。就如"谁都不能定格一座正在喷发的火山"一样，我们很难对快速变化成长中的天合光能做出准确定义，也很难对这场脱胎换骨的变革做出全面的得失评判。

所以，衡量天合体系变革的最好标尺，是看多年后天合光能能够取得什么样的成就。天合光能的这场勇敢探索，能否走出一条超越光伏行业、具有中国特色的新型公司管理之路，将留给时间来检验。

第五部

探寻基业长青之道

万物之始，大道至简，衍化至繁。道生一，一生二，二生三，三生万物。

——中国古代思想家，道家学派创始人

老子（春秋末期人，生卒年不详）

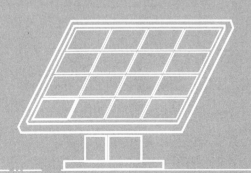

如何建立一个伟大且长盛不衰的企业？

1988 年，詹姆斯·柯林斯（James Collins）与杰里·波拉斯（Jerry Porras）在斯坦福大学带领由 21 位研究员参与的研究小组就这个问题进行了长达 6 年时间的专项研究。他们从《财富》杂志发布的，同时涵盖工业企业和服务型企业的世界 500 强排行榜中选出了 18 家公司，并将它们与它们的强劲竞争对手进行对照，从各个维度来研究企业如何实现从优秀到卓越的转变。

柯林斯先后任职于麦肯锡公司和惠普公司，曾获斯坦福大学商学院杰出教学奖。波拉斯是斯坦福大学商业研究生院的组织行为与变革方面的教授，斯坦福大学副校长。

1994 年，柯林斯与波拉斯将研究成果呈现在了《基业长青》这本书里。该书打破了旧有认知，提供了实证性见解，在美国连续 6 年稳居《商业周刊》畅销书排行榜前列，而后畅销全球。作为管理学经典，《基业长青》被媒体评为"世界上每一位 CEO 、经理人和企业家都应该阅读的书"。

在书中，他们总结出了那些世界著名企业长盛不衰的 10 个奥秘，其中最重要的一条是：做造钟师，不要做报时人。

"伟大公司的创办人，通常都是制造时钟的人，而不是报时的人。他们主要致力于创建一个时钟，而不只是找对时机，用一种畅销产品打入市场；他们并非致力于领袖型人格特质，而是致力于构建出类拔萃公司的组织特质，他们最大的创造物是公司本身及其代表的一切。"柯林斯指出。

所谓"造钟"，就是建立一种机制，使得公司能靠组织的力量在市场中生存与发展，而不必依靠某个人、某个产品或某个机会等偶然性的东西。也就是说，要在持续变化的市场环境中永续经营，企业必须依靠一个好的机制，包括好的组织结构、好的考核评价体系、好的战略管理等。

柯林斯的研究，给出了企业能够基业长青的一个答案，但这个答案却同时提出了更多问题：应该造一个什么样的"钟"？这个"钟"有哪些零件构成，如何才能稳定运行？不同的企业，需要什么样的"钟"才最匹配？……

对于这些问题的拷问，也贯穿于天合光能二十多年发展史上的每一天。

在跌宕起伏、洗牌频繁的中国光伏市场，天合光能活了下来，并且成为为数不多的幸存者之一。这里面有幸运的成分，但更多的是在对环境、形势、机会的深刻洞察后，审时度势、守正创新，不断变革、持续进化，从而磨炼出了独特的生存之道和经营哲学。这是天合光能二十多年积累下来的最宝贵财富。

通过对天合光能二十多年历史的总结和提炼，可以找到天合韧性成长、稳健经营的底层逻辑。这是天合光能与众不同的"气质"，是驱动公司不断前行的原动力。

这些总结和提炼，也是对"天合为什么能走到今天？天合靠什么走好未来的路？"这两个问题的回答。这对于光伏行业的同行者，甚至对其他领域的企业，都有一定的借鉴与参考意义。

1. 梦想使命引领

"现代管理学之父"彼得·德鲁克（Peter F. Drucker）认为，企业要思考三个问题：第一个问题，我们的企业是什么？第二个问题，我们的企业将是什么？第三个问题，我们的企业应该是什么？

这三个问题集中起来，就是一个企业的愿景。换句话说，企业愿景需要回答三个问题：我们要到哪里去？我们的未来是什么样的？我们的发展目标是什么？愿景就是一个企业的梦想，它通常会使人感到遥不可及，让人觉得不可思议，但又会不知不觉地被梦想的力量所感染。

企业使命，是在企业愿景的基础之上，是企业生产经营的哲学定位。企业的使命就是你的企业存在的目的是什么？你的企业能为谁解决哪些问题？你的企业存在的意义是什么？

在彼得·德鲁克看来，为了从战略角度明确企业的使命，应系统地回答下列问题：① 我们的事业是什么？② 我们的顾客群是谁？③ 顾客的需要是什么？④ 我们用什么特殊的能力来满足顾客的需求？⑤ 如何看待股东、客户、员工、社会的利益？

可见，企业愿景和使命是不相同的，却又紧密相连。通俗地讲，你希望你的企业将来发展成什么样子？这个叫"愿景"。为了发展成那个样子，你的企业赖以生存的核心是什么？这个就叫"使命"。

天合光能是一家有梦想的企业，是一家在愿景、使命引领下不断前行的企业。"用太阳能造福全人类"的梦想，从1997年公司创立不久后就立下了，二十多年来初心不变。这是天合的精神之魂，是天合奋斗者们永恒的价值追求，承载着天合人发自内心的责任感与使命感。

从发心上来说，高纪凡创立天合光能，并非想要暴富或者去赚更多钱。1988年研究生毕业后，高纪凡通过早期创业就已经吃穿不愁，后来一直在探索实现人生价值、为老百姓和社会做更多事情。一直到1997年接触到太阳能产业，高纪凡才找到基本符合期望的事业方向。在当时，光伏行业还处于萌芽期，谁都想不到这个产业日后会有如此大的发展空间。

2002年通过做西藏的"光明工程"，天合光能真正进入光伏行业，在这里赚到了"第一桶金"。当看到电灯点亮后当地农牧民兄弟激动兴奋地载歌载舞，当看到小朋友们满是好奇、充满希望的眼睛，高纪凡切身体会到了一个产业能给老百姓带来的实实在在的价值，这大概就是商业价值与社会价值的完美融合。从那时候起，高纪凡就定下了"用太阳能造福全人类"的使命宗旨，并一直奋斗至今。

在往后20年光伏行业的跌宕起伏、潮起潮落中，高纪凡见证了很多企业家一夜暴富的财富神话，也见证了他们瞬间崩盘之后的落寞与萧条，更亲眼看到有人大笔资金投入后血本无归，导致厂房关门、债主追债、工人遣散，而这背后更可怕的是成百上千个家庭的生计没了着落。

所以，高纪凡说心中一直有个"警钟"在时刻不停地提醒自己：企业做好了是造福社会，做不好有可能就是犯罪。从这个意义上讲，在天合光能二十多年的发展历程中，持续稳健经营、坚持健康发展，本身就是在履行一个企业最重要的社会责任，是在践行"用太阳能造福全人类"的使命。

在2017年，天合开始大规模发展户用光伏的过程中，高纪凡再一次切身感受到光伏产业对老百姓的意义。当年夏天，在走进河北、山东农户家中进行实地座谈、走访时，高纪凡被当地老百姓当作亲人一样热情款待，老乡们把家里舍不得吃的好东西都拿出来款待他，紧紧拉着他的手，邀请他留宿。这让高纪凡感动不已，老乡们朴实、真诚的情感表达，只是为了感谢天合光能为他们带去了质量可靠的好产品，带去了发家致富奔小康的新途径。

这样的真实、质朴瞬间，从细微处说明了天合光能"用太阳能造福全人类"的使命并不是空洞无物和虚无缥缈的，做出质量可靠的好产品，为老百姓带来更大价值的回报，就是实实在在地践行服务百姓、造福人类的使命。

经过二十多年的不断奋斗，天合光能也确实做到了"用太阳能造福全人类"，造福的不仅仅是中国百姓，更是全球人民：

——从出货量上来说，截至 2022 年第三季度，天合光能在全球范围累计交付了 120 吉瓦光伏组件，达到如此成就的全球光伏企业并不多。这120 吉瓦的光伏组件，如今遍布全世界五大洲的 150 多个国家和地区，每年可以生产清洁电力约 1620 亿度，为当地居民源源不断地创造着绿色能源。

——从节能减排、保护环境来说，这 120 吉瓦光伏组件的装机容量，每年大约可以减少二氧化碳排放 1.62 亿吨，减少二氧化硫排放 486 万吨，减少碳粉尘排放 4406 万吨，相当于植树约 88.8 亿棵。天合光能在全球各地种下了大片的"绿色森林"，为地球家园、为每一位地球居民带去蓝天白云、绿水青山！

——从价值回报来说，天合光能不断用技术创新来降本增效，让全世界都能用到效率更高、成本更低的好产品。行业公认的一个数据是，光伏组件每提高 1% 的效率，对终端成本能够产生 4% 的价值。假定按照 2023年全球 400 吉瓦总装机容量来算，终端按照 5 元 / 瓦，那就是两万亿元规模，所以效率每提高 1%，整个行业会产生 800 亿元的价值。过去数年间，天合光能 20 多次创造新的世界纪录，为推动全球光伏效率提升做出了重要贡献。按此估算，天合光能在技术创新上为全球光伏用户创造的价值超过万亿元。

"用太阳能造福全人类",这是一句简单朴素的话,但难能可贵的是,天合光能坚持了二十多年没有变。站在新的历史节点上,天合光能对使命、愿景做了全新梳理。

使命:用太阳能造福全人类。

愿景:致力于成为全球光伏智慧能源解决方案的领导者,助力新型电力系统变革,创建美好零碳新世界。

新愿景更加贴合当下的全球碳中和大潮,为天合的业务发展打开了更具想象力的新空间,比此前"全球领先的光伏组件、系统解决方案及服务供应商"的定位站位更高、格局更大。在"用太阳能造福全人类"这面旗帜的引领下,天合光能将走向更高、更远的未来。

2. 文化价值观聚力

如果说使命、愿景是指引公司前进的旗帜,那么,怎么才能保证和持续坚持公司使命不"跑偏"呢?

为了始终保证公司坚持使命,全体成员要遵循哪些原则?全公司每一个人,在任何时候都不能逾越的底线、不能放弃的信条是什么?这两个问题的答案,就是公司的价值观。

企业价值观,是指企业及其员工的价值取向,是企业决策者对企业性质、目标、经营方式的取向所做出的选择,是全体员工所接受的共同观念。在日新月异的社会,产品会过时,市场会变化,新技术会不断涌现,产业风口也在瞬息万变,但是优秀公司的价值观却能风雨不改,它代表着公司存在的理由。

价值观是企业文化的核心。企业文化是企业在经营活动中形成的经营理念、经营目的、经营方针、价值观念、经营行为、社会责任、经营形象等的总和，是企业个性化的根本体现，是企业生存、竞争和发展的灵魂。好的企业文化，能激发员工的使命感，凝聚员工的归属感，加强员工的责任感，提高员工的荣誉感，实现员工的成就感。

天合光能的发展壮大，是文化价值观持续凝心聚力的过程。在公司不断进化、不断发展的过程中，天合核心价值观与天合文化经过了多次升级。天合核心价值观成为所有天合人汇聚到一起的精神纽带；天合文化塑造了公司的灵魂，是公司不断走向胜利的制胜法宝。

天合光能 1997 年创建时，没有人才、没有技术，甚至市场在哪里也不是很清晰。高纪凡将公司核心价值观描述为"敢为人先、海纳百川、团结拼搏、合创辉煌"。"敢为人先"是说做光伏要敢于突破创新，走在全中国的前面，天合要通过"海纳百川"的胸怀来吸引全国优秀人才，合在一起要"团结拼搏"，最后要"合创辉煌"。这是天合光能 1.0 阶段的核心价值观。

到了 2006 年纽交所上市时，天合光能短时间内就吸引了十几个国家的人才来工作，核心价值观要翻译成英文，要更加国际化。在和新加入的高管进行了广泛讨论后，天合核心价值观按照国际惯例变成了 6 条——创新、激情、责任、正直、协作、质量。这是天合光能 2.0 第一阶段的核心价值观。

这次升级与 1.0 时代的版本是一脉相承的，比如说"敢为人先"和"创新""激情""责任"都有关系，"海纳百川""团结拼搏"和"协作"都有关系，增加了对个人素质要求"正直"、对公司产品要求"质量"，所以天合很快在全球树立了良好的形象，干部员工队伍被内外部认可，产品质量很快达到了与德国、日本相同的水平。这个阶段是天合走向国际化的重要阶段，文化也继承了 1.0 时代基本的核心价值观，在新老奋斗者共同实践基础上得到了新的发扬。

2012 年进入 2.0 的第二阶段，天合将核心价值观进一步升级为成就客户（Customer-Centric），开放心胸（Open-Mindedness），尊重共赢（Respection），追求卓越（Excellence），简称为 CORE。

为什么要做这样的升级？首先是因为此前的六点比较分散，不容易记住；其次是行业发生了很大变化，以前供不应求的市场发生了翻转，所以天合把"成就客户"放在了第一位；最后，不同背景的人越来越多，所以提倡"开放心胸"，不以自我为中心，要"尊重共赢"，最终要"追求卓越"。在 2012 年行业最艰难的时候，大量领先企业倒闭破产，天合凭着核心价值观产生的凝聚力，业务稳步向前，在 2014 年成为全球光伏组件出货量第一名的企业。

后来，天合继续走向新的阶段，到了 2017 年开启 3.0 阶段，核心价值观进一步升级，"成就客户"的指导方针不变，因为内部的奋斗精神和运营效率要提高，同时把"全力以赴"加入到了核心价值观，简称 CODE，这就是天合光能走向成功的"密码"。具体来说就是：

成就客户（Customer-Centric）：成就客户就是成就自己。

开放心胸（Open-Mindedness）：以开放的心胸来拥抱变化，共创成功。

全力以赴（Dedication）：全力以赴，为客户创造价值，为公司持续成长贡献力量。

追求卓越（Excellence）：在使命和愿景的引领下不断追求更高目标。

2020 年，天合光能回归 A 股实现科创板上市后，把 CODE 密码进一步清晰化，在此基础上把"共担共创共享"加入核心价值观升级为 CODES，提倡要以客户为中心、坚持开放创新（开放心胸的进一步清晰化）、长期艰苦奋斗（全力以赴的进一步清晰化）。最新的 CODES，具体为：

C：Focus on the Customer（以客户为中心）。

O：Persist in Open Innovation（坚持开放创新）。

D：Persevere through Dedication and Hard work（长期艰苦奋斗）。

E：Strive for Excellence（全力追求卓越）。

S：Share the responsibility，create and share value together（共创共担共享）。

可见，天合光能的核心价值观不是虚的，不是空的，也不是随意拍脑袋想出来的，而是全体天合奋斗者特别是高管们共同实践、共同讨论总结出来的，是天合与时俱进、与时前行，在公司管理的基础上提炼升华出来的。

天合的核心价值观，把所有奋斗者凝聚在一起、把所有的智慧连接在一起，每个阶段的描述和升级，都反映出天合当时的发展背景和更高需要。每个阶段的描述虽有不同，但天合光能全体员工拼搏奋斗的本质是不变的。

正如菲利普·塞尔兹尼克（Philip Selznick，1919—2010，美国社会学家，二战后美国法律社会学的主要代表人物之一）所言："一个组织的建立，是靠决策者对价值观念的执着，也就是决策者在决定企业的性质、特殊目标、经营方式和角色时所做的选择。不论如何，组织中的领导者，必须善于推动、保护这些价值，若是只注意守成，那是会失败的。总之，组织的生存，其实就是价值观的维系，以及大家对价值观的认同。"

可见，天合光能的成功，其根基在于文化价值观的坚守与传承。

3. 创新驱动发展

创新，顾名思义，就是创造新的事物。我国古代很早就有创新一说，《广雅》："创，始也"；新，与旧相对。《魏书》有"革弊创新"，《周书》中有"创新改旧"。

创新是引领发展的第一动力。企业是创新发展的主体，各种创新活动，都要通过企业来实现。

企业创新，就是用创造性的思维和方法，创造出别人没有或比别人更好的技术、产品和管理的活动。

创新是企业生存发展的前提条件，没有创新，企业就无法很好地生存和发展。创新需要不断地挑战自己、颠覆自己、否定自己。好的企业创新，是把创新活动渗透到企业生产经营活动的各个方面和各个环节。

在天合光能的发展历程中，创新是核心驱动力。天合光能每一个重大成就的取得，都与创新密不可分。创新，是天合六大战略之一。分析天合的创新实践与创新成果，可以总结出一些独特的模式特点和创新方法论。

（1）引领性创新

中国光伏产业与很多其他产业一样，由小到大、由弱到强，在这个过程中走了一条吸收、消化、再创造的道路，对于海外先进国家的新技术、新工艺、新产品模仿学习较多。生在这样一个行业，天合光能没有落入俗套，以"敢为天下先"的精神，不落窠臼、敢于超越，做出了很多引领性、原创性、颠覆性的创新。

在天合光能成立初期，缺少人才、缺少技术，谁也看不清光伏产业未来的发展道路在哪里。这时，天合光能以敢于创新、敢于突破的精神，研发出了中国首个太阳能样板房，将对太阳能的未来憧憬转化成实实在在的产品，引起了行业轰动。可以说，在中国光伏混沌未明的早期，天合光能就种下了一颗创新突破的种子。

在天合光能成长壮大的过程中，对创新的重视程度不断加强，对创新的投入持续增加。不做简单的模仿改造、不搞拼凑的虚假创新，而是钻研可以引领未来的原创创新。一组数字可以说明天合光能在创新上的引领性：截至 2022 年年底，天合光能曾先后 25 次创造、刷新晶体硅太阳电池转换效率和组件输出功率的世界纪录，数量之多，在中国光伏企业中名列前茅。截至 2022 年 12 月 31 日，天合光能共申请专利 2663 件，其中发明 1197 件；拥有有效专利 1094 件，其中发明 334 件，在中国光伏行业遥遥领先。

在天合光能发展成为营收近千亿元、员工达两万多人的大企业之后，创新的潜能依然巨大、创新的活力依然澎湃。2020 年 2 月，天合光能面向全球推出首款 210 组件——至尊系列，创建出一个崭新的 210 产品技术平台，挖掘出 210 组件在降低度电成本上的更多可能性。至尊 600W+ 系列大组件产品，在中国光伏步入平价时代后开启了度电成本更快下降的新通道，引领中国光伏步入高效、高功率的 6.0 时代。

（2）开放式创新

天合光能的创新，从来不是闭门造车，更不是对同行搞技术封锁，而是打破封闭，推开藩篱，用开放的姿态和包容的心胸与世界共舞。

在天合光能的创新平台上，活跃着来自全球各地的顶尖技术专家和优秀科研骨干人才，演奏了一曲"知识没有国界，创新没有边界"的交响曲。

国家级人才计划专家皮埃尔·沃林登博士是典型代表。他在光伏行业有着 30 多年的从业经验，且在国际上享有盛誉，获奖无数。他在天合光能任职期间，带领研发团队先后创造了多项晶体硅太阳电池转换效率和组件输出功率的世界纪录，将天合光能大面积 IBC 电池的最高效率提高到 24.13%。

天合光能"光伏科学与技术国家重点实验室"承担了多项重要研究课题，与中国科学院、新加坡太阳能研究所、澳大利亚国立大学、美国国家可再生能源实验室等全球顶尖研发机构开展了广泛、深入的交流合作，引入全球化创新力量，打造国际化开放创新平台，携手走向更广阔的天地。

在技术创新上如此，在产业创新上更是如此。2020 年 7 月，天合光能牵头，联合行业伙伴共同成立的"600W+ 光伏开放创新生态联盟"，特别强调要运用生态的力量，以开放的心态来做创新、以利他的精神来实现共赢，这样的创新模式在中国光伏产业发展史上是从来没有过的。

天合光能通过联合产业链上中下游的领先企业，群策群力，协同创新，实现了强强联合、优势互补，爆发出了强大的创新活力。在 210 大硅片产业配套还不太成熟的情况下，天合光能带动的开放式创新达到了强链补链的效果，210 大硅片产品以超预期的速度在产业内落地，推动了高效高功率产品的跨越式发展，为中国光伏进一步走向全球领先位置提供了助力。

（3）市场客户导向

彼得·德鲁克对创新的定义是："创新是一种赋予资源以新的创造财富能力的行为……任何改变现有资源的财富创造潜力的行动，都构成创新。"

很显然，创新是具有经济含义的行为。企业创新更是如此，它本质上是一种商业行为。所以，在评价创新的维度中最重要的一个方面，一定是评估它是否为客户带来更高价值、为企业带来更多回报，这样的创新才是好创新，而不是发多少论文然后束之高阁的空洞无物的创新。

天合光能的创新，通过长期坚持做到了贴近客户、深入实际，从解决客户的痛点问题出发，把为客户带来更大价值作为创新方向。

对光伏行业来说，终端客户最大的需求主要是两点：一是更低的度电成本，因为只有成本更低，才能回报更高，才能摆脱对补贴的依赖；二是稳健、可靠的产品品质保障，因为光伏电站至少要用 25 年，产品品质不过硬，发电收益就会打折扣。天合光能的科技创新，就是牢牢把握了客户的这两大需求，所以天合的产品在市场上是亮闪闪的"金字招牌"，受到了客户的高度认可。

天合光能以市场客户为导向的创新，另一个典型案例是在原装户用光伏产品上的创新。随着户用光伏的兴起，市场上拼装低质、假冒伪劣产品的问题非常突出，天合光能深入市场一线调研后，推出了国内首家原装户用光伏产品，从硬件配置到方案设计，从安装交付到服务售后，一条龙的天合品质保障，很好地满足了老百姓放心装光伏的需求，让老百姓装得安心、用得舒心，从而广受赞誉。

4. 持续变革进化

英国生物学家、进化论奠基人查尔斯·罗伯特·达尔文（Charles Robert Darwin，1809—1882）经过历时 5 年的环球航行，并对动植物和地质结构等进行大量观察和采集后，发现了生物进化演变的真理："物竞天择，适者生存"。"进化论"也被恩格斯列为 19 世纪自然科学的三大发现之一，对人类有着杰出的贡献。

除了达尔文一派，历史上关于生物进化的演进，拉马克（Jean-Baptiste Lamarck，1744—1829，法国博物学家，生物学伟大的奠基人之一）一派也非常有名。他的底层逻辑是，生物是可以主动进化的，可以迎合环境中的确定性的红利，做出适应性的改变。

无论是被动适应，还是主动进化，在风云变幻的商海浮沉中，企业的生存与发展也遵循着这样的法则。每一家企业每天都会面临着共同的命题，那就是如何在不确定的环境中寻找确定性，并很好地生存下去。华为创始人任正非曾说："过去我们把生存作为企业的最低目标，现在搞清楚了，生存其实是企业的最高目标。"华为尚且如此，其他企业更是如此。

面对复杂多变、极度内卷的生存环境，天合光能是中国光伏行业中硕果仅存的几家老牌光伏企业之一。天合能够穿越周期活下来，并且不断发展壮大，做到高质量地活着，这里面的核心秘诀之一，就是"因时而变、因势而变、主动求变"。这是天合光能在持续的自我变革中磨炼出的独特生存技能。

1988 年研究生毕业开始创业，对于那时候的高纪凡来说，管理、战略、企业文化、领导力都只是一些陌生词汇；到如今，他是行业内有巨大影响力的意见领袖，娴熟地管理着天合光能这样一家在全球设有 6 大管理中心、业务遍布 100 多个国家和地区的国际化公司……天合的公司领导人在不断"进化"着！

二十多年来，天合光能的业务重点历经多次转型，从最开始的铝板幕墙到太阳能，一路突破向前。从 1997 年到 2006 年的第一个 10 年，天合光能打下了光伏发电设备制造的坚实基础。从 2007 年到 2016 年的第二个 10 年，天合光能成为全球最领先的光伏组件供应商与太阳能整体解决方案引领者，光伏组件累计销售量位居全球第一。到了 3.0 时代，天合光能又升级为光伏智慧能源和能源物联网整体解决方案提供商，储能、氢能等更多业务也在布局中……天合的业务在不断"进化"着！

从天合成立初期时的十几个人，到现如今的全球 23000 人，未来还可能会进一步扩充到 5 万人甚至 10 万人，天合光能的组织形式和管理架构在不断地调整变化。从之前的老板在前面带动，到初步建立体系靠团队管理的推动，再到如今的鲲鹏变革彻底再造，打造出数字化、自驱动的平台型组织……天合的组织体系在不断"进化"着！

综上可见，天合光能的发展史，就是一部光伏企业变革史，在变革中成长，在蜕变中涅槃。这个过程就好比是从水生动物变成陆生动物，从用鳍游动进化为用脚奔跑，从用鳃呼吸进化为用肺呼吸，未来还要幻化为大鹏，去天空中自由翱翔。在自我否定、自我颠覆、自我突破中脱胎换骨，在生命基因的重组排列中变化为更高级的物种，这就是天合的进阶之路。

随着时代的进步，商业环境正变得越来越复杂，这是不可逆转的趋势。未来，在碳达峰、碳中和浪潮下，整个能源体系将会重构，在以新能源为主体的新型电力系统下，各种能源形式的角色将重新改写。面向未来，天合光能的路在哪里？

回望过去，天合光能做到了"从平凡到不凡"，展望未来，天合光能要努力实现的，将是"从不凡到伟大"。没有现成的模式可学，没有固定的套路可用，唯有依靠多年磨炼的商业本能和持续变革的进化能力，不断去试错、去超越，求变求新，迭代升维，才能让公司走到更远的未来。

面向未来，天合光能对基业长青、永续经营的探索还在路上！更加精彩的旅程，才刚刚开始……

曹仁贤：阳光电源与天合光能结下了兄弟般的友谊

曹仁贤
中国光伏行业协会理事长、
阳光电源董事长

　　阳光电源与天合光能都在 1997 年成立，二十多年来，两家公司向阳而生、携手同行，犹如兄弟般共同成长、协同发展，结下了深厚的友谊。

　　这二十多年来，天合光能在高纪凡董事长的带领下，凭借着对行业的深刻洞察、对趋势的正确预判，以及勇于创新的开拓精神，从名不见经传到全球知名，从追随者到行业领跑者，一路风雨，一路辉煌，书写了踔厉奋发、勇毅前行的美丽篇章。

（一）

即使二十多年过去了，我和高总初次相识的情景却依然历历在目。

我和高总的相识，是光伏行业一位老前辈邱总（邱第明）介绍的。邱总之前在云南半导体厂工作时，我们之间就非常熟悉，那时我正在学校教书还没有出来创业。正是在邱总的介绍下，高总来到阳光电源和我见面。

那时候，天合的主业还是铝板幕墙，幕墙和光伏行业并没有多大关联。

在谈话中得知，高总准备向光伏行业转型，同时，他还提到了一个梦想——让所有幕墙都能实现太阳能发电。听了高总的梦想后，我心中敬佩之情油然而生，高总不仅思想有深度，而且志向高远。

即便到了今天，光伏幕墙依然是十分大胆的想法，也就是近些年来正在兴起的 BIPV（光伏建筑一体化）。二十多年前高总就有这样的设想，足以见其不凡的洞察力。那一次我们聊得非常投机，我觉得天合一定能成功。

不过，天合光能的转型并非一帆风顺，虽然有进入光伏行业的决心，但那时的大环境却很难提供相应的机会。但高总没有灰心，首先尝试做了一个小型水电站的项目，算是正式切入到可再生能源领域，开启了天合的转型之路。

后来，天合光能通过西藏"送电到乡"工程正式踏入光伏领域。这项工程非常巨大，天合光能拿到的项目难度非常大，但是高总迎难而进，因为这是转型的第一步，绝不能失败。

我记得工程的地点在西藏昌都，那里自然条件十分恶劣，常年积雪，足有半人高，导致太阳能板很难通过车辆运输，天合光能就用毛驴一点一点地驮进山沟里，因此工程进展得非常艰难。

天合光能最后成功完成了项目建设，这件事情还上了中央电视台《感动中国》节目。也是在这个项目的合作中，我和高总结下了深厚的友谊。

这两件事情中，高总表现出不满足于现状的奋斗精神和孜孜不倦的进取精神，让我印象尤为深刻。高总本人和天合光能所体现出来的精神、理念、价值观与阳光电源非常相似，所以，这才有了我们以后二十多年的密切合作。两家公司在文化、理念上的契合，让大家合作起来非常顺畅。

（二）

2018 年的"531 新政"，是光伏行业发展的分水岭，也是阳光电源与天合光能合作升级的起点。

"531 新政"的推出，目的是为引导市场和行业调整思路，将光伏行业发展的重点由规模扩大转到提质增效上来。这一政策无疑有利于行业的长久稳健发展，但由于政策推出过于突然，引发了行业不小的震动。

在此之前，阳光电源和天合光能的合作还仅仅停留在产品供应上，"531 新政"实施后我和高总的想法极为一致，觉得两家合作应当上一个新台阶，不能只是停留在相互使用产品这种合作模式上，而是应该在领跑行业、引领技术进步方面进行更深入的合作。

在这种理念的引导下，2019 年，阳光电源和天合光能合作"领跑者"项目，这对中国光伏行业的技术进步、效率提升、度电成本下降起了很大作用。印象最深的是我们联合推动 1500V 系统升级，这在技术上是很大的创新，在行业内也引起了不小的轰动。后来，1500V 产品不仅在国内，甚至在全球都迅速推广开来。

近几年来，高总又有了组建"600W+ 光伏开放创新生态联盟"的想法，共推 210mm 尺寸大硅片。高总亲自给我打电话说明了想法，并问这有没有胜出的可能。

这种想法当然很大胆，因为这不是一两家公司的事情，涉及光伏产业链上下游的所有环节。后来，我和高总多次通话、开会，反复推演、讨论，最后得出的结论是：事情大、很重要、有难度。

但是，高总不惧困难，2020 年 7 月，"600W+ 光伏开放创新生态联盟"正式成立。这是一个由硅片、电池、组件、跟踪支架、逆变器、材料及设备制造商等光伏产业链上下游 39 家企业共同发起成立的联盟。联盟宗旨是以技术创新为驱动力，发挥各自产业优势，串联产业链各环节，共同促进光伏产业迈入下一个具有突破意义的新时代。

如今，在联盟成员的共同努力下，光伏产业发生了巨大改变，一个最明显的变化就是光伏的度电成本大幅下降，这加大了产业链各环节企业的利润空间，增强了光伏的市场竞争力。

天合光能之所以如此孜孜不倦地追求技术创新、推动行业发展，本质还是源自高总做光伏的初心。天合光能的愿景就是"用太阳能造福全人类"，这不仅仅是一句口号，高总和天合光能更是用自己的行动在践行。

现如今，国家正在大力推行"3060 双碳"战略，加速推进清洁能源转型，这正好和天合光能的发展方向相契合。从这一方面来说，天合光能的未来无限光明，我坚信天合光能在高纪凡董事长的带领下，一定能够为全球的清洁能源转型发挥更加重要的作用。

作为 20 余年的战略盟友，我们并肩前行、携手共进。在如同兄弟般的互助互信下，相信阳光电源和天合光能的未来都会更加美好。期待两家继续升级合作关系，在行业生态建设、数字能源、人工智能以及储能等领域，全面加大创新合作力度，努力为行业树立质量和效率的新标杆。

（曹仁贤：1968 年出生，1993 年毕业于合肥工业大学，第十三、十四届全国人大代表，中国光伏行业协会理事长，阳光电源股份有限公司董事长。）

李俊峰：勇者立于潮头，
智者行稳致远

（一）

我和高纪凡相识，早在 20 世纪 90 年代。

1997 年，世界上发生了一些大事件。首先是全球一百多个国家在日本共同签署了《京都议定书》，计划按照"共同但有区别的责任"原则开展碳减排工作。为了显示落实《京都议定书》的诚意，欧盟颁布了 2050 年实现可再生能源占比提高至 50% 以上的战略愿景。美国总统克林顿提出了"百万太阳能屋顶计划"，中国的三个部委也联合颁布了第一部国家新能源发展规划纲要。

1999 年 5 月 29 日，中国在联合国总部签署了《京都议定书》，并于 2002 年 8 月 30 日核准《京都议定书》。当时，我在国家发展改

李俊峰
国家应对气候变化战略研究
和国际合作中心首任主任

革委能源研究所工作，工作内容之一就是谋划如何落实《京都议定书》中的承诺。

当时我们认为，企业和企业家是落实国家大政方针的重要力量，我国若想按计划完成减排目标，必须有一批专注可再生能源、有可持续发展情怀的企业家。于是，在1997年，我们创办了全国首个"可再生能源企业家培训班"。

后来我知道，那一年，也是天合光能成立的时候。

这个培训班从1997年开办，直到2000年连续办了四届。期间聚集了诸多受美国"百万太阳能屋顶计划"及《京都议定书》启发和感召的企业家，高纪凡便是其中之一。不过那时候天合的规模还很小，当时谁都想不到它后来会发展得这么好。

培训期间，国内外专家、学者针对可持续发展理念，围绕如何利用可再生能源去改变人类和世界展开教学，深深影响了在场的每一位企业家，我能清晰看到他们眼中慢慢点亮的光。

如今想来，他们那一群人，可谓是那个时代的英雄，是那个时代的弄潮儿。在新能源产业发展早期，工作推进起来很难，有时候甚至看不到未来的希望，只能靠使命感与情怀奋勇向前。

与高纪凡一同参加培训班的企业家，有很多在新能源行业都取得了很大成就，比如无锡尚德的施正荣、阳光电源的曹仁贤、金风科技的武钢等。当年那批参加培训班的大多数企业家，至今也仍活跃在新能源领域，继续为可持续发展做贡献，比如山东皇明的黄鸣、江苏太阳雨的徐新建、浙江美大的夏至生、浙江运达的吴运东等，这让我感到很欣慰！

在"可再生能源企业家培训班"结束之后，高纪凡去忙"光明工程"的事情去了，而我则是为《中华人民共和国可再生能源法》的起草做准备。

在为这部法律起草的过程中，我向包括高纪凡在内的诸多可再生能源行业的从业者征求意见和建议，从法律框架到详细的条目条款，他们都做出了很大的贡献。

2005 年 2 月，《中华人民共和国可再生能源法》正式公布，国际资本开始积极寻找相关投资标的，这直接促成了 2005 年至 2007 年中国光伏企业的出海上市潮。在当时远渡重洋、赴美上市的企业中，就包括高纪凡创立的天合光能。可以说，高纪凡等人是《中华人民共和国可再生能源法》的重要贡献者，同时也是主要受益者。

（二）

一直以来，我对光伏行业的态度是：行业过热，就泼泼冷水；行业寒冬，就添把柴火。

2007 年，在海外资本的众星捧月下，中国光伏企业与企业家们正是风光无两、踌躇满志的时候。当年我主持了一个企业家论坛，包括高纪凡在内的主要光伏企业的领导人基本都在现场，我向他们抛出这样一个问题：

"中国企业大部分是各领风骚三五年，风光十年的都不多。你们现在都很优秀，都是风云人物，但百年之后你们的企业是否还存在？又能否像西门子、杜邦这样的百年老店一样，仍可以坐在这里论道？"

这个论坛结束之后，高纪凡就找到我，我们聊了很久。我们都认为，行稳方能致远，很多勇者可以立于潮头，但唯有智者才能立于不败之地。

因为我们理念相近，又都是比较有使命感的人，在这次谈话之后，高纪凡邀请我做天合光能的独立董事，我也就答应了。

这段经历值得展开说说。

我曾经担任过几家公司的独立董事，很多董事会都是走过场——决议早先已经起草完，董事会宣读一下，董事们举个手、签个字就结束了，全程不过几十分钟。

但天合光能不一样，高纪凡要求一年要开四次董事会，每次都开两天以上，大家要充分发表意见。所以我们经常有机会在一些关键问题上去交流、争论，让企业按照正确的方向发展。

高纪凡有耐心、够虚心，能够广泛听取建议，正确认识客观规律，可谓贯彻了行稳致远的理念。

2008 年，国际金融危机爆发，海外光伏市场急剧收缩，中国光伏股票跌至谷底。这个局面致使当时很多光伏企业都元气大伤。

但天合光能受到的影响微乎其微。我认为原因就在于高纪凡始终坚持行稳致远——他只专注于自身主业，没有因为在海外融资容易就盲目搞多元化，或是去做不擅长的多晶硅和薄膜电池，因此在一定程度上规避了风险。一直到现在，稳健都是天合光能的一大特色。

（三）

我和高纪凡在工作上的交流合作很多，让我印象最深刻的一次，当属应对"双反"时的配合。

2011 年左右，欧美国家发起"双反"调查，针对中国光伏行业施以重税，行业随即陷入严冬。

当时我就在想，欧美国家通过"双反"遏制中国光伏这一优势产业，那么我们国家也可以通过政策手段，同等反制欧美国家的优势产业，如葡萄酒、高端汽车等。当然最好的结果是双方合作共赢，和气生财。通过一些朋友和渠道，我们向欧洲方面传达了这些意见。

2012 年，时任德国总理默克尔访华，在双方的早餐会上，中方出席人员除了时任中国总理温家宝等政要人物外，还有高纪凡等光伏行业代表。高纪凡借此机会，向温总理转达了反制与合作的提议，表达了中国光伏行业的心声。于是温总理在会上对默克尔说：两国相斗必伤，两国相和则都受益。默克尔表示认可。

在这之后，欧洲国家的"双反"策略开始向限量限价转变。后来在与欧洲国家进行限量限价的谈判中，高纪凡等光伏企业家又为相关部门贡献了很多企业操作上的经验，大幅增加了谈判的底气，捍卫了中国光伏行业的利益。

发展中国光伏，仅是抵御外敌还不够，还要拉动内需，唯有双管齐下，才能真正盘活当时的光伏行业。

同是 2012 年，时任国务委员、国务院党组成员兼国务院秘书长的马凯来地方做调研，那时的高纪凡已经是中国光伏产业联盟的理事长了，他组织了很多光伏企业家一同参与了与马凯同志的座谈会。在会上，高纪凡等光伏从业者提出了很多振兴中国光伏行业的想法。

这一次座谈非常重要，它直接推动了 2013 年《国务院关于促进光伏产业健康发展的若干意见》的出台。自此以后，中国光伏不仅洗刷了高耗能的污名，还制定了分类电价补贴规则，国内市场由此开始大规模启动。

可以说，在中国打赢"双反"战役的过程中，高纪凡起到了一个行业引领者应尽的责任，带领大家同舟共济，逾越艰难。

（四）

2013 年以后，我就不再担任天合光能的独立董事了，但与高纪凡依旧常常交流合作。

如在制定中国光伏行业的"十三五"与"十四五"发展规划时，高纪

天合纪
中国光伏的进化哲学与领先之道

凡经常和我们开座谈会。制定目标的时候，也是高纪凡带着光伏协会的人和我们一起做推算，向相关部门提交报告和建议。

在未来的日子里，我希望天合还是要坚持行稳致远的发展战略，并继续发挥一个龙头企业的带头作用。

同时，我希望高纪凡不仅看到天合光能自身的发展，还能够以人类命运共同体这个高度去看待全球光伏行业的未来发展。

截至 2022 年年底，中国光伏产量和装机容量均为世界第一。其中多晶硅产量连续 12 年、光伏组件产量连续 16 年、光伏新增装机容量连续 10 年、光伏累计装机容量连续 8 年位居全球首位，实力已达到前所未有的高度，占据了全球 80% 至 90% 的市场份额。

这无疑是件好事，但同时也令人担忧。

能源转型是全球的事情，不会让一国独大。在激烈的国际竞争，跌宕起伏的国际形势面前，行业过度集中会带来很大的风险。所以说光伏企业的全球化布局非常重要。

总之，希望未来天合光能能够为行业发展贡献更多智慧，同时祝愿天合把握时代机遇，实现"用太阳能造福全人类"的使命愿景。

（李俊峰：1982 年毕业于山东矿院（现山东科技大学）电气工程系，曾在国家发展改革委能源研究所工作，后任国家应对气候变化战略研究和国际合作中心主任。退休后担任红杉中国投资合伙人、红杉碳中和研究院院长，为"扎耶德未来能源奖"终身成就奖获得者。）

刘汉元：错位竞争，利他即利己

（一）

谈起与天合光能和高总的交流、合作，我有很多话想说。

我和高总相识于 2007 年，那时正是"拥硅为王"的年代，多晶硅价格处于历史高点，三百多万元一吨的硅料价格很常见，而且质量一般。

当时很多企业都试着做硅料业务，通威也是那个时候进入多晶硅领域的，我们做了 1000 吨的规模。这一时期，天合光能由于缺少多晶硅，也想介入这个领域，当时高总在江苏连云港签订了总规模达 1 万吨的多晶硅项目，总投资巨大。

听闻这个消息后，我跟高总说："我现在在乐山做硅料，你就不用搞了，我做你的长期供

刘汉元
全国工商联副主席、通威集团董事局主席

应商。"他听了之后，便去乐山考察，过了一段时间，他跟我说："我不涉足多晶硅领域了，你这边尽力做。"

于是，我们从2008年开始以"长单协议、月付货款"的模式开始合作。那时我们也没有想到去共同构建一个分工合作的模式，彼此更多还是为了保障市场与供应链的稳定，但后来证明这是很好的模式。

2008年，国际金融危机爆发，多晶硅价格一落千丈，然后又是"双反"调查，行业陷入寒冬。在此期间，我们的价格和产量一直处于大起大落的状态，但与天合的合作始终在正常推进。到了2013年左右，我们与天合所有的合同全部了结，就这样，我与高总的第一次合作愉快地结束了。

很多朋友都知道，"错位竞争"是我经营企业的理念。后来我听高总提起，在我们第一次合作结束后，他的内心产生一种感慨——每一个企业都有自己最擅长的领域，应该以最大的力量把这个领域做到全球领先。同时，每家企业也都有不擅长的领域，如果什么都要做，随着外部环境的变化，将来可能会变成一种包袱，甚至产生颠覆性的影响。

从中可以看出，高总与我的理念非常接近，我们都认可企业应"有所为有所不为"，然后扬长避短，与其他有强项的企业紧密结合，从而互利互惠，构建健康的行业生态。

价值观的契合，让我和高总在2020年进行了更为深入的合作。

（二）

光伏行业的跌宕起伏是众所周知的，每个企业都在摸索中前行。我一直认为分工合作的方式对每一家行业企业都是有益的，因为它可以让不确定的未来变得相对确定。

近年来，光伏行业发展得越来越好，我们在欣喜之余也开始居安思危，深刻认识到如今的行业面临着一哄而上、大量重复、市场被做乱、投资价值被做烂的危机。

在此背景下，我一直在思考，什么样的方式能让行业企业分工更明确？什么样的方式能让行业生态更良好？什么样的方式能让企业彼此的利益更大化，让行业对社会发挥更多价值？

幸运的是，思考这个问题的不只是通威，天合也有这样的认识。我们都发自内心地希望在分工合作的模式下，通过相互协助，使各自能做得更好、做得更大。在利他的过程中，同时实现利己，这样行业才会有序、良性发展。

在双方高度共识下，我和高总决定共同向前迈出一大步，探索有益的分工合作模式。在 2020 年上海 SNEC 展上，我们双方团队有了第一次正式沟通，后来屡经磨合，在当年 9 月双方秉持着"利他即利己"的原则，签署了上百亿的战略合作协议。

当时我们明确宣布，将在各自优势领域走向纵深，把非优势领域交给同伴，展开全面合作，打造全新的光伏生态圈，这也就有了后来合资投建的一体化产能。用高总的话说，我们是把半条命交给对方。

截至目前，我们合作双方对价格和产业链的前后协同，总体来讲是按照预定的方向在走，彼此还是非常受益的。所以我特别希望彼此无论以什么样的方式合作，都能全力以赴去推动，然后相互成就，以此给行业做表率，令分工合作、互利共赢成为大家的共识。

就我个人而言，我知道高总这一路走来并不容易。如今，天合在组件出货上已经做到了超过 120 吉瓦的规模，且在很多方面天合都是行业领先的，这对他而言是一种慰藉。

作为领导者，高总精力充沛、雷厉风行、说到做到。全世界很多技术专家、管理专家，都汇聚在天合，我们去看、去学习的时候，都能感受到天合发展的战略前瞻性。

最后我要祝贺天合过去所取得的成就，并祝愿天合的未来一路坦途，取得更大的成就。

（刘汉元：全国人大代表、全国工商联副主席、全联新能源商会执行会长、通威集团董事局主席。）

沈辉：天合光能对中国光伏科研
做出了贡献

这么多年来，我与天合光能保持着非常密切的联系，也有很深的感情。

一方面，我和高总是老朋友，我理解他的理念，也认可他的为人。"光伏科学与技术国家重点实验室"依托天合光能建立以后，我一直担任实验室学术委员会主任，把国际上很多大师吸纳到了委员会里。

另一方面，我的很多学生都去了天合实习，高总很愿意提供机会培养这些优秀的学子，让他们在企业中实践，跟随大师学习。后来我的这些学生有的留在天合，有的进入光伏行业其他企业成为科研主力，整个行业有了源源不断的人才输送，这一点让我很感动。

高总有情怀，有格局，是有责任感与使命感的光伏企业家代表。

沈 辉
长三角太阳能光伏技术创新
中心主任

（一）

高总本科毕业于南京大学，硕士师从中国现代理论化学奠基人唐敖庆先生，他是有学术血脉根基的。

在天合光能初创时，高总向科研专家、学界前辈虚心求教；天合光能成为行业龙头后，高总也依然保持着对科研人员的尊重，丝毫没有大老板的架子。这是我亲身感受到的，也是大家公认的，不仅是至今还在天合光能工作的很多科研人员，也包括已经离开天合光能的一些科研人员都有这样的评价。

我对高总的这种印象，最初可以追溯到 2006 年。

当年我参与创立了深圳市太阳能学会，经常与其他地区的太阳能学会、协会做交流。在一次外出考察中，高总也在团队里，我们因此认识了。当时高总给我的印象就是虚心求教、谦逊有礼。

认识之后，高总经常邀请我参加其他的学术交流或考察活动。在与他接触的过程中，我知道原本他是能够去美国读博士的，只不过他没去，他对我说中国不缺少博士和教授，缺少的是企业家。

这种观念令我印象深刻。当时中国光伏产业根本不知道前途如何，甚至后来有一段时间还被列为高污染、高耗能行业，像高总这种高智商并受过高等教育的人，凭着家国情怀深耕光伏产业，这种选择令人钦佩。

到了 2010 年前后，国家要大力发展可再生能源，计划建立国家级风能实验室、生物质能实验室、光伏科技重点实验室等。那时我也是评委，参与光伏科技重点实验室评审。通过评审与科技部批准，天合光能在众多企业中胜出，最终获批建设"光伏科学与技术国家重点实验室"。

在当时，可谓是"中国光伏看江苏"，江苏一直是光伏行业发展最好的地方，而天合光能则是江苏发展最好的光伏企业之一，因此天合光能获批国家重点实验室实至名归。高总对于筹备实验室一事，展示出了极高的重视程度，盖大楼、买设备，投入了不少人力、物力、财力。

2013 年，实验室顺利通过科技部的验收，我从那时起就是实验室学术委员会的主任。在这个岗位上，我的工作内容之一就是为委员会吸纳国际顶尖大师。在高总的支持下，我们迎来了很多大师的加盟，其中代表人物就是皮埃尔·沃林登博士和彼得罗·奥尔特马特博士，后来大家都喜欢分别叫他们"老皮"和"小皮"。

老皮是当世全球最顶尖的光伏科学家之一，能力非常全面，既做过研发又做过产业化项目。他曾在美国 Sunpower 做了十一年研发总监，主导过包括高效晶体硅太阳电池研发在内的诸多工作。他在加入我们委员会后，对天合的感情也很深厚。

小皮在光伏界也是顶尖的科学家，在太阳能电池的理论模拟上造诣很深。他在马丁·格林教授的团队里工作过，当年马丁·格林教授的团队创造了 PERC 电池实验室效率的世界纪录，许多理论模拟工作就是由他完成的。

这些全球顶尖科学家的加盟，不仅是对天合光能，更是对中国光伏产业的发展做出了巨大贡献。在此基础上，"光伏科学与技术国家重点实验室"的学术水平在国际上都是名列前茅的，这离不开高总的支持。

（二）

高总的格局还有另外一大体现，并在很大程度上影响了学界和行业。

我的一个学生陈奕峰非常优秀，按照常规他是可以获得国家资助到国外留学的，但最终未能如愿拿到国家资助名额。我感觉非常可惜，于是就给高总打了个电话，我说：我有一个非常优秀的学生，德国很多学校都欣赏他，但是没能拿到国家资助名额，你能不能出这个经费？大概十几万。高总听清事情原委后，当即表示没问题。这期间，高总完全没有提出让陈奕峰学成去天合工作之类的要求。

后来陈奕峰学成回国后，主动申请到天合工作。当时他博士毕业可选择的机会很多，但他依然坚定地选择去天合。在冯志强博士等人的帮助下，陈奕峰成长很快，现在是天合光能技术工程中心负责人，"光伏科学与技术国家重点实验室"副主任。

陈奕峰的科研水平，已经在国际上崭露头角。2022 年，在每四年召开一次的欧洲、亚洲、美洲联合光伏太阳能大会上，组委会对 1000 多篇学术论文进行打分评选，陈奕峰以最高分胜出，而且他是大会第一个做报告的，演讲非常成功。

高总无私地给一个学生资助，送到国外去培养，这种情怀和格局，非常值得称道。

高总帮助过的学生远不止陈奕峰一个，我有将近十个学生都是天合培养出来的。基于天合的无私提携，他们的研究水平提升很快，天合创造的很多项世界纪录，我学生的名字经常位列其中。

比如徐建美，是组件技术和组件产品开发方面的专家，是双玻组件产业化的最大功臣；张臻博士是光伏组件和系统技术的专家，也是在天合工作期间有了出国机会，跟着美国的大师学习深造，现在已经是上海交大的一名副教授。

在天合工作的科技人员有很多来自中山大学，特别是出自中山大学太阳能系统研究所，如杨阳博士、陈达明博士、林文杰博士、刘宗涛博士、朱强忠博士、刘瑞珉硕士、刘家敬硕士、眭山硕士、徐冠群硕士等等。多年之后，他们有的留在天合，有的去了其他光伏企业，但都在扎扎实实地搞科研，为光伏行业发展做贡献。所以我经常跟很多企业讲，天合对光伏行业贡献很大，为行业输送了大量人才。

天合愿意培养搞科研的年轻人，反过来说，年轻人也愿意到天合来，其中的原因同样值得说说。

一方面正如我前面所说，高总的格局很高，对员工和蔼可亲。他是非常关心、尊重科研人员的，在高总这种为人处世的风格下，整个天合的氛围都非常好，大家平等相处，这种环境对全心全意搞科研的人来说非常重要。

另一方面，天合有国家重点实验室，所以在国际学术交流方面做得很到位，还有如皮埃尔·沃林登博士、彼得罗·奥尔特马特博士这样的大师，他们的知识经验是课堂中学不到的，年轻人都愿意接受他们的指导。很多时候，学生想来天合实习，都不一定有名额，可见天合的吸引力。

我除了回忆起高总在科研上的种种事迹，还想起他担任中国光伏行业协会理事长时期的事迹。高总的眼光从来没有局限于自己的企业，他对整个光伏行业做出了很多贡献，发出了很多声音。

在我筹划出版的诗集——《太阳赞歌——光伏开拓者的境界》中，高总创作了三首词，词中蕴含的气势和情感，满是对光伏的挚爱，和对人类发展的责任感。这些词，就是高总情怀和格局最直接的体现。

（沈辉：江苏连云港市人，1956 年 7 月 1 日出生。毕业于南京理工大学工程光学专业。1996 年获得德国德累斯顿工业大学材料科学博士学位，1998 年度中国科学院"百人计划"项目入选者，中山大学太阳能系统研究所创始人。曾经多年兼任"光伏科学与技术国家重点实验室"学术委员会主任，目前担任长三角太阳能光伏技术创新中心主任。发表学术论文 200 多篇，有 8 部专著，其中集科学与文学于一体的《我心中的太阳》在业界广为流传。）

王勃华：他是一个有
"行业事业心"的企业家

（一）

　　天合光能是中国光伏行业协会前两任理事长单位，高纪凡也连续做了两届理事长。如果加上联盟时代，高总担任理事长时间长达 11 年，现在仍然担任名誉理事长，对于中国光伏行业协会的建立和发展，做出了很大贡献。

　　高总对光伏行业发展一直很关注。2010年前后国际金融危机刚刚结束，国家推出"四万亿"计划，中国光伏行业又开始新一轮大干快上，此时成立一个行业组织加强企业自律、行业协调非常有必要。在中国光伏行业协会成立前，没有专门聚焦光伏的国家一级行业组织。高总作为一个企业家，敏锐地察觉到了这个问题，于是开始推动建立行业组织。

王勃华
中国光伏行业协会名誉理事长

由于申报一个行业组织很难，而成立联盟只需备案不用审批，我们就先筹备建立联盟。2010年5月17日，光伏产业联盟成立大会在常州召开，由尚德、英利、晶龙、协鑫、天合5家企业做联合主席单位，高总还邀请了时任常州市市长来出席成立大会。

光伏产业联盟成立后，第一件重要的事情就是如何成立正式的协会。高总事业心重，思维敏捷，是奔走呼吁成立中国光伏行业协会最积极的人。

2010年11月，时任全国人大常委会副委员长的华建敏视察天合，高总在汇报时提出了成立光伏协会的事情。当时华建敏表示肯定，我们就抓紧提交相关报告，5家主办单位都签字盖章，送上去审批了。申请资料提交上去，扩大了我们的影响力，为后续的成立工作做了准备。

2012年7月，时任国务院副总理王岐山到天合做关于"双反"的问题的调研，高总又把这件事情提出来，加深领导人层面的印象。2012年9月，商务部同工信部就应对欧盟光伏"双反"问题递送报告，里面就有成立中国光伏行业协会的建议，报告得到了时任国务院总理温家宝的亲笔批示。

2012年12月，时任国务院副总理马凯在江苏召开座谈会。我记得施正荣、瞿晓铧、苗连生、朱共山和高总等都参加了会议。在会议上我和高总两个人先后提出来成立协会的问题，当时马凯副总理立马给来到会议现场的工信部的同志们下达了"加快工作"的意见。

后来，在领导们的关怀下，在大家的共同努力下，中国光伏行业协会得到了民政部的批复同意。2014年6月27日，中国光伏行业协会举行成立大会，属国家一级协会，这在当时是很难得的。

高总在成立中国光伏行业协会这件事情上厥功至伟。他除了对自己的企业、对光伏事业充满热爱，还对整个光伏行业有一种天生的责任感。我觉得，他是一个具有"行业事业心"的企业家。

（二）

在高总任职期间，中国光伏产业联盟与行业协会都有很大的发展。这与高总的指导密不可分。

高总在任这些年，是整个光伏行业最波澜壮阔的时期。中国光伏产业化从 2000 年开始，当时中国光伏装机容量在世界占比不到 1%，2010 年前后也不过是 10% 左右。高总在职期间经历了美国和欧盟多次对中国光伏发起的贸易"双反"调查，也经历了 2013 年国务院发文支持大力发展光伏市场，以及后来的"领跑者计划""2018 年政策调整"等，中国光伏一路风雨，最终在全产业链上领先世界。

我和高总工作配合非常默契、融洽。他第一次任职协会理事长时我是秘书长，第二任时我是副理事长兼秘书长，可以说是珠联璧合。

在 2018 年"823 号文件"出台（行业内称"2018 年政策调整"）等重大事项上，高总带领光伏协会又迈出关键几步，对行业发展做出了积极贡献。

2018 年的政策调整对行业震动比较大。"823 号文件"导致整个光伏行业遭受了压力，下游企业反应非常大，甚至有相当数量的企业就此离开了光伏行业。

当时高总和副理事长们亲自到相关部委反映情况，做了大量工作，一周两次到相应的主管领导处积极汇报问题，并提出相关意见。后来，国家相关部门出台了一系列更符合行业实情的政策，对行业发展起到积极的推动作用。

另外值得一提的一件事，是带领我们处理关于光伏玻璃的涨价问题。

2020 年，光伏玻璃骤然涨价，对行业的冲击力极强。曹仁贤董事长曾在企业家座谈会上形容说"光伏产业被玻璃划了一刀"，我觉得很形象。造成玻璃涨价的原因是产能扩张不足，以及相关部门把光伏玻璃列入了玻璃产能置换的范围内，限制了光伏玻璃的产能增长。光伏行业发展很快，而光伏玻璃的生产却受限制，就变得供不应求，价格涨得很高。

又是高总很快反应过来，带领我们协会秘书处和相关企业做应急处理，积极跟相关部门沟通。实际上，光伏玻璃跟普通的平板玻璃不一样，也不是需要淘汰的落后产能。最终，在 2020 年 12 月 16 日，工信部在最终出台的文件中，对光伏玻璃实行差别化政策，新上光伏玻璃项目不再要求产能置换。

我作为秘书长，2010 年开始密切配合高总工作，最清楚高总在协会里担当了怎样的关键角色，以及他所做的重要贡献。光伏协会刚成立时有 149 家会员，等到高总卸任时增加到 400 多家，目前已超过 600 家。协会得到了整个行业的认可和关注，协会的很多品牌性活动，具有很大行业影响力和权威性。其中，高总功不可没。

（三）

天合现阶段的首要任务，是发展成为顶级龙头企业，做好标杆企业，继续引领和带动光伏行业发展。作为行业的一分子，天合做好自己的事情，持续稳健前行，就是对行业很大的贡献。

这么多年来，天合一直位于行业领先地位，2014 年做到了组件产量全球第一，2016 年又做到了电池片产量全球第一。截至 2022 年第三季度，天合光能已在全球范围内交付了超过 120 吉瓦的光伏组件。天合光能取得这样的好成绩不容易，难能可贵的是，十几年过去，它仍然是行业龙头。

天合创新布局的每一步，都是高总亲手布置。天合在技术创新方面和大尺寸规格方面，始终处于行业领先。天合很早就重视技术创新，并设有一个"光伏科学与技术国家重点实验室"。该实验室是中国首批获得科技部认定的光伏企业的国家重点实验室，取得了很多项世界第一，我曾参观过不止一次。

高总还特别注重行业联合，不单单是自己企业的发展，也在考虑如何推动整个行业发展。比如由天合牵头和几十家企业共同组建的"600W+光伏开放创新生态联盟"就是很好的一个事例。我觉得他是具有战略眼光的企业家，坚持既开放创新又协同发展的理念，打通了研发制造和应用的很多核心环节，加速了产品的产业化，攻克了许多难题。

尽管现在高总已经卸任，但高总和我都还是名誉理事长。高总依然很关心协会的发展，他经常很热心地与我们联系，并及时提醒我们工作中的不足，这一点让我非常感动。

对天合来讲，需要有"行业事业心"的企业家来领导。而从整个中国光伏行业来讲，更需要高总这样的企业家参与到行业大事中去。我期待天合光能未来发展得更好，也期待高总为中国光伏行业做出更多更大的贡献。

（王勃华：1952年出生，曾任原信息产业部电子信息产品管理司、工业和信息化部电子信息司主任科员、副处长、处长、副巡视员，中国光伏行业协会副理事长兼秘书长。现任中国光伏行业协会名誉理事长。）

王斯成：记忆天合，
那些让人难忘的人和事

（一）

我第一次去天合是 2000 年，当时是受邀参加天合太阳能样板房的鉴定会。那一年，天合搭建了一个轻型结构的样板房，屋顶安装有几块光伏板，屋内安装了照明灯，虽然样板房很简单，但天合做得很认真，还专门组织专家召开了鉴定会。当时，天合的主要领域还是铝板幕墙，记得去开鉴定会时，院子里堆放着很多做幕墙的金属板。

那是我初次认识高纪凡。当得知他是唐敖庆先生的学生时，我非常惊讶。唐敖庆院士是赫赫有名的物理化学界的泰斗，他的学生，各个单位都抢着要，很容易找到合适稳定的工作。但高纪凡却选择了下海创业，我当时就觉

王斯成
知名太阳能应用专家，国务院政府特殊津贴获得者

得这个人胆子大，不同于常人。

有一件事让我印象很深。大概是 2004 年，天合刚刚完成西藏"送电到乡"工程，高纪凡组织专家在天目湖召开光伏研讨会，去的人有赵玉文、王长贵、李安定、李锦堂、于培诺等。我早晨有跑步的习惯，那天早晨碰到高纪凡也在跑步，我们两个人就沿着湖边边跑边聊。

高纪凡跟我聊到"人定胜天"的来由。他说"人定胜天"字面意思看起来是"人一定能战胜天"，其实"人定胜天"出自太公兵法，本意是"人心定，则胜天"，任凭外部世界风云变幻，只要有定力，就能够无往而不胜。我当时就感觉，高纪凡身上散发着一股哲学气息，思想深刻，眼光开阔，是有大格局和大智慧的人。

通过西藏"送电到乡"工程，天合挣到了第一桶金，但那时天合还是一个仅有十几名员工的系统集成商。我记得当时天合租了一栋楼房的最顶层，为的是可以利用屋顶，屋顶不但设有光伏方阵，还有太阳能热水器。这时候的天合，处在一个十字路口，到底是继续做光伏系统集成还是进入光伏制造领域？

2000 年德国颁布《可再生能源法》，开始实施上网电价补贴，欧洲其他国家也效仿跟进，欧洲光伏市场呈现爆发式增长。高纪凡敏锐地察觉到光伏巨大的市场前景，当机立断决定进军光伏制造领域。2005 年年初天合完成了征地和融资，当年 10 月份就建成了一期 50 兆瓦单晶硅锭和组件封装生产线，投产后当年销售额即达到 3 亿元，利润 3000 万元。

凭借着超强执行力和超快发展速度，天合 2006 年年底就在美国纽交所上市。仅用了两年时间，天合就从一个小小的光伏系统集成商，成功转型为年销售额几十亿元的现代化光伏制造商，这可真是火箭一样的速度，令世人刮目相看。

在二十几年的发展过程中，天合从进入光伏制造业，到纽交所上市，从果断停掉多晶硅料生产线，到从纽交所退市，再到国内科创版上市，关键几步都没有发生重大决策失误，这也足以看出高纪凡作为优秀企业家所具备的超凡视野和运筹帷幄的决策力。

<h1 style="text-align:center">（二）</h1>

我跟天合最熟悉的人，当然是邱第明，1982 年我们就相识，1983 年，我们同是"中国光电技术开发中心"的成员。邱第明在云南半导体厂（云半）干了很多年，云半与开封半导体厂、宁波半导体厂是中国最早的三家光伏厂家。邱第明在业内认识很多人，声誉很好，到天合时虽然已是花甲之年，但在天合早期的发展中立下了汗马功劳。

天合能够顺利中标西藏"送电到乡"工程，与邱第明前期所做的准备工作分不开。天合在条件异常艰苦的西藏昌都，能够如期建成几十座光伏电站挣到"第一桶金"，也与邱第明奔忙在一线分不开。

天合建成单晶硅和组件产线后，没有拉单晶用的多晶硅料，面临"无米下锅"的难题，邱第明凭着老关系，跑遍了大半个中国收集单晶硅的头尾料，这里搞一两吨，那里弄几十千克，硬是维持了天合单晶硅产线的正常运转。

如果给邱第明贴一个标签，那就是"忠诚"。他以副厂长的身份在云半干了二十几年，陪伴了四任厂长。在天合也是勤勤恳恳、兢兢业业完成好公司交办的任务。很佩服邱第明具备的"忠诚"这一优秀品质。

我同高纪庆也比较熟悉，他给我的印象是很有激情和冲劲儿。

2005 年天合建设第一条光伏组件生产线时，高纪凡将控制建设进度的任务交给高纪庆，并下了死命令：生产线一定要按时投产。高纪庆接到命令后，从零基础开始，没日没夜地"钉"在工地，协调解决各种困难，硬是在半年之内完成了几乎不可能完成的生产线建设，确保了产线如期投运。

高纪凡后来跟我说："我就是要把这个任务压给高纪庆，他把这个任务完成了，人也就锻炼出来了。"几年之后，高纪庆到北京来看我，在贵都大酒店的三层一起喝茶，他同我谈起天合的现在和将来，滔滔不绝，眼神和语气中充满了自信，与当初（2004年）我在天合见到的不怎么爱说话、有些腼腆的高纪庆判若两人。我心想：他还真是锻炼出来了！

我同天合光能的技术带头人冯志强先生，同在中国可再生能源学会光伏专委会担任副主任，共事多年。他为人沉稳，说话幽默，科研创新能力业界知名。

天合光能多年来创造了20多项世界纪录，顺利实现了多次技术转型升级，在光伏技术创新方面始终处在第一军团位置。技术创新就像跑马拉松，一刻都不能放松，天合能做到始终领跑，得益于有一支过硬的技术团队，像冯志强这样的领军专家的作用更是不可或缺。

（三）

我发现天合不但在内部是一个团结奋进的团体，即便是从天合出去的人，也依然与天合有着很好的协作关系。

知名科幻小说《三体》里面有一个"黑暗森林法则"，讲的是宇宙文明之间的关系，这一法则也同样适用于人类社会。原始的人类族群之间没有信任，"非吾族类，其心必异"，相互杀戮，弱肉强食。如果一直按照这样的法则发展，人类永远都不会有文明，永远都会生活在动物所遵循的森林法则之中。人类是在相互之间建立了信任，通过团结协作，才打破了"黑暗森林法则"，一步步走向了文明。

天合光能是一个团结一致的整体，而且与产业链上的众多企业团结协作，形成合力，大家在互利共赢中一起向前走。这就是天合一直在努力建设的良性发展的行业生态，这也是天合能够如此成功的一个重要因素。

天合是一家有文化底蕴的企业。天合成立时，高纪凡对天合的解释是"天人合一"，是"天势所趋，合创辉煌"。2005年我去天合，看到一面墙上醒目地写着"天行健，君子以自强不息；地势坤，君子以厚德载物"，令我印象深刻。

天合从当年一个几千万元的光伏项目入手，到如今全球员工超23000人，业务覆盖150多个国家，市值规模高达一两千亿元，这绝非偶然。除了天时、地利、人和，离不开掌舵人高纪凡的正确引领，更离不开深入人心的企业文化和发展理念建设。

天合光能现在又在开拓新的领域，目光锁定储能、氢能等未来更多的新能源市场。相信天合一定会持续辉煌，在碳达峰、碳中和大潮中取得更大的成就。

（王斯成：1951年3月出生，1981年毕业于厦门大学化学系，获硕士学位。知名太阳能应用专家，国务院政府特殊津贴获得者，曾任中国可再生能源学会常务理事、中国资源综合利用协会可再生能源专委会副主任、国家发展改革委能源研究所研究员等职。）

张跃：我与天合的缘分

　　我与高纪凡董事长、天合光能很有缘分。1999 年我从常州市电子工业局调到市科委工作（任常州市科委副主任），调研的第一家企业就是天合。

　　当时我跟着江苏省经济体制改革委主任陈鸿昌去天合调研，他要求我们科技和经济部门大力支持民营企业发展高科技。科委从当年只有 300 多万元的市级科技经费中拿出 30 万元，支持天合搞出了中国首个太阳能光伏发电样板房。从此，我们科技局与高总和天合结下了不解之缘。

　　2011 年，我转任到常州市委统战部，高纪凡董事长已是民建会员，还是我们工商联的副主席。我见证了天合不断创新、不断突破，从行业的"拓荒者"到科技创新的"引领者"，再到全球的领袖企业这一过程。高纪

张　跃
江苏省第十一次、十二次党代会代表，江苏省第十届、十一届政协委员

凡董事长和天合在挑战中把握机遇，在困难中坚守理想，在创新中创造奇迹，也在风雨中拥抱阳光。天合能够取得今天的成就，实属不易。看到天合的成功，我深感欣慰。

高纪凡董事长和天合给我印象最深的有三点：

第一点是有梦想。如果想都不敢想，就谈不上做。如果只想不做，就不会成功。特别是在非常困难的时候，还能坚守梦想、坚持努力，就更加难能可贵。天合正是这样做的，并且坚持不懈地努力，最终他们的梦想得以成真。

第二点是善创新。高纪凡认为：光伏是一个必须依靠创新、技术驱动实现应用价值的产业，唯有坚持技术创新才能永立潮头。天合从诞生到发展壮大再到走向成功，每一步都离不开创新。天合是常州第一家市级的工程技术研究中心，第一个牵头开展标准研究和制定的企业，第一个国家级企业重点实验室……天合创新的故事很多。

我印象深刻的是天合创建"光伏科学与技术国家重点实验室"这件事。当时竞争很激烈，高纪凡董事长是志在必得，我们与天合组建申报团队，做材料，忙答辩，跑南京，上北京，请专家，找领导，经过努力最终申报成功。国家重点实验室是一个非常好的平台，它吸纳全球最顶尖的科研力量，在技术创新、产品升级上下硬功夫；它承担了很多国家、省市的重点科技项目，成果丰硕；它帮助天合从低层次的常规产品竞争中抽身而出，成为全球领先的太阳能整体解决方案提供商。我们不仅是见证者，更是参与者，天合的成功让我们很有成就感和喜悦感。

第三点是勇担当。高纪凡董事长在很多方面都做得很出色，除了我们熟悉的企业家形象以外，行业发展他勇于担当，慈善公益有他的身影，参政议政有他的声音，党派建设他出钱出力。我想没有超强的使命感和强烈的责任担当，是做不好这么多事情的。

天合取得今天这样的成绩来之不易。我们充满期待，我们衷心祝福，让我们携手共进，与光同行，成就梦想！

（张跃，女，1958年3月出生，江苏省丹阳市人。曾任江苏常州市科技局局长、常州市委统战部部长、常州市政协副主席等职。江苏省第十一次、十二次党代会代表，江苏省第十届、十一届政协委员。）

后记
高纪凡：一个理想主义者的奋斗

（一）理想主义者

"我是一个有理想，并且愿意为理想去不懈奋斗的人！"

在最后一次4个多小时的访谈快结束时，面对"在你自己眼中，你是一个什么样的人？"这个问题时，高纪凡说道。语气平和，内心坚定。

访谈在位于常州的天合光能全球总部高纪凡办公室旁边的大会议室内进行。整栋大楼很安静，亮灯的房间不多。这天是星期六，员工们都回家过周末了。第二天就是中国重要的传统节日——元宵节，偶尔可见绚烂美丽的烟花冲上夜空，那是按捺不住的喜悦心情。

对高纪凡来说，这是再平常不过的一个"工作日"，日程表上的工作排得满满的。访谈结束后，他快速听取了两个工作汇报，又急匆匆地赶回家去了。"今天晚上我还有'明哲汇'的线上课，要点名的。我最高兴的事情就是做学生。"高纪凡说。

在完成这次访谈后，对高纪凡和天合光能整个高管团队的访谈全部结束。合上笔记本、关掉录音笔的那一刻，我并没有大功告成长舒一口气的放松感，反而感觉有更多问题想要去寻求答案，关于天合光能，关于中国光伏，关于碳中和这场广泛而深刻的经济社会系统性变革……

6 年前，也就是在这间会议室，第一次和高总深入交流了创作本书的思路：以天合案例为蓝本，对中国光伏 20 年来跌宕起伏的历程做出回顾、记录与反思。通过此书，读懂天合，更读懂中国光伏。

6 年间，我查阅了大量资料，参加了很多次天合光能的重要活动，先后深度访谈了 40 多位天合高管、员工和相关人士，他们有天合创业初期的元老人物，有天合各个价值群事业部的领导（他们中的有些人如今已经离开天合），有与天合有业务往来的合作伙伴，还有光伏行业内的知名专家和意见领袖。

做能源行业研究报道 17 年来，我是第一次花这么长的时间和如此多的精力去调研一家公司。当调研和访谈完成，我发觉想让读者"读懂天合，更读懂中国光伏"实在太难了，原因很简单——中国光伏和天合光能正在一刻不停地快速变化成长着。

这 6 年间，世界政治经济局势在剧烈变化，全球能源革命和光伏产业发展得如火如荼，天合光能更是在以惊人的速度迭代、蜕变……彼时看到的情景、找寻到的答案，仅仅 6 年时间就有沧海桑田之感。6 年前，谁都想不到会是今天这副模样，就像我们猜不透 6 年后又会是什么模样一样。

这 6 年间，也明显看到高纪凡鬓角的白发多了。不过，他并不以为意。"有的人就算是天天睡觉什么事不干，头发也会白。人只有创造价值，一生才过得有意义。很幸运的是，我从事了太阳能事业并为之奋斗终生，这是件幸福的事。"高纪凡说。

其实，"读懂天合，更读懂中国光伏"的前提，是先读懂高纪凡。在高纪凡身上，最显著的底色，就是他的理想主义色彩，这是驱动天合向前的原动力。

1988年研究生毕业，高纪凡放弃去美国留学深造的机会，选择创业，其出发点是要做点对老百姓有价值的事情，而不是要去赚多少钱。在创立天合不久，他立下的誓言是"用太阳能造福全人类"。这份充满理想主义的初心梦想，二十多年来从没有变过。

在光伏行业，高纪凡的理想主义情怀和战略眼光是少有的，甚至有些格格不入。市场环境、政策指向瞬息万变，过了今天不知明天会怎样，顾好当下，把每一个能赚到的铜板揣进自己口袋成为很多企业家合理且正常的选择。但高纪凡不一样，他更喜欢站在明天看今天，总挂在嘴边的是利他、共赢和生态。

"我本质上是一个科研型人才。我是靠读书读出来的，如果不读书我也不会来干光伏，干光伏寻找的是知识对于社会的意义。光伏行业有来自各行各业的企业家，他们的创业精神很棒，公司也做得很成功，但我和他们之中大部分人的底层结构不太一样。说简单点，我就是科研人才干企业，创新驱动引领发展。"高纪凡说。

也正是因为理想和情怀，让高纪凡在光伏行业混沌不清、前途未明的时候敢于行动，抓住了时代赋予的大机遇，稳扎稳打，稳中求进，才有了今天的成就。理想和情怀更提升了天合的高度，在每一个关键转折点推动着公司向前突破，引领行业，勇立潮头；理想和情怀还塑造了天合的气质，质朴、务实，脚踏实地，更仰望星空，成为很多天合人共同的精神面貌。

在天合内部，高纪凡永远是最忙最累的"奋斗者"。很难想象没有高纪凡的天合光能，会以什么样的方式运转。即使是如今公司已经发展成为年营收近千亿元的大公司，高纪凡依然是关键时刻拿主意的那个"主心骨"，他以他的热情、他的勤奋、他的谋略、他的进取，驱动着公司一直往前走，就像"永动机"一样，永远不知疲倦，永远干劲十足。

超出常人的努力背后，是梦想的力量。

（二）创业即修行

高纪凡酷爱中国传统文化，并深受道家哲学的影响，这从公司独具特色的名字——天合，天（人）合（一）就可以看出来。

在访谈中，高纪凡夫人向我讲述了这样一件事。在很多年前，高纪凡创业已小有所成，一家人不会再为钱发愁了。高纪凡一度想要去山里隐居，从此修道求真，逍遥自在。

那么，怎么样才算真正的修行呢？是"入世"还是"出世"？高纪凡和他的夫人有过好几次认真且深入的交流。在交流中两人达成的一致意见是，所谓的修行不是隐居山林、不问俗事，而是要在人世间济世度人。人间处处是修行，生活是修行，工作也是修行。最终，高纪凡选择了"入世"创立一番事业，以出世之精神做入世之事业，修身齐家助天下，功成不居天之道。

正是因为将创造价值、造福社会当作修身，高纪凡早已超越了一般人的境界，任何艰难困苦都不是障碍，攻坚克难才是乐趣；名利皆浮云，修身最幸福。

"干事业就是最好的生活，为什么生活和事业不能融在一起？要天天开开心心地干。不是说工作是为了更好的生活，而是工作生活是一体的，干事业就是最好的生活。生活即事业，事业即生活。"高纪凡说。

正如知名作家王蒙在 2022 年出版的最新作品《天地人生》中，对人生乐趣的论述："随着自身人格的发展完善，终于感到，修身才是人生的第一大享受。"对此高纪凡深以为然，并将这句话分享到自己的朋友圈。

在创业即修行的路上，磨难何其多，每一个挫折都是对人心人性的考验。经历多了，就能看透世间本质，出离心更加坚定。高纪凡是个理性的人，思维活跃，智商极高；但很多时候又有很感性的一面，充满人情味。

公司 20 周年庆典晚会上，有这样一个特别环节，高纪凡身披红围巾站在最前排，和一众高管上台一起合唱《感恩的心》。这是 20 世纪台湾著名歌手欧阳菲菲的一首代表作，具有很高的传唱度和知名度，曲调舒缓凝重，歌词凄婉动人：

> 我来自偶然 像一颗尘土
>
> 有谁看出我的脆弱
>
> 我来自何方 我情归何处
>
> 谁在下一刻呼唤我
>
> 天地虽宽 这条路却难走
>
> 我看遍这人间坎坷辛苦
>
> 我还有多少爱 我还有多少泪
>
> 要苍天知道 我不认输
>
> 感恩的心 感谢有你
>
> 伴我一生 让我有勇气做我自己
>
> 感恩的心 感谢命运
>
> 花开花落 我一样会珍惜……

当唱到一半时，高纪凡忍不住哽咽难语，泪水涟涟，他激动地向台下挥动着手臂，一次又一次右手抚胸、俯首鞠躬。台下几百名员工、合作伙伴目睹这一幕，纷纷为之动容……

这首歌写得如此之好，完美贴合了高纪凡二十多年的创业历程，对他这二十多年的人生经历做了很好的注解。这一路走来，经历了多少磨难，走过了多少坎坷，付出了多大代价，只有高纪凡自己心里最清楚。

但在高纪凡心里，无论这条路多么难，最坚定的声音或许永远是"天行健，君子以自强不息"，这是一个创业者发自灵魂深处的呐喊，是一个企业家与生俱来的奋斗精神，是一个修行人对自己永不满足的鞭策，是一个读书人一定要干出一番事业经世济民的价值追求！

这是高纪凡最基本的精神内核，是在二十多年创业历程中从未变过的初心。有了这份坚定，天合光能的发动机就永远不会熄火，这便是在 3.0 时代让所有员工、所有合作伙伴感觉最踏实的事情，是天合持续发展的原动力。

"第三次转型，一定要为行业蹚出一条新路。未来 5 到 10 年，天合一定要成为行业生态的引领者，这是我坚定不移的想法。"高纪凡说。

现如今，不管有没有准备好，天合光能已经在路上。高纪凡作为公司创始人和领导人，走在队伍的最前面。如果要问天合光能最大的驱动力在哪里？最远的未来又在哪里？高纪凡和整个高管团队便是答案。

胸怀决定了事业高度，梦想划定了未来疆界。对天合光能的未来，祝福且期待。